《易林》与经学典籍关系及其人文价值研究

汤太祥◎著

本书为2016年高校优秀青年人才支持计划重点项目"《易林》与经学典籍关系及其人文价值研究"（项目编号：gxyqZD2016492）最终成果

安徽师范大学出版社

·芜湖·

图书在版编目（CIP）数据

《易林》与经学典籍关系及其人文价值研究 / 汤太祥著. — 芜湖:安徽师范大学出版社，
2018.6

ISBN 978-7-5676-3023-9

Ⅰ.①易…　Ⅱ.①汤…　Ⅲ.①占卜—中国—古代 ②《易林》—研究　Ⅳ.①B992.2

中国版本图书馆CIP数据核字(2017)第161572号

《易林》与经学典籍关系及其人文价值研究
YILIN YU JINGXUE DIANJI GUANXI JI QI RENWEN JIAZHI YANJIU

汤太祥　著

责任编辑：刘　佳
装帧设计：丁奕奕
出版发行：安徽师范大学出版社
　　　　　芜湖市九华南路189号安徽师范大学花津校区　邮政编码：241002
网　　址：http://www.ahnupress.com/
发 行 部：0553-3883578　5910327　5910310(传真) E-mail:asdcbsfxb@126.com
印　　刷：江苏凤凰数码印务有限公司
版　　次：2018年6月第1版
印　　次：2018年6月第1次印刷
开　　本：700 mm×1000 mm　1/16
印　　张：18
字　　数：290千字
书　　号：ISBN 978-7-5676-3023-9
定　　价：56.00元

目　录
Contents

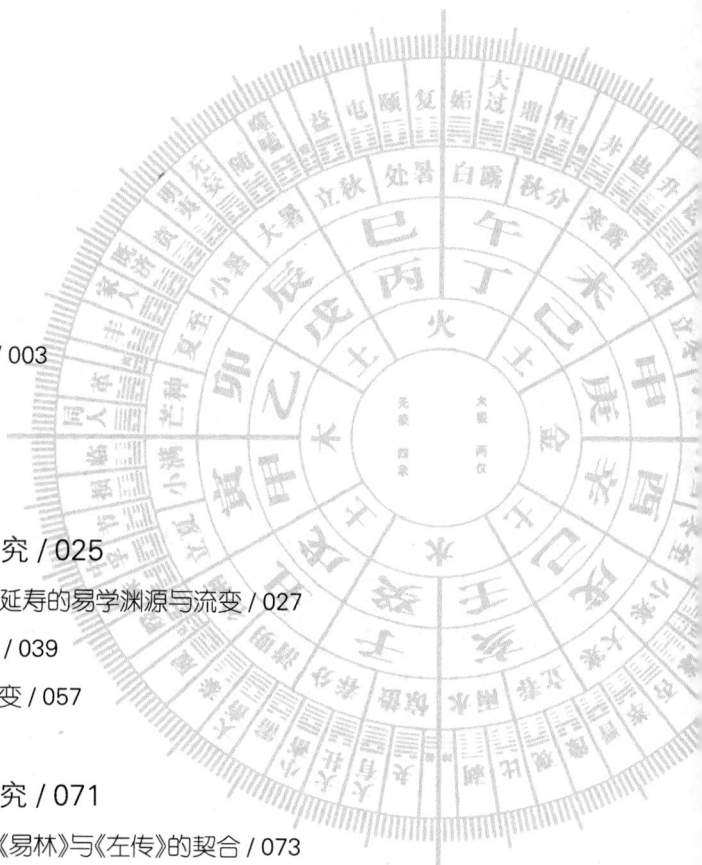

绪　论

第一节　《易林》及其作者、版本概述

一、《易林》其书

西汉著名的易学大师焦延寿，字赣（音"贡"，故又被人称作焦贡），所著《焦氏易林》一书（又被称作《易林》《大易通变》），正如钱锺书所言，其目的原本是"为占卜也"①，乃传《易》之作。但是，由于《易林》是用《诗经》的四言诗形式，模仿并创新《周易》体例而成，使其别具一格。《易林》将《易经》的每一卦演变为六十四卦，用"之"字表示，称作某卦之某卦，如《周易》中的《乾》卦，在《易林》中就变成了《乾之乾》《乾之坤》……《乾之未济》等六十四卦，这样《易林》共得四千零九十六卦，每卦多为四句，亦有三句五句六句不等，每句四言，偶有三言，称为"林辞"。

这些林辞是诗吗？"一部分是诗，且有相当数量的好诗，有的堪称优秀诗篇；一部分虽然有诗的形式，但缺乏诗美特质，是纯粹的韵语占卜辞。"②的确，《易林》中有相当一部分林辞具有很强的文学色彩，如《小畜之小过》之"关雎淑女，配我君子。少妻在门，君子嘉喜"，《师之噬嗑》之"采唐沬乡，要我桑中。失信

---

① 钱锺书：《管锥编》，中华书局1986年版，第539页。
② 陈良运：《焦氏易林诗学阐释》，百花洲文艺出版社2000年版，第13—14页。

不会，忧思约带"，故而闻一多称之为"盖事虽《易》，其辞则《诗》也"①。《易林》一书广引先秦至西汉中叶的典籍，熔铸成四千零九十六首林辞，涉及西汉社会政治、经济、战争、民生等方方面面，反映了广阔的西汉历史画卷，使得该书同时具有极高的文献价值。

二、《易林》作者生平

焦延寿，西汉梁人，字赣（按：此据《汉书·京房传》，但颜师古注《汉书·儒林传》说"延寿其字，名赣"，黄伯思《东观余论》也持此说，可供参考）。焦延寿出身卑贱，因好学而得到梁敬王的器重，受其资助而学。学成后，为郡吏察举，补小黄令。任职期间，焦延寿能事先预测奸邪，所以盗贼不敢胡作非为。后来因为"爱养吏民，化行县中"而被举荐，要升迁到外地做官。于是小黄的三老官属上书极力挽留，后得到批准，并许诺增加焦延寿的俸禄。这样，他终于留下了。焦延寿专治《易》学，自云曾从孟喜问《易》，并传于京房。"其说长于灾变，分六十卦，更直日用事，以风雨寒温为候，各有占验"。后人称为"焦京之学"。孟喜死后，京房认为"延寿易即孟氏学"，而孟氏嫡系弟子"瞿牧、白生不肯，皆曰非也"。至刘向校书，备考易说，认为各家都继承田何、杨叔元、丁宽之说，且大同小异，唯独京房易说不同，"党焦延寿独得隐士之说，托之孟氏，不相与同"（上述引文见《汉书·京房传》及《汉书·儒林传》）。这应是《汉书·艺文志》不著录《易林》的原因吧。《隋书·经籍志》记载焦延寿著有《易林》十六卷、《易林变占》十六卷，已亡佚，而今仅存《易林》一书，新旧《唐志》《四库全书总目提要》等均有著录，且现存于《正统道藏》《四库全书》等丛书中。

关于焦延寿的生卒年代，史书无确切的记载，且涉及《易林》一书的著作权，故历来学术界争论不休，而无定论。唐时王俞曾说道："延寿经传于孟喜，固是同时。当西汉元、成之间……"②而郑晓首先发难，不同意此说。他认为《易林》中

《节之解》林，似言定陶傅太后抚育哀帝一事，皆在延寿后。清初顾炎武在《日知录》中怀疑《易林》是东汉以后人撰，而假托于焦延寿。所以他认为焦延寿在昭、宣之世。而持此说者，近人则有胡适、余嘉锡。余嘉锡在《四库提要辨证·焦氏易林》中予以详细考证。

清人刘毓崧云："唐王俞序谓延寿当元、成之世，谅非无据。《日知录》谓延寿在昭、宣之世，更属有征。盖昭帝时《易林》已行，成帝时焦氏犹在。顾氏原其始，王氏要其终耳。"[1]姚振宗在《汉书·艺文志拾补》卷六中亦持此观点。马国翰则说："延寿及问孟喜，盖在宣帝之世，年当在二十左右。自元帝初元元年数至王莽始建国元年，仅五十七年，焦于斯时，约不过八十余岁……"[2]马国翰认为焦延寿生卒年为元平元年至始建国元年（前74—9）。这是对焦延寿的生卒年代作出确切推断的开始。

闻一多也曾推断焦延寿生卒年代，定为太始二年（前95）至建昭四年（前35），并载入了他的《中国上古文学年表》，但是他没有说出推断的证据。[3]陈良运也推断焦延寿生于武帝太始二年，但他根据《易林》中《萃之临》及《萃之益》两次写到昭君和亲出塞一事，而断定焦延寿肯定活到了成帝建始元帝（前32）。另外，他根据《渐之渐》中"稚叔就贼"，《井之晋》中"小人寇贼"等多处提及所谓"贼"，可能指农民起义，以及《节之无妄》和《大壮之恒》的内容，都似和匡衡有关，从而断定："焦延寿肯定活到了汉成帝（前32年到前7年在位）时代，至少活到了七十多岁（即公元前20年前后）。"[4]

连镇标据《汉书》所载焦延寿之师孟喜及其弟子京房活动的年月，推算出"焦延寿生活年代大约在汉昭帝、宣帝、元帝、成帝四朝，即公元前86年—前7年，或稍前，或稍后。"[5]

诸家认为焦延寿活到元帝、成帝时，似都以昭君和亲出塞一事见于《易林》

① （清）刘毓崧：《易林释文·跋》，丁晏《易林释文·卷末》，咸丰五年刻本。
② 转引自余嘉锡：《四库提要辨证》，中华书局1980年版，第751页。
③ 闻一多：《闻一多全集》（第10册），湖北人民出版社1993年版，第64页。
④ 陈良运：《焦氏易林诗学阐释》，百花洲文艺出版社2000年版，第277页。
⑤ 连镇标：《〈易林〉神仙思想考》，《世界宗教研究》1997年第3期。

为有力证据。可是从四库馆臣开始，便怀疑"昭君"为方技家辗转附会到《易林》上的。尚秉和指出"昭君"并不一定是指王嫱。林忠军考证出"昭君"为春秋时鲁昭公。

焦延寿为京房老师，而京房卒于元帝建昭二年（前37），《汉书·京房传》记载他"死时四十一"，可推知他生于昭帝元凤四年（前77）。因此，可以肯定地说，焦延寿定当生活于昭帝、宣帝、元帝时，也有可能活到成帝初期。而成帝以后及东汉初期，历史上的重大史事，如王莽改制，绿林、赤眉起义，光武中兴，豪强势力的扩张等，在林辞中一无所见，亦可作为辅证。

三、《易林》作者归属问题

《易林》问世以后，在汉朝以后的史书中多有明确记载，《隋书·经籍志》《旧唐书·经籍志》《新唐书·艺文志》《宋史·艺文志》等均将其著作权归属于焦延寿。而自明清始，有关《易林》的著作权归属问题就出现了争论，时至今日学界仍有人不遗余力参与其中。

挑起这场论争的是明代郑晓，他提出两点疑问，一是汉人没有说《易林》乃焦延寿所作，二是《易林》中有些林辞似乎是指焦延寿死后的史实，焦氏不可能知道。①随后，顾炎武也在《日知录》中对《易林》的作者提出了怀疑，上文已述。

嘉庆年间，《易林》的归属问题再次在学界引发了一场激烈的论争。起因是两位学者分别为《易林》作注，但对《易林》作者却看法迥异。翟云升在其《焦氏易林校略》中认为作者当为崔篆②，持此说者还有牟庭，而丁晏的《易林释文》则认为焦赣为《易林》作者③，其徒刘毓崧更是详加论证，以助丁氏之说。

到了民国期间，尚秉和在《焦氏易诂》中，分别从《易林》用典、用象、用

---

① （明）郑晓：《端简郑公文集·卷一》，万历二十八年刻本。
② （清）翟云升：《焦氏易林校略》，道光二十八年刻本。
③ （清）丁晏：《易林释文》，咸丰五年刻本。

韵，焦氏学派渊源，经籍艺文著录等方面列出六条证据，力证《易林》作者为焦延寿，如"所用之字，古义甚多，在存西汉淳朴之气，文不加修饰，自然峭古，与魏晋之涂缋者异……隋志即有焦赣《易林》，唐志焦《易林》与崔《易林》并存，其名实久定，不应忽误崔为焦"[①]。

余嘉锡和胡适也先后加入这场论战并主张《易林》作者为崔篆。余嘉锡在《四库提要辨证》中援引了《修文殿御览》《太平御览》《秘府略》《因话录》等书中材料，详加考证《易林》作者由崔篆误为焦赣的经过，并断定焦延寿不可能述及"昭君"之类的典故，最后认为"此可为今本实崔篆书之佳证"[②]。胡适为了说明其"大胆假设，小心求证"的考证学方法，著有长文《易林断归崔篆的判决书——考证学方法论举例》，列出了八条判决理由，最后断定"其著作人可以确定为曾做王莽新朝的建信大尹的崔篆；其著作年代据《后汉书·崔骃传》，是在东汉建武初期"[③]。

林忠军曾就《易林》中的"昭君"做出一番考证，得出结论，"《易林》中的'昭君'，非指汉王嫱昭君，而是春秋时鲁国君主鲁昭公"，故"《易林》为焦氏所作与昭君之事并不相悖"。[④]陈良运对《易林》作者的考证可谓用力颇深，从正反两方面入手，内外证相结合，认定《易林》作者为西汉的焦赣。陈良运结合崔篆的身世经历，认为惭愧汉朝的崔篆是绝对不可能大作批评浊政、抨击奸佞之词的《易林》的，同时通过对焦赣的思想渊源、学术传承以及作品本身对西汉中后期社会现实的近距离反映的分析，最后得出结论："今本《易林》……只能是西汉昭、宣、元、成间人所作，此人又必属'京氏易'派，王莽时至东汉时人不可能言此。"[⑤]

21世纪以来学界依然致力于《易林》作者的考辨。方尔加认为《易林》的基

---

① 尚秉和：《焦氏易诂》，光明日报出版社2005年版，第42页。

② 余嘉锡：《四库提要辨证》，中华书局1980年版，第747页。

③ 胡适：《易林断归崔篆的判决书——考证学方法论举例》，国立中央研究院《历史语言研究所集刊》1948年第20本上册。

④ 林忠军：《焦延寿易学杂说》，《山东大学学报》1993年第4期。

⑤ 陈良运：《焦氏易林诗学阐释》，百花洲文艺出版社2000年版，第524页。

本倾向是儒家，反映了汉代上升时期社会需要创新敢于创新的境界，同时《易林》兼采道家思想，但是，"《焦氏易林》虽有灾异之论，神仙之说，却没有发现谶纬迷信内容。由此也可推断，作者为汉中期人，至少是谶纬迷信开始盛行的哀帝之前时人"①。张玖青通过对《易林》用韵的时代特征、《易林》与《诗经》的关系以及《易林》自身文学性等的分析论证，认为崔篆作《易林》的可能性更大。②赵逵夫对《易林》作者也做出考证，认为"《易林》为西汉末崔篆所撰……考其文多次言及西汉事，而不及东汉之事，其中有歌颂王莽德政语，则为西汉末年所著无疑。这也与文献中多处记载崔篆撰《易林》的史实相合"③。

有关焦延寿的生平和《易林》作者归属问题，学界可能还会有人投入时间精力去延续这场论战，但也很难取得突破性的成就，除非有地下或域外新材料的出现。所以说，学人大不可再在这一问题上纠缠不清，可以学习钱锺书对此的态度，"焦钦、崔钦，将或许钦，姓氏偶留，而文献鲜征，苟得主名，亦似于知其人、读此书，无甚裨益。窃欲等楚弓之得失，毋庸判儿猫之是非也"④。也就是将这个问题搁置不议，而将更多的时间精力投入到《易林》其他问题的研究中去。

本人也曾发表《〈焦氏易林〉作者考》一文，认为《易林》的作者当属西汉中后期的焦延寿无疑，因为《易林》中众多林辞所反映的都是西汉一朝且为元帝及元帝以前的史实。成帝以后及东汉初期，历史上的重大史事，如王莽改制，绿林、赤眉起义，光武中兴，豪强势力的扩张等，在林辞中一无所见。⑤

四、《易林》版本系统

《易林》的版本沿革问题，可参阅马新钦博士的毕业论文《〈焦氏易林〉作者

① 方尔加：《〈焦氏易林〉之管见》，《周易研究》2004年第2期。
② 张玖青：《论〈易林〉的〈诗〉说——兼论〈易林〉的作者》，《文学评论》2010年第2期。
③ 赵逵夫：《有关"牵牛织女"传说的一首诗与〈易林〉的作者问题》，《古籍整理研究学刊》2010年第4期。
④ 钱锺书：《管锥编》，中华书局1979年版，第535页。
⑤ 汤太祥：《〈焦氏易林〉作者考》，《阜阳师范学院学报》2004年第3期。

版本考》。①在此，仅作简单说明。《易林》目前可见到的重要版本，大致可以分成两个系统。宋本、元本、《四部丛刊》本、《丛书集成》本为一个系统，今存宋本为陆敕先所校对，元本见存于《四部丛刊》中，这一系统可简称为宋元本。另一系统为《续道藏》本、《古今图书集成》本、《四库全书》本、《增订汉魏丛书》本，可简称这一系统为明本。

在此需要说明的是，本书所引之《易林》林辞绝大多数皆本于现代易学宗师尚秉和之《焦氏易林注》，偶尔参照他本。"尚秉和《焦氏易林注》所用校本《汲古阁》本在《津逮秘书》第二集中，属于《续道藏》本这一系统。"②《焦氏易林注》乃尚秉和耗费数十年功力精研《易林》之结晶。尚秉和广搜各种版本回还互证，校勘版本沿革，纠正音韵谬误，对古今误解《易林》之辞一一订正。芮执俭曾评论道："《焦氏易林注》木刻印刷本，是尚秉和生前好友仵道益与董维城、董维坤兄弟于庚辰年（1940）合力校订、雕刻刊行的，是目前我们看到的校勘最好的一个版本。"③

---

① 马新钦：《〈焦氏易林〉作者版本考》，福建师范大学2005年博士学位论文。
② 焦延寿著，邓球柏译注：《白话焦氏易林·自序》，岳麓书社1996年版，第9页。
③ 芮执俭：《易林注译》，敦煌文艺出版社2001年版，第11页。

第二节　《易林》研究现状回顾

　　《易林》自问世后，被正史所记载始见于《隋书·经籍志》，被列入子部历数类。与此同时，后人开始了对《易林》的研究。唐朝王俞在为《易林》所作序文《周易变卦序》中论述了《易林》作者、性质、占卜的准确性等问题，特别强调了《易林》"辞假出于经史"，具有"言近意远"的特征，①标志着《易林》的文学性已受人关注。宋朝黄伯思、陈振孙等人均对《易林》的文学性予以赞誉。而最早从文学的角度来探讨《易林》的，是明朝的杨慎。他在《升庵集》卷五三中对《易林》之文辞大加褒誉。明朝竟陵派诗人钟惺、谭元春编《诗归》时就从《易林》中精选了五十三首林辞，并且逐首品评。钟惺还对《易林》笔力之精、语法之妙、文辞之简推崇备至。

　　古代学人对《易林》文学性的研究只限于只言片语式的评论，或从文辞入手，或从用韵落笔，后文有详细论述，但都明显认识到《易林》不仅仅是一部占筮之作，而应该算是文学作品。古代学人除研究《易林》文学价值外，对《易林》的易学价值和术数性质亦多有研究，对《易林》的文献价值更是相当重视，如李善、仇兆鳌等曾用《易林》来注解古代诗文，陈寿祺父子、王先谦等人曾用《易林》来考察《诗经》的流变，等等。

---

　　① （唐）王俞：《周易变卦·序》，学津讨原本。

一、文学视阈下的《易林》研究回顾

（一）20世纪对《易林》文学性的继续开拓

20世纪以来，学界对《易林》的文学性继续进行了深入的探究。闻一多首先慧眼识珠，选辑《易林》林辞一百二十多首，题作《易林琼枝》，置于《乐府诗笺》和《唐诗大系》之间，并高度评价易林文学价值，"《易林》是诗，它的四言韵语的形式是诗，它的'知周乎万物'的内容尤其是诗"①。闻一多从《易林》的形式和内容两方面确认了《易林》是诗，成为学界定论，廓清了人们对《易林》文体性质的认识，对后世影响深远。闻一多还列举了对《易林》研究的大纲，惜因罹难而未能完成。

钱锺书继而对《易林》的文学价值大力开掘，在《管锥编》中立《焦氏易林》专题，论述了《乾》《坤》至《未济》等三十林林辞的高超语言艺术、立象艺术和说理艺术等，旁征博引，妙论层出。②钱锺书对《易林》文学性的论述，往往就某林某个字词展开，对《易林》遣词、用韵等没有做宏观上的概括，但能小中见大、以点带面，在开拓《易林》文学价值方面功不可没，且影响深远。

唐明邦在《〈大衍新解〉序》中高度赞扬了《易林》的文学性，"大都情中有理，理中含情，情景交融，相得益彰。诗句明白晓畅，引人深思，有雅俗共赏之妙，无矫揉造作之嫌。从切身事物谈起，便于读者触景生情，驰骋想象，通过日常见闻，启示深刻哲理"③。作者还从四个方面深入分析了《易林》以形象思维表述哲理的类型，可谓难能可贵，限于篇幅不再一一展开。

杨书诚在《〈白话焦氏易林〉序》中指出："《易林》诗歌，不光是数量上，多达四千零九十六首，远超过《诗经》；其比兴手法之运用，词汇的丰富与音韵的

---

① 闻一多：《闻一多全集》（第10册），湖北人民出版社1993年版，第61页。
② 钱锺书：《管锥编》，中华书局1986年版，第535—580页。
③ 王赣、牛力达：《大衍新解》，济南出版社1992年版，第3页。

讲究都有其不让于《诗经》的独特成就之所在。"①可惜的是，杨氏并未就音韵的讲究等问题深入展开研究。

（二）21世纪对《易林》文学性的深入发掘

在当代学人的研究中，陈良运最为系统地研究了《易林》的文学价值，并出版专著《焦氏易林诗学阐释》。全书分为三编，上编为《焦氏易林》诗选，选出《焦氏易林》林辞481首并进行了注解和诗意阐释；中编为《焦氏易林》诗论，从各个角度论述了《焦氏易林》的诗学意蕴和文学价值；下编为《焦氏易林》作者考辨及其他，详加考证《焦氏易林》作者为西汉焦延寿。陈良运对焦延寿评价极高，如认为其为我国第一位现实主义诗人，第一位自觉创作哲理诗、寓言诗的诗人，第一位擅长炼字、炼句、炼意的诗人等。②

此外，卞孝萱明确指出《易林》"本为占卜所用之书，但其多以四言韵语写成，有一定的文学价值，故受到古今一些视野开阔的文学家、文学研究者的重视。"卞孝萱从三个方面论述了《易林》的诗体文学意味：一是《易林》所体现出的浓浓的抒情性；二是《易林》中的哲理诗并不是直陈式的训诫说教，而是用具体可感的形象比喻或事物描述寓理其中，意味隽永，启人遐想；三是《易林》中某些林辞的词语简练准确传神，充分显示了其具有诗体文学的特征。③卞先生对《易林》文学性的阐述，在某一方面如词语的简练传神，有了深入的探讨，但总体上对前人并没有实质性的超越。

刘松来在《两汉经学与中国文学》中，从形式和内容两方面论述了汉代经学对《易林》的影响，从形式上看，《易林》"既受到《易经》的影响，同时更与《诗经》密切相关"，内容上则表现为《易林》明显受到三家诗的影响，同时表现出西汉今文经学的众多思想。④

① 杨书诚：《〈白话焦氏易林〉序》，焦延寿著，邓球柏译注《白话焦氏易林》，岳麓书社1996年版，第1页。
② 陈良运：《焦氏易林诗学阐释》，百花洲文艺出版社2000年版，第418页。
③ 卞孝萱、王琳：《两汉文学》，安徽教育出版社2001年版，第172—178页。
④ 刘松来：《两汉经学与中国文学》，百花洲文艺出版社2001年版，第516—518页。

张启成在《诗经研究史论稿》中充分肯定了焦延寿所著《易林》的诗学观点，"首先在于他能从《诗经》原文着眼，比较实事求是地阐述诗义；因而他的一些见解，与现代研究者的观点，往往有惊人的相似之处"，"还在于他能提出一些比较独特新颖的看法，对我们从不同的角度去探讨《诗经》的本义，颇有一些启发作用"①。张氏还高度赞誉了《易林》论《诗》的三个优点：就诗论诗，附会之说较少；封建论理色彩较少，对情诗和恋歌有敏锐的观察力；善用形象的语言阐述诗义，注重刻画诗歌作者的心理感受。②

汪祚民在《诗经文学阐释史（先秦—隋唐）》中，分别从《易林》对《诗经》篇目的评述，对《诗经》词语的化用以及对《诗经》篇章的重写三方面，论述了前者对后者的文学接受和阐释。③

张新科在其专著《文化视野中的汉代文学》中，分别论述了《易林》的诗体特征及《易林》所体现的经术与文学融合的问题。张新科认为，《易林》的诗体特征体现在外在的形式——四言句式和韵律，内在的精神—"言志""抒情"的诗学传统以及大量运用比兴手法来抒发情感，将《周易》的哲理、思想形象化。张新科还认为《易林》是"经"与"术"的融合，又因为《易林》对《诗经》的解释，大量化用《诗经》的诗句，足以显示其独特的诗学特征，故而得出结论，《易林》"是《诗经》四言诗的继承和发展"，"是《诗经》与《易经》的融合，是经术与文学的结缘"。④

进入 21 世纪后，学界对《易林》文学性的探讨有蓬勃发展之势，陈良运开其先河，用力最深，成果也最为显著，这也得益于他长期对诗歌和诗学理论的研究以及学者加作家这一特殊的身份。也许可以这样说，在陈良运之后，《易林》纯文学领域的挖掘，留给当代学人的余地已经不大了。但当代学者还是进行了大胆的开拓，将《易林》的文学性研究放在两汉经学背景下，放在《诗经》研究史的长河里，放在文化的视野中，研究的视阈拓宽了，研究的进路发展了，不再局限于

① 张启成：《诗经研究史论稿》，贵州人民出版社 2003 年版，第 59、63 页。
② 张启成：《诗经研究史论稿》，贵州人民出版社 2003 年版，第 66 页。
③ 汪祚民：《诗经文学阐释史（先秦—隋唐）》，人民出版社 2005 年版，第 175—188 页。
④ 张新科：《文化视野中的汉代文学》，中国社会科学出版社 2006 年版，第 281—289 页。

遣词用韵等，也取得了一定的成绩。

学位论文有刘银昌的《〈焦氏易林〉四言诗研究》（陕西师范大学2003年硕士学位论文）和在《〈焦氏易林〉四言诗研究》基础上撰成的博士论文《盖事虽〈易〉，其辞则诗——〈焦氏易林〉文学研究》（陕西师范大学2006年博士学位论文）。重点探讨了《焦氏易林》的各种诗体，如游仙诗、咏物诗、寓言诗等，并指出了《易林》对后世文学的影响及其在文学史上不容忽视的地位。李绍萍《论〈焦氏易林〉与先秦两汉文学的融会贯通》（福建师范大学2004年硕士学位论文），重点从《焦氏易林》的取象以及它与《诗》学的贯通上，来体现《焦氏易林》在经学与文学的融会中，所呈现出的文化特征。但文章对《易林》与易学、《春秋》学以及汉代诗歌等关系，论述不足，留有遗憾。

此外，还有单篇论文如程建功的《略论〈诗经〉对〈焦氏易林〉的影响》（《河西学院学报》2004年第6期），从《易林》师承关系、写实手法、句式特点、语言风格及表达方式等方面探讨了《诗经》对其的影响；陈昌文的《卜筮之辞的艺术特征及其对古代文学的影响——〈焦氏易林〉新论》（《学术探索》2003年第11期），从《易林》用"象"的类型和塑造方式两方面，论述其作为卜筮之辞的艺术特征，并进而考查"《易》文学"对古代文学的影响；钱健的《〈易林〉古歌发微》（《江海学刊》2002年第6期）和羽离子的《〈道藏〉中的文学瑰宝——〈易林〉诗及其艺术》（《中国道教》2001年第4期），则主要论述了《易林》对赋比兴手法的运用及呈现出现实主义和浪漫主义相交融的特征。张玖青在《论〈易林〉的〈诗〉说——兼论〈易林〉的作者》（《文学评论》2010年第2期）一文中，考察了《易林》与《诗经》的关系，认为《易林》是一部融会贯通《诗经》和《易经》的文学巨著，且认为通过《易林》可以考察《诗经》对汉代文学，尤其是汉代诗学所产生的影响。

智宇晖在《〈焦氏易林〉中女性形象的文化意蕴》（《齐鲁学刊》2012年第4期）中，探讨了《易林》女性形象在情感世界和道德世界中的文化意蕴和审美价值并述及《易林》母亲形象的象征意义。田胜利在《沟通卜筮与文学的桥梁——〈焦氏易林〉中的动物意象浅议》（《学术交流》2012年第7期）一文中，重点论述了《易林》动物意象的分类和作者的情感指向，动物意象分布所呈现出的特征及原因以及动物意向所呈现出的多样化的艺术特色。

上述论文往往就《诗经》或《易经》在文学方面对《易林》的影响展开论述，和上文论著有不同程度的重复立论之处，且对先前其他经典对《易林》的影响鲜有涉及，不无遗憾。智宇晖和田胜利的论文再次回归到《易林》文本当中，从某种意象切入，由文学研究迈向文化观照，当是有益的尝试。

二、哲学视阈下的《易林》研究回顾

20世纪以来，学界对《易林》的研究领域，除文学研究外，主要表现在哲学领域和文献学领域两个方面。而哲学领域的《易林》研究主要表现在易学研究和思想研究两方面。

（一）易学研究

对《易林》进行易学研究最为系统也最为权威的是尚秉和，他的《焦氏易诂》和《焦氏易林注》为易学界所称道。前者是对《易林》研究的零碎的心得体会，短则数语，长则数千言，取以《易林》解诂《周易》之意，对《易林》所用的各种逸象，详加分析疏通，并用以解释《周易》《左传》《国语》中易象，王树枏在《〈焦氏易活〉序》中称赞此书道："使前汉之《易》说，晦而复明，不但为焦氏之功臣，而抑亦西汉先师之厚幸也。"[①]后者对《易林》文本做了大量的校勘、诠释工作，溯源易象，注明象义之所从出，对后人从不同角度（占卜或文学欣赏）理解、接受《易林》，均有重要的作用。

另外，林忠军的专著《象数易学史》介绍了焦延寿的生平事迹，考辨了《易林》的真伪，分析了《易林》象辞的来源以及《易林》和周易的关系，最后归纳了焦氏易学积极和消极两方面的意义，即"焦氏及《焦氏易林》在易学发展史上

---

① 尚秉和：《焦氏易话》，光明日报出版社2005年版，第2页。

占有不可忽视的地位"，但是，由于"《焦氏易林》重筮占，轻义理……是易学理论的大倒退……使易学又回到了《易传》以前神学盛行的春秋时代"[①]。

刘玉建的著作《两汉象数易学研究》，花费了大量笔墨论述了焦延寿及其《易林》。作者首先详细考证了焦延寿的生平事迹和《易林》的真伪问题，接着阐述了《易林》六十四卦分卦值日法及众多易例，如旁通、反对之象、纳甲、十二消息卦等。最后，作者探讨了《易林》的易学价值。作者从时代性出发，不同意前人尚秉和、王晋卿等人对《易林》价值的无限拔高，认为《易林》只代表了西汉易学的一家之言，"只能是西汉易学的一部分，决不能代表西汉易学之全部……不同时代的易学具有不同的时代特征……不能也不可能把《易林》捧得至高无上"[②]。

张涛在其专著《秦汉易学思想研究》中首先高度肯定了焦延寿在易学史上的地位和作用，"上承孟喜，下启京房，使以卦气说为中心的象数易学有所发展，并对后世产生了深远影响"。接着，作者举了众多林辞，论证了《易林》"具有很高的史料价值，蕴涵着丰富的思想内容"。[③]

论文则有连镇标的《焦延寿易学渊源考》（《周易研究》1996年第1期），从焦延寿将孟喜之学应用于政事活动、普及于民间世俗、传承于大师京房，考证出其学源于孟喜，为孟喜弟子；林忠军的《焦延寿易学杂说》（《山东大学学报》1993年第6期），源于其专著《象数易学史》，内容上文已经提及。

（二）思想价值

《易林》广涉经史，吸纳百家，具有极高的思想价值，学界在这方面的研究也有一定的成果。李昊的《〈焦氏易林〉与汉代宗教文化构建》（《宗教学研究》2008年第3期），重点论述了西王母这一民间信仰在《焦氏易林》中所体现的宗教文化思想特征；王佑夫的《〈易林〉生命意识述略》（《中南民族大学学报》2008年第2期），以《易林》为切入点，论述了生命起源于天地、延续于男女、珍惜于

绪论

---

① 林忠军：《象数易学发展史》，齐鲁书社1994年版，第75页。
② 刘玉建：《两汉象数易学研究》，广西教育出版社1996年版，第185页。
③ 张涛：《秦汉易学思想研究》，中华书局2005年版，第130—131页。

家庭、和谐于德行、护卫于鬼神，追求于长寿；连镇标的《〈易林〉道家思想初探》（《河南科技大学学报》2006年第5期），探析了《易林》中无为而治的黄老思想，达性任情的养生思想，笃实厚重的神仙思想；于成宝《〈易林〉思想略论》（《科教文汇》2007年第6期），认为《易林》主要反映了儒家的仁德政治学说和阴阳灾异思想；方尔加的《〈焦氏易林〉之管见》（《周易研究》2004年第2期），主张《焦氏易林》基本倾向有进取性的儒家，兼采道家；王政《〈周易〉和〈焦氏易林〉婚配生殖喻象摭论》（《周易研究》1999年第1期），以《周易》和《焦氏易林》文本为基础，研究了婚配生殖意识向人们饮食活动，并向人们豢养的牲畜发生渗透转移的情况。牛占珩的《重视经济问题的易学名著：〈焦氏易林〉》（《周易研究》1998年第1期），认为焦延寿是最关系经济问题的易学家，《焦氏易林》是反映经济问题最多的易学著作，是反映西汉社会经济的一面明镜，蕴含丰富而深刻的经济思想；连镇标的《〈易林〉神仙思想考》（《世界宗教研究》1997年第3期），考察了《易林》的神学观、神仙队伍、神仙功能、神事活动和成仙追求。

此外，还有些论文对《易林》进行了综合论述，如杜志国的学位论文《〈焦氏易林〉研究》（四川大学2002年硕士学位论文），探讨了《焦氏易林》的诸多问题，如作者归属，《焦氏易林》与四家诗的渊源及与春秋学的关系等。陈华光的《西汉梁国的〈易〉学大师焦延寿》（《中州今古》2003年第2期），指出了《易林》产生的时代背景、哲学基础、史学价值、文献价值等。

三、文献学视阈下的《易林》研究回顾

20世纪以来，文献学领域的《易林》研究主要体现在探讨《易林》的文献价值和展开《易林》的注译工作两方面。

（一）文献价值

《易林》一书具有极高的文献价值。通过考索《易林》，既可以发现先秦经学典籍对汉代文学的影响，又可以展示先秦至汉代词汇的演变。这方面的学位论文有：汤太祥的《〈易林〉援引〈左传〉典语考》（福建师范大学 2005 年硕士学位论文），考索了《易林》对《左传》典语的援引并分析了援引的特点、原因。马新钦的博士论文《〈焦氏易林〉作者版本考》（福建师范大学 2005 年博士学位论文），考证出了《焦氏易林》的作者并清理了《焦氏易林》的版本系统。黄瑞丽的《〈焦氏易林〉并列式复音词研究》（河南大学 2010 年硕士学位论文）和李昊的《〈焦氏易林〉词汇研究》（四川大学 2003 年硕士学位论文），前者以《易林》中的并列式复音词为研究对象，采用共时与历时相结合、综合考察与典型分析相结合的方法，从构成、发展演变两个角度对它们进行全面、系统的描写分析，揭示其基本面貌和发展特点；后者采用同样的方法对《易林》词汇进行多角度、多层次的研究，以期观察先秦至汉代词汇发展的概貌和趋势。

单篇论文有李昊的《〈焦氏易林〉与汉代〈诗〉学研究》（《社会科学研究》2008 年第 2 期），胡大雷的《从〈焦氏易林〉占辞看"公无渡河"的早期影响与原型》（《广西师范大学学报》2008 年第 3 期），赵延花、马冀合撰的《论焦延寿咏昭君诗的价值》（《内蒙古大学学报》2006 年第 4 期）及《焦延寿咏昭君诗"守""是"二字辨析》（《汉字文化》2006 年第 6 期），芮执俭《〈汉语大词典〉引释〈易林〉词条校勘意见》（《西北师范大学学报》2001 年第 4 期），张雷的《〈韵补〉所引汉代著述及其文献价值——以〈易林〉为例》（《福建论坛》2000 年第 3 期），张文江的《〈管锥编·焦氏易林〉读解》（《上海社会科学院学术季刊》1997 年第 4 期）。这些论文或宏观论述《易林》的经学价值，或微观阐释其文史价值，或详析林辞在古今语言学中之价值，或细绎学界大家对《易林》的阐述。

另外，学界对《易林》作者还进行了考辨，如赵逵夫的《有关"牵牛织女"传说的一首诗与〈易林〉的作者问题》（《古籍整理研究学刊》2010 年第 4 期），张玖青的《论〈易林〉的〈诗〉说——兼论〈易林〉的作者》（《文学评论》2010 年第 2 期），于成宝的《〈易林〉的作者归属略辨》（《社科纵横》2007 年第 11 期）。由于没有新材料的发现，故目前对《易林》作者的考辨并不能突破前人已经取得的成就，故不再详述。

（二）注译工作

学界对《易林》注译工作已经取得了一些成果，为《易林》的广泛传播和接受做出了贡献。主要表现如下：

尚秉和的《焦氏易林注》（中国书店1990年影印版），上文已经做出介绍。

钱世明的《易林通说》（华夏出版社1900年版），对《易林》林辞做出了通俗浅显的翻译，译文句式灵活多变，且能押韵，颇能传达出林辞的诗意。每条林辞后均有作者的解释说明——"说"，对林辞的构成从象数学角度进行了阐述，并对林辞的典故进行了较为详细的说明，诚如作者所言，该书"是属于艺术研究范围和西汉社会习俗研究范围的专著"①。

费秉勋主编的《白话易林》（三秦出版社1990年版），只是对林辞做出白话翻译，不做任何解释说明，且为字面翻译，多不押韵，反而使某些林辞诗意受到减损。

王赣和牛力达合著的《大衍新解》（济南出版社1992年版），分为上下两编，上编《周易·大衍》原文今说，从象数学角度对大衍之数进行现代阐释，下编《焦氏易林》新序评注，将《易林》四千零九十六首林辞按电脑二进制原理，重新加以编排，并对林辞中的难字难词做出注音和释义，再用白话概述林辞大意。

邓球柏的《白话焦氏易林》（岳麓书社1996年版），对林辞进行了白话翻译，对部分疑难字词进行了注释并校勘了版本，重点则放在对林辞内容的讲解，多从象数学角度出发，使人能更好地理解林辞，但作者的讲解有时只针对林辞中的部分内容展开，其他很多地方或语焉不详，"余不具说"；或含糊其辞，"所以林辞如此"。

芮执俭的《易林注译》（敦煌文艺出版社2001年版），体例较为特殊，先对《易林》某一本卦所有之卦的林辞进行翻译，译作体例统一，音韵和谐，"以现代七言诗为主，力求做到语言流畅可读，并且尽量保留原诗的风味情调"②。注释放

---

① 钱世明：《易林通说》，华夏出版社1990年版，第1页。
② 芮执俭：《易林注译》，敦煌文艺出版社2001年版，第15页。

在某一本卦所有之卦后面，不同于其他著作对易象的繁琐解释，而是对字词出处、意思详加考索，引经据典，析义精当，具有较高的学术价值。

　　台湾徐芹庭的《焦氏易林新注》（中国书店2010年版），先介绍了易学中的一些象数学常识，如八卦次序、六十四卦重卦法、《河图》、《洛书》等，接着罗列了有关《易林》的材料，最后为《焦氏易林》的新注。所谓新注，但并无多少新意，作者先对林辞进行"义译"，体例不一，了无诗意；接着对该林辞下断语"吉""凶""利贞""无咎"等，这一点不见于其他注译本，也许就是此书"新"字所在。"义译"下面是对林辞的"象证"，即对林辞进行简单的解释。

第三节　本课题研究思路

《易林》具有重要的思想价值，其在汉代易学传承中具有重要地位，可以去探究它蕴含的丰富的思想和史料，考察它在易学史上的作用和贡献，可以通过它看出西汉的民风习俗、世情百态，等等。《易林》又具有极高的文学价值，可以去挖掘它的文学性的具体体现。《易林》林辞数千首，涉及的意象更是不计其数，这些意象又是如何体现出文学价值和作者思想内涵的，都是值得学界加以探讨的话题。

《易林》的文学性、思想性、作者归属等问题，学界已有较为深入的研究，但对于《易林》援引先秦典籍，学界偶有提及，如刘银昌的博士论文《盖事虽〈易〉，其辞则诗——〈焦氏易林〉文学研究》和杜志国的《〈焦氏易林〉研究》，在部分章节涉及到《易林》对《诗经》的引用问题，惜未一一考证、深入展开。也有学者就先秦某部经典如《易经》《诗经》等对《易林》的影响展开论述，但还未见综合考察、详加论述、一一考证先秦最重要的经典与《易林》之间关系的著作问世，这也不是单篇论文所能完成的任务，故在这一方面还有做进一步研究的必要。

焦延寿通晓先秦至西汉中叶典籍，并在创作《易林》时大加援引，使得《易林》具有重要的文献价值。这一点诚如徐芹庭所言："《焦氏易林》，为西汉焦延寿所撰。其学源自《周易》，专以占筮为用；其体则归之《五经》。明治乱之条贯，述道德之广崇，载格致诚正修齐治平，内圣外王之大道，引用《易》《诗》《书》《礼》《左传》经文之微言大义，旁罗《左传》《国语》《国策》《史记》《楚辞》《老

021

子》诸子百家之文；既可多识经学、史学、哲学、天文、丹道、医药之学，鸟兽草木虫鱼地形地物之名，亦可兴、观、群、怨，为四言诗之易经文史作品。"①西汉是个经学昌明的时代，故而《易林》援引经书尤为显明，其中又以援引《周易》《左传》等最为突出。潘雨廷也曾论述《易林》道："盖凡所系之辞，莫不渊源于《易》，且以《诗》《书》《左传》及史迹等以实其象，可谓善于文矣。"②据笔者统计，《易林》林辞中有140余首援引《周易》，涉及《周易》经传70余处；亦有140余首林辞援引《左传》，涉及《左传》原文80余处（由于林辞达四千余首，笔者虽一一寓目，但也难免有所误差）。迄今为止，还没有专文专书对《易林》援引先秦经学典籍进行综合考察，这是《易林》研究方面有待开发的新领域。

有鉴于此，本课题拟从全面考察《易林》援引《周易》及《左传》典语入手，探讨《易林》与这两部至为重要的先秦经学典籍之间的复杂关系，并在此基础上全面分析论证《易林》一书所具备的重要的文学价值、史学价值以及易学价值。

通过对《易林》与《周易》关系的考察，可以发现《易林》对《周易》的继承和新变，进而发掘《易林》在《易》学上的价值、地位和影响；通过对《易林》与《左传》关系的考察，可以发现《易林》对中国传统的史学思想的继承与发扬。通过综合考察《易林》反映西汉一朝史实的林辞，可以了解西汉的民风习俗、世情百态，可以感受作者伟大的人格和崇高的思想，如主张仁政爱民的儒家思想以及反战思想、灾异思想，等等。

《易林》有500余首林辞援引《诗经》，涉及《诗经》篇目70余首280多处，故闻一多赞誉《易林》道："盖事虽《易》，其辞则《诗》。"③前人对《易林》与《诗经》的关系，也多有论述，一致认为《诗经》对《易林》产生了深远的影响，致使《易林》从"术数短书"中脱颖而出，得以寄身"风雅之林"。《易林》确有较高的文学价值，这从其熔"立象"与"比兴"为一炉的表现手法，对诗歌题材的开拓之功，独到的炼字、炼句，抽象情感的具象化等，便可窥见一斑。

① 徐芹庭：《焦氏易林新注》，中国书店2010年版，第1页。
② 潘雨廷：《读易提要》，上海古籍出版社2003年版，第3页。
③ 闻一多：《闻一多全集》（第10册），湖北人民出版社1993年版，第65页。

总之，考察《易林》与《周易》《左传》等经学典籍的关系，可以发掘《易林》的文学价值、史学价值、易学价值，可以发掘汉代经学对文学的渗透与影响，可以拓宽和增加对先秦两汉文学研究的视野和方式，将目光投向被主流文学所忽视的领域，并如傅璇琮所言，重视"历史文化的综合研究"①。

---

① 傅璇琮：《闻一多与唐诗研究》，《唐诗论学丛稿》，京华出版社1999年版，第69页。

《易林》与《周易》关系研究

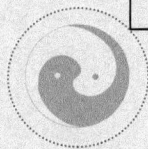

第一节　先秦两汉《周易》的传承及焦延寿的易学渊源与流变

一、先秦两汉《周易》的传承

《周易》是中国古代最负盛名的一部哲学著作，是中国传统思想文化中自然哲学与伦理实践的根源，对中国文化产生了巨大的影响。《周易》是华夏五千年智慧与文明的结晶，被誉为"群经之首，大道之源"。《周易》原本为周人对占筮结果的记录，后使之系统化，并依据其中的卦象和卦爻辞来推断人事的吉凶祸福。

《周易》包括《易经》和《易传》两大部分。《易经》内容包括六十四卦卦象、卦辞，爻辞。每卦六爻，共三百八十六爻爻辞（乾、坤二卦分别多出用九、用六爻辞）。所谓的六十四卦，是由八卦两两相重而得，而八卦则是由"阴""阳"二爻三叠而成。《周易》中的"阴""阳"，分别呈中断的与相连的线条形状，又可称为爻象，即"－－"与"－－"，古人用阴阳范畴来表现寒暑、日月、男女、昼夜、奇偶等众多概念，正所谓"一阴一阳之谓道"。这些都可以纳入到象的范畴内。卦辞是对卦象的解释，而爻辞是对爻象的说明。

《易经》文字古奥，蕴义精深，后人对其进行了解释说明，于是便产生了《易传》。《易传》实际上是阐释《周易》经文的专著，共有七种十篇：《彖》上下、《象》上下、《系辞》上下、《文言》、《序卦》、《说卦》、《杂卦》。因其阐发经文大义，如本经之羽翼，故汉人称之为"十翼"。

关于《周易》作者和成书年代向有争议。班固在《汉书·艺文志》中提出"人更三圣，世历三古"之说：

> 《易》曰："宓戏氏仰观象于天，俯观法于地，观鸟兽之文，与地之宜，近取诸身，远取诸物，于是始作八卦，以通神明之德，以类万物之情。"至于殷、周之际，纣在上位，逆天暴物，文王以诸侯顺命而行道，天人之占可得而效，于是重《易》六爻，作上下篇。孔氏为之《彖》《象》《系辞》《文言》《序卦》之属十篇。故曰《易》道深矣，人更三圣，世历三古。[①]

班固认为伏羲氏画八卦，周文王演六十四卦、作卦爻辞，孔子作传以解经。东汉的经师们又认为爻辞是周公旦所作，于是到了宋朝朱熹便概括《周易》的作者为"人更四圣"说。但自欧阳修始，便有人怀疑"人更三圣"说。清人姚际恒、康有为等均认为《易传》非孔子所作，影响深远，直至"五四"以后的疑古学派。"五四"以后新史学兴起，学者纷纷提出怀疑，关于《周易》的作者，普遍认为《易经》非文王周公所作。而成书年代，则有周初说、春秋中期说、战国说等不同观点。这其中最重要的证据在于卦爻辞中提到的历史人物和事件，有的出现在文王周公之后。顾颉刚在《周易卦爻辞中的故事》一文中考证出康侯即卫康叔，分封于卫，乃武王之弟，其事迹在武王之后，从而推断卦爻辞非文王所作，断定《周易》成书于西周初叶，成为学界定论。[②]《易经》创作年代，诚如朱伯崑所言，"其基本素材是西周初期或前的产物。因为卦爻辞所提到的历史人物和事件，其下限没有晚于西周初期者"[③]。

关于《易传》作者，司马迁在《史记·太史公自序》中说道：

> 先人有言，自周公卒五百岁而有孔子。孔子卒后至于今五百岁，有能绍

① （汉）班固撰，（唐）颜师古注：《汉书》（第6册），中华书局1962年版，第1704页。
② 顾颉刚：《古史辨》，上海古籍出版社1982年版，第1—36页。
③ 朱伯崑：《易学哲学史》（上册），北京大学出版社1986年版，第7页。

明世，正易传，继春秋，本诗书礼乐之际？意在斯乎！意在斯乎！小子何敢
让焉。①

司马迁认为《易传》和《春秋》都是孔子所作，故其还说"易以道化，春秋
以道义"，并把"正易传，继春秋"看成是对孔子事业的继承。但后人已纷纷提出
怀疑，时至今日，认为《易传》非孔子所作，已成定论。其基本上成书于先秦，
从其思想倾向、人物事件等来看，乃战国时期的著作无疑。

《周易》列于《诗》《书》《礼》《乐》《春秋》之先，居六经之首，地位无比崇
高，其他经籍无法撼之，后人对其研究，形成了一股汹涌澎湃的潮流，呈现出一
种专门的学问——易学。易学有自己的理论系统、发展阶段、流派传承，从而使
得《周易》这部古老的经典能够长久地流传下去，并在各个不同时代呈现出鲜明
的时代特征。如汉代的象数易、宋明的理学易等，从而"对我国古代的哲学、宗
教、科学、文学艺术以及政治和伦理生活都起了深刻的影响，是我国学术史上的
丰碑"②。

关于《周易》的传承，司马迁在《史记·仲尼弟子列传》中明确记载道：

> 孔子传易于瞿，瞿传楚人馯臂子弘，弘传江东人矫子庸疵，疵传燕人周
> 子家竖，竖传淳于人光子乘羽，羽传齐人田子庄何，何传东武人王子中同，
> 同传菑川人杨何。何元朔中以治易为汉中大夫。③

在《史记·儒林列传》中也有着相同记载，只是略去中间的传承。从中可以
看出《周易》在先秦至汉初脉络分明的传承关系，亦如司马贞《史记索引》所言，
"自商瞿至杨何，凡八代相传"，张守节《史记正义》道："商瞿至杨何凡八代。"④
田何以下已经进入汉世，故《汉书》对田何以后的易学传承详加记载，田何以前

---

① （汉）司马迁：《史记》（第10册），中华书局1959年版，第3296页。
② 朱伯崑：《易学哲学史》（上册），北京大学出版社1986年版，第1页。
③ （汉）司马迁：《史记》（第10册），中华书局1959年版，第2211页。
④ （汉）司马迁：《史记》（第10册），中华书局1959年版，第2212页。

则一笔带过。易学在田何以前的传承虽然谱系清楚，但是人物却非常陌生，没有过多的史料记载，且不绝于秦火，"从各方面推测均为筮术的传承，而非儒门易学的传承"[①]，言之有理。

《周易》在西汉的传承，《汉书·儒林传》中有着条分缕析的记载：

> 汉兴，田和以齐田徙杜陵，号杜田生，授东武王同子中、洛阳周王孙、丁宽、齐服生，皆著《易传》数篇。同授淄川杨何，字叔元，元光中征为太中大夫。齐即墨成，至城阳相。广川孟但，为太子门大夫。鲁周霸、莒衡胡、临淄主父偃，皆以《易》至大官。要言《易》者本之田何。[②]

田何为孔子嫡传六代传人，在西汉易学传承中地位极其重要，如班固所言，"《易》者本之田何"。田何字子庄，淄川（今属山东省淄博市）人。汉初迁徙至杜陵（今陕西省西安市东南），故号杜田生。田何弟子众多，其中最为显明的有王同、周王孙、丁宽、服生。

孔子易学七代传人以丁宽最为显著。丁宽字子襄，梁（今河南商丘南）人。汉景帝时，为梁孝王将军，曾抗击吴楚七国叛军，号丁将军。他是田何弟子中超群脱俗的一个，在田何门下"尽得其学"。学成东归时，田何曾叹息道："《易》以东矣！"后来他又从周王孙受古义，声誉日著。曾作三万言之《易说》，其书"训诂举大谊而已，今《小章句》是也"。《易说》一书今已亡佚，而在《汉书·艺文志》易类中著录有丁宽著《丁氏》八篇。丁宽的易学传承，《汉书·儒林传》有载：

> 宽授同郡砀田王孙。王孙授施雠、孟喜、梁丘贺。由是《易》有施、孟、梁丘之学。[③]

① 高怀民：《先秦易学史》，广西师范大学出版社2007年版，第241页。
② （汉）班固撰，（唐）颜师古注：《汉书》（第11册），中华书局1962年版，第3597页。
③ （汉）班固撰，（唐）颜师古注：《汉书》（第11册），中华书局1962年版，第3598页。

田王孙，砀县（今河南省永城市芒山镇）人，乃孔子易学八代传人，司马贞、张守节等人已述之。田王孙曾被立为博士，授易于施雠、孟喜、梁丘贺。而施、孟、梁丘正处于汉武帝至汉宣帝之时，也是易学兴盛变革之时。

施雠字长卿，沛县人，曾立为博士，为人谦让，梁丘贺曾夸赞他"结发事师数十年，贺不能及"。授易于梁丘贺之子梁丘临、张禹、鲁伯。后张禹授易于彭宣、戴崇；鲁伯授易于毛莫如、邴丹。施雠一派张禹、彭宣最为有名，故"由是施家有张、彭之学"[①]。

孟喜字长卿，东海兰陵（今山东省临沂市兰陵县）人。其父孟卿善《礼》《春秋》，认为《礼经》多而《春秋》繁杂，故让孟喜师事田王孙学易。孟喜授易于同郡白光、沛人翟牧，皆立为博士，"由是有翟、孟、白之学"。另有蜀人赵宾"持论巧慧，《易》家不能难"，冒称学易于孟喜，孟喜起初承认，后不予认可。

梁丘贺字长翁，琅琊诸县（今山东省诸城市）人，为人工心计，善言说，精筮占，得汉宣帝宠幸，为太中大夫，给事中，后官至少府。贺原本学易于太中大夫京房（此京房非焦延寿学生京房），后转投田王孙门下。贺传易学于其子梁丘临。梁丘临传易于王骏、五鹿充宗。五鹿充宗又授易于士孙张、邓彭祖、卫咸等人，皆名扬海内、官动朝野，《汉书·儒林传》有载：

> 张为博士，至扬州牧，光禄大夫给事中，家世传业；彭祖，真定太傅；咸，王莽讲学大夫。由是梁丘有士孙、邓、衡之学。[②]

西汉易学中还有最为著名的一位大师——京房，其在易学实上的地位和影响，远超施、孟、梁丘诸人。京房师从焦延寿学易。而焦延寿又说过从孟喜问易的话，故京房认为焦延寿的易学即是孟喜的易学，乃一脉相承。京房后授易于殷嘉、姚平、乘弘，皆为郎，得立为博士。

东汉的易学传承与流派，与本书论题联系不是十分紧密，故不展开论述，今

---

① （汉）班固撰，（唐）颜师古注：《汉书》（第11册），中华书局1962年版，第3598页。
② （汉）班固撰，（唐）颜师古注：《汉书》（第11册），中华书局1962年版，第3601页。

据《易汉学考》略作陈述。东汉的《易》学流派，可以分为四派；一曰马融、刘表、宋衷、王肃、董遇，皆为《费氏易》作章句（《费氏易》无章句，诸家各为立注）；二曰郑玄、荀爽，先治《京氏易》，后参治《费氏易》（郑玄从第五元先通《京氏易》，荀爽从陈实受樊英句，亦京氏学）；三曰虞翻，本治《孟氏易》，杂用《参同契》纳甲之术；四曰陆绩，专治《京氏易》。①

二、焦延寿的易学渊源与流变

西汉易学最为著名的一派为"孟京易学"，孟喜和京房的易学，也就是西汉最为著名的象数易学一派，其二人著作并称，《汉书·艺文志》载有《孟氏京房》十一篇，《灾异孟氏京房》六十六篇。孟喜开创了象数易学，有筚路蓝缕之功，京房继之并多有创获，使象数易学发扬光大，达到顶峰。在孟喜和京房之间有一个重要的象数易学的传承人——焦延寿——往往为人所忽略，不为人所熟知。要想全面认识并深刻领会象数易学，必须要认识焦延寿。关于焦延寿的情况，《汉书》中有两条材料，试录之如下：

> 京房字君明，东郡顿丘人也。治《易》，事梁人焦延寿。延寿字赣。赣贫贱，以好学得幸梁王，王共其资用，令极意学。既成，为郡史，察举补小黄令。以候司先知奸邪，盗贼不得发。爱养吏民，化行县中。举最当迁，三老官属上书愿留赣，有诏许增秩留，卒于小黄。赣常曰："得我道以亡身者，必京生也。"其说长于灾变，分六十四卦，更直日用事，以风雨寒温为候，各有占验。房用之尤精。②

这则材料首先明确了焦延寿和京房之间的师徒关系，即是后世所谓"焦、京

---

① （清）吴翊寅：《易汉学考》，续修四库全书本。
② （汉）班固撰，（唐）颜师古注：《汉书》（第10册），中华书局1962年版，第3160页。

易学"。焦延寿自幼贫贱但极好学，后得梁敬王刘定国的资助学习①，学成后为小黄（今河南省商丘市）县令。焦氏易学善说灾异，精于占筮，并用六十四卦值日法，后文有述。

> 京房受《易》梁人焦延寿。延寿云尝从孟喜问《易》。会喜死，房以为延寿《易》即孟氏学，翟牧、白生不肯，皆曰非也。至成帝时，刘向校书，考《易》说，以为诸《易》家说皆祖田何、杨叔元、丁将军，大谊略同，唯京氏为异，党焦延寿独得隐士之说，托之孟氏，不相与同。房以明灾异得幸，为石显所谮诛，自有传。②

从这则材料中可以清楚地看出焦延寿师从孟喜，传易于京房，孟、焦、京师徒一脉相承。焦延寿自称从孟喜问《易》，并且在孟喜死后京房也认为焦氏易即孟氏易，但是孟喜的另外两个学生翟牧、白光却不承认焦延寿是孟喜的学生。其实这一点无须怀疑，清人吴翊寅早就指出，"盖翟牧所传为孟氏章句之学，焦、京所传为孟氏阴阳灾变之学，派别歧而源流无不合也"③。焦氏不为同门所容，这和他的老师孟喜身上发生的一幕极其相似：

> 喜好自称誉，得《易》家候阴阳灾变书，诈言师田生且死时枕喜膝，独传喜，诸儒以此耀之。同门梁丘贺疏通证明之，曰："田生绝于施雠手中，时喜归东海，安得此事？"④

孟喜和焦延寿一样，不为同门所认同，究其原因，一是因为功名利禄之争。因为孟喜在当时名气太大，获得了诸多儒生的赞誉，很有可能被立为易学博士，而这必将影响甚至阻碍其同门的仕途，故梁丘贺提出反诘，但施雠却不置可否。

① 陈良运：《焦氏易林诗学阐释》，百花洲文艺出版社2000年版，第510页。
② （汉）班固撰，（唐）颜师古注：《汉书》（第11册），中华书局1962年版，第3601页。
③ （清）吴翊寅：《易汉学考》，续修四库全书本。
④ （汉）班固撰，（唐）颜师古注：《汉书》（第11册），中华书局1962年版，第3599页。

二是因为孟喜和焦延寿一样，在别人眼中有离经叛道之嫌，其师徒二人一个"得《易》家候阴阳灾变书"，一个"独得隐士之说"。正因为此，刘向校书时认为京氏易学不同于汉易之田何易学传统。其实，孟、焦、京易学一脉相承，也不曾离经叛道、背叛师门，乃孔门嫡传之易学。这一点，近代著名易学家尚秉和在《焦氏易诂》中辨之甚明：

> 西汉易学，得孔子嫡传者三家，施、孟、梁丘是也。三家之学，同祖丁将军宽。宽既从田何受《易》毕，复归洛阳，从周王孙受古义。古义者，非孔氏十翼，盖即许慎所谓秘书，汲、冢古《易》，但有阴阳秘书者是也，即阴阳灾变之学也。后高相专以阴阳灾变说《易》，自言出于丁将军，是其证。三家之学皆同，独孟喜能候阴阳灾变，自谓田生将死时，枕喜膝受之，而施雠、梁丘贺皆不能。时贺已为少府侍中，贵幸，而喜独能毕传师业，名最高，故贺甚嫉之。既疏证喜言之诈，复谮之于帝，使有改师法之嫌。岂知贺谓喜言为诈，贺所谓田生绝于施雠手中者，其言尤诈乎。设田生果绝于施雠手中，喜安肯刺谬如此。盖西汉经师，以有利禄，故每争名，相倾轧以求胜，不独易家也。由此观之，三家之《易》，独孟喜兼明阴阳，不坠师法。而焦延寿则问《易》于孟喜者也，故延寿亦兼明阴阳灾变。其白生、翟牧不肯焦、京为孟学者，仍经师嫉妒之私。史谓延寿得隐士之说者，仍施、梁二家解嘲之语。盖自孔子传《易》，六传而至田何，七传而至丁将军。丁将军既从田何受《易》，复从周王孙受古义。周王孙非他，仍田何弟子也。然则阴阳灾变之学，皆出自孔门，为传《易》者所必学，其渊源可谓明悉矣。徒以施、梁二家未得其全，遂谓孟喜阴阳之学非出自丁、田，更疑延寿易学非出自孟氏。岂知皆施、梁二家徒党之诬词哉。总之，阴阳灾变之学，由丁宽证之，其源皆出于孔氏，后三家惟孟喜为能兼明，三家后惟焦京能传孟学，故京氏巍然为三家后第一大家，得立于学官。彼高相者，得丁将军一体耳，非其伦也。①

---

① 尚秉和：《焦氏易诂》，光明日报出版社2005年版，第11—12页。

其实，从焦延寿易学内涵和《易林》思想中，完全可以得出焦延寿和孟喜、京房是一脉相承的师徒关系。焦延寿易学中有重要的一条——"焦林值日法"，即前文所引《汉书》"分六十四卦，更直日用事"，颜师古在注中引用孟康的话如下：

> 分卦直日之法，一爻主一日，六十四卦为三百六十日。余四卦，震、离、兑、坎，为方伯监司之官。所以用震、离、兑、坎者，是"二至二分"用事之日。又是四时各专王之气。各卦主时，其占法各以其日观其善恶也。①

其中"六十四卦'，应为"六十卦"，因为"一爻主一日"，六十卦，每卦六爻，共三百六十日。又下云："余四卦"，也可知前应为"六十卦"。"四"为衍字。"焦林值日法"其实是源于孟喜的"卦气说"，震、离、兑、坎又叫"四正卦"。"卦气说"内容繁杂，流传已久，但其专著今已亡佚，唯《新唐书·历志》载僧一行《卦议》中有所引述，今仅取"四正卦""六日七分说"加以说明。

> 《坎》《离》《震》《兑》，二十四气，次主一爻：其初则二至、二分也。《坎》以阴包阳，故自正北……春分出于《震》，始据万物之元，为主于内，则群阴化而从之，极于南正，……《离》以阳包阴，故自南正，微阴生于地下，积而来章，至于八月，文明之质衰，《离》运终焉。仲秋阴形于《兑》，始循万物之末，为主于内，群阳降而承之，极于北正，而天泽之施穷，《兑》功究焉。②

显然，"卦气"说中"四正卦"的确立，源于《说卦传》的八卦方位说，其象征旨趣主于东西南北四方、春夏秋冬四季乃至一年中的二十四气，"因其所象征的方位、时节的意义重大，故又有'方伯卦'之称"③。

---

① （汉）班固撰，（唐）颜师古注：《汉书》（第10册），中华书局1962年版，第3160页。
② （宋）欧阳修、宋祁撰：《新唐书·历志三》，中华书局1975年版，第4179页。
③ 张善文：《象数与义理》，辽宁教育出版社1993年版，第84页。

焦延寿以震、离、兑、坎四卦为方伯监司之官，显然源于其师的学术传统。而焦延寿以六十卦分卦值日，只是对其师孟喜"六日七分说"演变而已。"卦气"说既以"四正卦"主四方、四时，又以余下的六十卦共三百六十爻配一年的365天，故每卦配六又八十分之七，故称之为"六日七分说"。焦氏只是在孟氏基础上去掉"四正卦"，以六十卦配三百六十日而已。而其徒京房也有"六日七分"之分卦值日法，亦见载于僧一行的《大衍历法》中，"京氏又以卦爻配期之日，《坎》《离》《震》《兑》，其用事自分、至之首，皆得八十分之七十三。《颐》《晋》《井》《大畜》，皆五日十四分，余皆六日七分。"①可见京房也用"四正卦"，与孟喜卦气说相同之处是皆以坎卦主冬至，以离卦主夏至。并以阴阳二气解释孟喜之说，认为阳气（雄气）左行，始于十一月冬至；阴气（雌气）右行，始于五月夏至。京房亦用"六日七分说"，只是在卦爻具体的值日安排上与其师、其师祖稍有不同，因具体的卦爻值日过于繁琐，此不赘述。

焦延寿易学及其著作《易林》有一重要特点，"其说长于灾变"，即讲灾异，且"房用之尤精"，"房以明灾异得幸"，从《汉书》的这些记载中可以看出焦、京的易学渊源。而要溯其源头，还要归功于焦氏之师孟喜，因为"孟喜得易家候阴阳灾变书，一改师法将易学与自然科学相结合，首倡卦气，主阴阳灾异"②。

从《易林》以及京房著作中，也可以明确看出"灾异说"在这对师徒之间的传承。京房著作甚丰，但多已亡佚，今仅存《京氏易传》三卷，另有《别对灾异》，见存于《全汉文》卷四十四。马国翰《玉函山房辑佚书》辑有《周易京氏章句》一卷，黄奭《汉学堂丛书》、孙堂《汉魏二十一家易注》均有辑录。现举《别对灾异》数条，与《易林》对应林辞一一比照。因《易林》林辞重复较多，或大同小异，或完全相同，下文所引林辞只注明一个出处。

《别对灾异》有：

① （汉）欧阳修、宋祁撰：《新唐书·历志三》，中华书局1975年版，第4179页。
② 林忠军：《象数周易演义》，齐鲁书社1994年版，第65页。

国有谗佞，朝有残臣，则日无光，暗冥不明。①

《易林》有：

日在阜颠，向昧为昏。小人成群，君子伤伦。（《随之明夷》）
阴雾作慝，不见白日。邪径迷道，使君乱惑。（《复之鼎》）

《别对灾异》有：

人君好用佞邪，朝无忠臣，则月失其行。

《易林》则有：

昧昧暗暗，不知白黑。风雨乱扰，光明伏匿，幽王失国。（《小过之损》）
威权分离，乌夜徘徊。争蔽月光，大人诛伤。（《随之益》）

《别对灾异》有：

虹霓近日，则奸臣谋。贯日，则客代主专政，大臣乘枢。不救则兵至，宫殿战。

《易林》则为：

蟏蛛充侧，佞人倾惑。女谒横行，正道壅塞。（《蛊之复》）

① （清）严可均辑，任雪芳审订：《全汉文》，商务印书馆1999年版，第454页。

从上述引文可以明确看出京房在"灾异说"上是和焦延寿师徒相承的。"灾异说"肇始于董仲舒，发扬光大者乃焦、京师徒。董仲舒还只是以"灾异"来预言政局变化，给人主起警示作用；焦、京师徒的"灾异说"是以政治为因，灾异为果，政治浑浊则灾异显现，统治虐乱则灾异频出，从而形成了西汉中后期独特的"浊政"——"灾异"因果关系说。这种"灾异"新说是焦、京师徒干预朝政，向当时的昏君佞臣作斗争的有力武器，且京房最终因此而牺牲，"这一新说的创始者，可能是焦延寿，而发扬光大应用于实际斗争中者，是京房"[①]。

综上所述，焦延寿受易于孟喜，传易于京房，在著名的孟、京易学派别中起到了承前启后的重要作用。古人在孟、焦、京易学传承中的某些偏见，如"焦氏易固无所本，说焦易出孟氏固谬矣"[②]，到了应该被抛弃的时候了。如果没有焦延寿，孟氏易学可能会成为绝学，而京氏易学也可能不会称霸有汉一朝。最后，用当代易学名家黄寿祺先生的话来给焦延寿易学渊源流变作结：

孟喜受易家阴阳，立十二月辟卦，其说本于气，以准天时、明人事，授之焦赣；焦赣又得隐士之说五行消复，授之京房；房兼而用之，长于灾变，布六十四卦于一岁中，卦直六日七分，迭更用事，以风雨寒温为候，各有占验，独成一家。[③]

① 陈良运：《焦氏易林诗学阐释》，百花洲文艺出版社2000年版，第545页。
② （元）马端临：《文献通考·经籍考·卷四十六》，中华书局1986年版，第9页。
③ 黄寿祺：《易学群书平议》，北京师范大学出版社1988年版，第3页。

第二节　《易林》援引《周易》典语考论

《易林》乃西汉流传下来的未曾亡佚的第一部《易》学著作，其易象是对《周易》之象的继承和发挥，或本于《周易·说卦》，或继承了某些在西汉业已亡佚之《易》象——逸象，对此，后文将展开论述。《易林》四千零九十六条林辞的构成或来源，当代学人有一段精辟的概括：

> 一、吸收改编《诗经》；二、收集民间牙牌神签之类的韵语判词；三、继承和发展三兆之法、三易之法，将"三兆之法"的三千六百颂（这些颂又称为繇辞，孙诒让《正义》称："案卜繇之文皆为韵语，与①《诗》相类，故亦谓之颂。）编入书中；四、吸收《周易》卦爻辞、《左传》《国语》《尚书》中的史料以及八卦卦象进行加工制作；五、吸收各类杂占韵语。汇集而成今天我们能够看到的这样一部大型的巧妙的神韵的诗歌总集，赋予了算卦艺术以优美的文学艺术。②

的确如此，《易林》众多林辞吸收了《周易》卦爻辞和《左传》中的史料，并进行了改造、创新，可谓"虽取镕经意，亦自铸伟辞"（《文心雕龙·辨骚》）。《易林》对《周易》卦爻辞以及"十翼"的援引，体现出了不同的风格特色，具体

---

① 按：邓氏引文误作"每"字，今改为"与"。
② 焦延寿著，邓球柏译注：《白话焦氏易林·自序》，岳麓书社1996年版，第8页。

表现在以下几方面。

一、直接引用《周易》典语

《易林》中某些林辞直接援引《周易》经传典语，未做任何修改，拿来便用，例如：

> 明夷兆初，三日为灾。以谗复归，名曰竖牛。剥乱叔孙，馁卒虚丘。（《大壮之比》）
>
> 明夷兆初，为穆出郊。以谗复归，名曰竖牛。剥乱叔孙，馁于虚邱。（《剥之比》）
>
> 出入无妄，动作失利。衔忧怀祸，使我多悴。（《家人之萃》）

一、二条林辞"明夷"直接取自《周易·明夷》卦名，后面的林辞征引了《左传》典故。《左传·昭公四年》鲁国大夫叔孙豹（谥号曰"穆"，故史称叔孙穆子，亦称叔孙穆叔）"去叔孙氏，及庚宗，遇妇人，使私为食而宿焉"。后生竖牛，及自齐归，遂使为竖。后叔孙"田于丘莸，遂遇疾焉。竖牛欲乱其室而有之"，终至穆子馁死。《明夷》卦取象光明隐藏于地下，《象》曰"君子以莅众，用晦而明"。寓意"君子因此慎于治理众人，能够自我晦藏明智而更加显出道德光明"[①]。叔孙穆子显然没有做到处"明夷"时韬光养晦，而对于庚宗之妇人，更谈不上道德光明，故终至"馁卒虚丘"，可谓咎由自取。第三条"出入无妄"直接取自《周易·无妄》之卦，"无妄"即不可妄为之意，卦辞曰："元亨，利贞。其匪正有眚，不利有攸往。"王弼注之道："处不可妄之极，唯宜静保其身而已，故不可以行也。"[②]林辞用来告诫那些不听劝阻、胆大妄为之徒，处无妄之时，非要"出入"，有所"动作"，结果只能是"衔忧怀祸"。

---

① 黄寿祺、张善文：《周易译注》，上海古籍出版社2001年版，第295页。

② （唐）孔颖达：《周易正义》，北京大学出版社1999年版，第118页。

布衣在位，乘非其器。折足覆悚，毁伤我玉。（《解之观》）

林辞“足覆悚”乃征引《周易·鼎·九四》爻辞：“鼎折足，覆公悚，其形渥，凶。”鼎器折断了鼎足，导致王公贵族的美食全被倾覆了，还玷污了美丽的鼎身，很凶险，爻辞是比喻某些人“知小谋大，不堪其任，受其至辱，灾及其身”[①]。林辞用“布衣在位，乘非其器”便准确而又形象地阐明了此爻之义旨，完全不输于后世之《周易》注疏。

豮豕童牛，害伤不来。三光同堂，生我福仁。（《颐之遯》）

林辞“豮豕童牛”来自于《周易·大畜·六四》爻辞“童牛之牿，元吉”和《周易·大畜·六五》爻辞“豮豕之牙，吉”。牿为加在牛角上面的横木，以防牛角伤人毁物，故“童牛有牿，则不致触伤人物或自伤其角，故大吉”[②]。豮豕即被阉割过的猪，虽有尖牙不至于伤人，故“制约阉割过的猪的尖牙，吉祥。”[③]童牛和豮豕在《周易》中都至为吉祥，故《易林》林辞一如《周易》，“害伤不来”“生我福仁”。

栋隆辅强，宠贵日光。福善并作，乐以高明。（《屯之既济》）

林辞“栋隆”来自《周易·大过·九四》爻辞：“栋隆，吉。”“栋隆”，房屋的栋梁隆起向上，且《大过》之九四爻“能用柔相济，可担当大过之任，有如栋非但不桡，反而隆起向上，所以得吉”[④]。《易林》林辞亦如《周易》爻辞，一派吉祥。

① （唐）孔颖达：《周易正义》，北京大学出版社1999年版，第208页。
② 高亨：《周易大传今注》，齐鲁书社1979年版，第256页。
③ 黄寿祺、张善文：《周易译注》，上海古籍出版社2001年版，第224页。
④ 金景芳、吕绍刚：《周易全解》，吉林大学出版社1989年版，第220页。

执簧炤牺，为风所吹，火灭无光，不见玄黄。（《蛊之寋》）

黄离白日，照我四国。元首昭明，民赖其福。（《颐之大过》）

第一条"玄黄"引自《周易·坤·文言》："夫玄黄者，天地之杂也，天玄而地黄。"玄和黄乃天和地之颜色，"不见玄黄"，即不辨天地。第二条之"黄离"，来自《周易·离》卦六二爻辞和象辞："六二，黄离，元吉。《象》曰：'黄离元吉'，得中道也。"五色之黄色，对应的是五方东南西北中之中，故孔颖达有"黄是中之色"①。此爻又为六二爻，居下卦之中，得中道，故王弼注此爻曰："居中得位，以柔处柔，履文明之盛而得其中，故曰'黄离元吉'也。"②此爻一派吉祥之相，故《易林》林辞也一如《周易》爻辞，可谓天下太平，君贤民乐。

悬貂素餐，居非其安。失舆剥庐，休坐徒居。（《乾之震》）

弟姊合居，与类相扶。愿慕群丑，不离其友。（《坤之家人》）

第一条林辞"失舆剥庐"来自《周易·剥·上九》爻辞："硕果不食，君子得舆，小人剥庐。"林辞直接用了"剥庐"一词，又用《剥》卦"君子得舆"之反义，则为小人失舆，故有"失舆剥庐"，描述平民百姓的悲惨生活，与"悬狟素餐"之统治者正成反比。第二首"群丑"源于《周易·渐·九三》象辞："'夫征不复'，离群丑也。'妇孕不育'，失其道也。"《周易》原意是要说明"九三远离其所匹配的群类；妻子失贞得孕生育无颜，说明违失夫妇相亲之道"③。林辞反其意而用之，说明一对男女（《易林》林辞多非确指，从林辞推测，这里的弟姊也有可能是一对夫妇）对亲情的看重。

---

① （唐）孔颖达：《周易正义》，北京大学出版社1999年版，第29页。

② （唐）孔颖达：《周易正义》，北京大学出版社1999年版，第136页。

③ 黄寿祺、张善文：《周易译注》，上海古籍出版社2001年版，第441页。

逐禽出门，并失玉九。往来井井，破甑缺盆。（《复之噬嗑》）

送金出门，井失玉兔。往来井上，破瓮坏盆。（《益之萃》）

上述两条林辞援引《井》卦卦辞"往来井井。汔至，亦未繘井，羸其瓶，凶"。只是将"羸其瓶"稍作修改，变为"破甑缺盆""破瓮坏盆"而已。

鸦鸣庭中，以戒灾凶。重门击柝，备不速客。（《师之颐》）

鸟鸣庭中，以戒凶灾。重门击柝，备忧暴客。（《大过之涣》）

重门击柝，介士守护。终有他道，虽惊不惧。（《损之姤》）

上述林辞"重门击柝"一句，征引了《周易·系辞下》之"重门击柝，以待暴客，盖取诸《豫》。""备不速客""备忧暴客"明显是对《周易》之"以待暴客"的改写。林辞具体含义，后文有述。

倬然远咎，辟患害早。田获三狐，巨贝为宝。（《泰之渐》）

释然远咎，避患高阜。田获三狐，以贝为宝。君子所在，安宁不殆。（《贲之谦》）

随风骑龙，与利相逢。田获三狐，商伯有功。（《暌之离》）

上述林辞"田获三狐"一语取自《周易·解·九二》爻辞："田获三狐，得黄矢，贞吉。"《周易》此爻无比吉祥，三条林辞也和《周易》一脉相承，同样都为吉言休辞。

春日载阳，福履齐长。四时不忒，与乐为昌。（《同人之大过》）

时乘六龙，为帝使东。达命宣旨，无所不通。（《离之离》）

漏卮盛酒，无以养老。春贷黍稷，年岁实有。履道坦坦，平安无咎。（《离之师》）

電鸣岐山，鳖应山渊。男女媾精，万物化生。文王以成，为开周庭。
（《乾之井》）

第一首林辞"四时不忒"来源于《周易·豫》彖辞："天地以顺动，故日月不过，而四时不忒。"第二首林辞"时乘六龙"取自《周易·乾》彖辞："时乘六龙以御天。乾道变化，各正性命。保合大和，乃利贞。首出庶物，万国咸宁。"林辞之蕴意与《周易》之义旨完全吻合，"达命宣旨，无所不通"可以说是对"保合大和，乃利贞。首出庶物，万国咸宁"的缩写。第三首之"履道坦坦"一仍《周易·履·九二》爻辞："履道坦坦，幽人贞吉。"《周易》用"贞吉"，《易林》便为"平安无咎"。最后一条林辞"男女媾精，万物化生"，源自《周易·系辞下》"天地絪缊，万物化醇。男女构精，万物化生"。来知德解释道："夫天地男女两也，絪缊构精以一合一亦两也，所以成化醇化生之功。"①周文王取太姒，"文定厥祥，亲迎于渭"，对于周朝有化生之功，故有此林辞。

通过上文的考证，可以发现，《易林》直接征引《周易》典语的方式，也较灵活多变，并无呆滞之感：或征引《周易》词语，或引用《周易》句子，或继承《周易》卦爻辞之义旨，一仍其旧，或反《周易》之道而用之，呈现出新意。但是，《易林》始终保持了一个原则，即征引《周易》典语的林辞，其总体吉凶休咎和《周易》几乎一脉相承，别无二致，从中也可以看出《易林》与《周易》之关系。

二、化用《周易》经传文辞

《易林》中有大量林辞虽非直接征引《周易》卦爻辞，但是来自于《周易》，是对《周易》卦爻辞的重新创作，是对《周易》文辞的一种改写，或可称之为化用，例如：

---

① （明）来知德：《周易集注》，九州出版社2004年版，第676页。

孤竹之墟，失妇亡夫。伤于蒺藜，不见少妻，东郭棠姜，武子以亡。（《乾之夬》）

　　泉闭泽竭，主母饥渴。君子困穷，乃徐有说。（《豫之贲》）

　　第一首林辞"伤于蒺藜，不见少妻"，化用了《周易·困·六三》爻辞："困于石，据于蒺藜，入于其宫，不见其妻，凶。"林辞援引了《左传》之崔氏之乱，事见襄公二十五年，后文有考。而第二首林辞"君子困穷，乃徐有说"则是化用加直接援引《周易·困·九五》爻辞："劓刖，困于赤绂；乃徐有说，利用祭祀。"君子惨遭劓刖之酷刑，又"受大夫之困迫。"[①]故林辞有"君子困穷"。徐，渐渐地；说，通"脱"，故"可以渐渐摆脱困境，利于举行祭祀"[②]。

　　三女求夫，伺候山隅，不见复关，泣涕涟如。（《坤之井》）

　　林辞"不见复关，泣涕涟洳"明显源于《诗经·卫风·氓》，但《诗经》原文为"泣涕涟涟"，此处"涟如"则是来自于《周易·屯·上六》爻辞"乘马班如，泣血涟如"。"涟如"一词原本是和"泣血"连用的，而"泣血"的程度明显要深于"泣涕"，故在此林辞中将"涟如"放在"泣涕"后面，目的是"以示程度的加深"[③]。

　　炎绝续光，火灭复明。简易理得，乃成乾功。（《屯之咸》）

　　林辞"简易理得，乃成乾功"源自《周易·系辞上》："乾以易知，坤以简能；易则易知，简则易从；易知则有亲，易从则有功；有亲则可久，有功则可大；可

　　① 高亨：《周易大传今注》，齐鲁书社1979年版，第400页。
　　② 黄寿祺、张善文：《周易译注》，上海古籍出版社2001年版，第392页。
　　③ 芮执俭：《易林注译》，敦煌文艺出版社2001年版，第31页。

久则贤人之德，可大则贤人之业。易简而天下之理得矣。"林辞"简易理得"为《乾》《坤》两卦之旨归，后文有述。"乾功"代替整个《周易》的旨趣。因《乾》《坤》两卦为《周易》的门户，故掌握了"乾坤易简"之道，也就把握住了整个《周易》之道，因为"易简二字足以说明天地之道，而得天下万物之理"①。

> 小狐渡水，污濡其尾。稍得其几，与道合符。（《蒙之师》）

> 渡河踰水，狐濡其尾。不为祸忧，捕鱼遇蟹。利得无几。（《无妄之归妹》）

两首林辞"小狐渡水，污濡其尾"和"渡河踰水，狐濡其尾"，化用了《周易·未济》卦辞："小狐汔济，濡其尾，无攸利。""汔"，接近也，"汔济"，接近渡水成功之意。《未济》卦辞象征"若处事不敬慎，像小狐涉水将竟，却濡湿其尾，必将不能成济而无所利"②。故而两首林辞分别有"稍得其几""利得无几"之语。

> 仁智隐伏，麟不可得。龙蛇潜藏，虚居堂室。（《比之同人》）

林辞"龙蛇潜藏"乃化用了《周易·系辞下》之语："往者屈也，来者信也，屈信相感而利生焉。尺蠖之屈，以求信也；龙蛇之蛰，以存身也。""屈"有退隐、潜藏、蛰伏之意，"信"，借用为伸，《释文》："信本又作伸。"有前进、复出、现身等意，故"与尺蠖一样，龙蛇的蛰、屈，正是为了未来的动、伸"③。林辞用"龙蛇潜藏"来喻贤人退隐，"智士潜伏，朝中无贤，则堂屋空虚，象征吉祥的麒麟也就不会降临"④。

① 高亨：《周易大传今注》，齐鲁书社1979年版，第507页。
② 黄寿祺、张善文：《周易译注》，上海古籍出版社2001年版，第519页。
③ 金景芳、吕绍刚：《周易全解》，吉林大学出版社1989年版，第518页。
④ 芮执俭：《易林注译》，敦煌文艺出版社2001年版，第124页。

俱为天民，云过吾西。风伯疾雨，与我无恩。（《否之家人》）

　　林辞"云过吾西""风伯疾雨，与我无恩"化用了《周易·小畜》卦辞："密云不雨。自我西郊。"风将云吹走了，没有下雨，农民受旱灾，林辞故曰"风伯疾雨，与我无恩"。

刲羊不当，血少无羹。女执空筐，不得采桑。（《随之艮》）
刲羊不当，女执空筐。兔跛鹿踦，缘山坠堕。谗佞乱作。（《归妹之睽》）

　　上述两首林辞"刲羊不当，血少无羹。女执空筐"和"刲羊不当，女执空筐"，明显化用《周易·归妹·上六》爻辞："女承筐，无实；士刲羊，无血。无攸利。""刲"，刺杀也。女承筐士刲羊为古时夫妇祭祀之事，而爻辞中女子承筐无实可奉；男士刲羊无血可用，"既'无实'、'无血'，难以献享，则夫妇祭祀之礼未成，譬喻'妹'无所'归'，故'无攸利'"[1]。《易林》林辞也沿袭了《周易》爻辞"无攸利"、不吉祥之意，"不得采桑""谗佞乱作"，均为咎吝之辞。

则天顺时，周流其墟。与乐并居，无有咎忧。（《蛊之临》）
据斗运枢，高步六虚。权既在手，寰宇可驱。国大无忧，与乐并居。（《升之临》）

　　上述两则林辞中"周流其墟"和"高步六虚"则是化用《周易·系辞下》："《易》之为书也，不可远。为道也屡迁，变动不居，周流六虚，上下无常，刚柔相易，不可为典要，唯变所适。""'周流六虚'者，言阴阳周遍，流动在六位

---

① 黄寿祺、张善文：《周易译注》，上海古籍出版社2001年版，第450页。

之虚。六位言'虚'者，位本无体，因爻始见，故称'虚'也。"①系辞说明了《周易》之意蕴以变动为根本，周流在每一卦的六爻之间，而两则林辞也说明了要承袭这种天道，即要"则天顺时""据斗运枢"，这样必然快乐常伴，吉祥无忧。

鼎易其耳，热不可举。大路壅塞，旅人心苦。（《观之中孚》）

林辞"鼎易其耳，热不可举。大路壅塞"化用了《周易·鼎·九三》爻辞："鼎耳革，其行塞，雉膏不食，方雨，亏悔，终吉。""革"，变革也，鼎耳革"指鼎耳不能贯杠来抬走"②。"其行塞"，指贯杠抬鼎的行动受到了阻止，《易林》林辞将其化为"大路壅塞"，那么，在这种情况下只能是"旅人心苦"了。

东家杀牛，污臭腥臊。神皆西顾，命衰绝周。（《噬嗑之巽》）

整首林辞化用《周易·既济·九五》爻辞："东邻杀牛，不如西邻之禴祭，实受其福。"杀牛为厚祭，禴祭即薄祭，王弼注之曰："牛，祭之盛者也。禴，祭之薄者也。"③爻辞原意指祭祀不在于厚薄，而在于是否合时，故此爻《象》曰："'东邻杀牛'，不如西邻之时也。"《易林》林辞是说殷商无道，为众神所背弃，故国祚断绝于西周之手。

乌飞无翼，兔走折足。不常其德，自为羞辱。（《贲之比》）

林辞"不常其德，自为羞辱"明显化用《周易·恒·九三》爻辞："不恒其德，或承之羞，贞吝。""承"，犹言"施加"，《恒》卦爻辞是说人若不能恒久地保持美德，别人就有可能给你施加羞辱，而《易林》林辞则更进一层，人若不能恒

① （唐）孔颖达：《周易正义》，北京大学出版社1999年版，第315页。
② 周振甫：《周易译注》，中华书局1991年版，第180页。
③ （唐）孔颖达：《周易正义》，北京大学出版社1999年版，第252页。

常地固守美德，则会自取其辱。且《易林》林辞还运用了两个直观、生动的比喻，使得说理更加形象贴切，更具说服力。此条林辞相较于《周易·恒·九三》爻辞可谓青出于蓝，后出转精。

　　　　心志无良，伤破妄行。触墙抵壁，不见户房。先王闭关，商旅委弃。（《大畜之暌》）

　　林辞"先王闭关，商旅委弃"化用《周易·复》大象辞："雷在地中，复。先王以至日闭关，商旅不行，后不省方。""至日"，冬至之日也；"闭关"，掩闭关阙，停止一切商业活动。"后"，相对于前文"王"而言，即君王；"省方"，省巡四方。林辞对《复》卦大象辞稍作修改而已。

　　　　紫阙九重，尊严在中。黄帝尧舜，履行至公。冠带垂衣，天下康宁。（《讼之贲》）
　　　　天之德室，温仁受福。衣裳所在，凶恶不起。（《坤之讼》）

　　上述两首林辞中"黄帝尧舜""冠带垂衣""衣裳所在"乃化用《周易系辞下》："黄帝、尧、舜垂衣裳而天下治，盖取诸《乾》《坤》。"《周易集解》引《九家易》注之道："黄帝以上，羽皮革木，以御寒暑，至乎黄帝，始制衣裳，垂示天下。"[1]《乾》《坤》两卦又有"易简"之理，"乾以易知，坤以简能；易则易知，简则易从。"（《周易·系辞上》）"易简"之理，在某种意义上也可对应黄老道家的"无为"之道，故系辞中出现了黄帝，所以，朱熹说道："《乾》《坤》变化而无为。"[2]林辞完全化用《周易》系辞，因奉行无为而治，故"天下康宁""凶恶不起"。

---

① （清）李道平撰，潘雨延点校：《周易集解纂疏》，中华书局1994年版，第627页。
② （宋）朱熹：《周易本义》，上海古籍出版社1987年版，第65页。

黄裳建元，文德在身。禄佑洋溢，封为齐君。（《离之小过》）

黄裳建元，福德在身。禄佑洋溢，封为齐君，富贵多孙。（《艮之兑》）

上述两首林辞前两句稍有差异，均化用了《周易·坤·六五》小象辞："'黄裳元吉'，文在中也。"黄对应五方东南西北中之中，即中之色，衣在上，对应《乾》卦，裳在下，对应《坤》卦，元吉，大吉大利也。"文在中"，指《坤》卦六五爻"既有中和，又奉臣职，通达文理，故云文在其中，官不用威武也"[1]。这样的爻当然大吉大利，这样的人，也必将富贵吉祥，所以能"禄佑洋溢，封为齐君"。

龙生于渊，因风升天。章虎炳文，为禽败轩。发锐温谷，暮宿昆仑。终身无患。光精照耀，不被患难。（《恒之比》）

本条林辞稍长，其中"章虎炳文"乃化用了《周易·革·九五》小象辞："'大人虎变'，其文炳也。"大人物推行变革，就像猛虎下山，气势浩荡，亦如猛虎斑纹，彰明显著，故《周易集解》引马融语道："虎变威德，折冲万里，望风而信。"[2]林辞没有涉及变革之意，用猛虎斑纹灿然彰明之意。

五胜相贼，火得水息。精光消灭，绝不能续。（《恒之损》）

瓜芭瓟实，百女同室。醶苦不熟，未有妃合。（《大过之谦》）

二女同室，心不聊食。首发如蓬，忧常在中。（《艮之剥》）

两女共室，心不聊食。首发如蓬，忧常在中。（《丰之损》）

上述林辞中"火得水息""百女同室""未有妃合""二女同室，心不聊食""两女共室，心不聊食"，乃化用《周易·革》卦象辞："革，水火相息；二女同

---

① （唐）孔颖达：《周易正义》，北京大学出版社1999年版，第30页。

② （清）李道平撰，潘雨廷点校：《周易集解纂疏》，中华书局1994年版，第442页。

居，其志不相得，曰革。"《革》卦，如上文所言，象征变革。"息"，长也，《革》卦上卦为《泽》，《泽》为水。下卦为《离》，《离》为火。故有水火相长、交互变革之象。《泽》又为少女，《离》为中女，故"中、少二女而成一卦，此虽形同而志革也。一男一女，乃相感应；二女虽复同居，其志终不相得，志不相得则变必生矣"①。上述林辞均顺承《革》卦象辞之义，延伸为忧咎之辞，如"绝不能续""忧常在中"等。

　　两狗同室，相啮争食。枉矢西流，射我暴国。高宗鬼方，三年乃服。（《丰之坎》）

林辞"高宗鬼方，三年乃服"显然化用了《周易·既济·九三》爻辞："高宗伐鬼方，三年克之，小人勿用。"高宗伐鬼方乃《周易》中一著名史实，顾颉刚已考证出，无需多言，林辞化用了这一典故，无多深意。

　　乱茅缩酒，灵巫拜祷。神怒不许，瘁尽愁苦。（《小畜之坎》）

林辞化用《周易·大过·初六》爻辞："藉用白茅，无咎。""藉"，衬垫也；"白茅"，祭祀时用来衬垫祭品的洁白的茅草，故"藉用白茅"，表示对神的虔诚和尊敬，"苟能洁诚肃恭不怠，虽置羞于地，可以荐奉；况藉用白茅，重慎之至，何咎之有矣"②。林辞反其意而用之。"乱茅缩酒"，即"将茅剪齐束好，置于祭前，把酒浇到茅束上，酒渗入茅束，如神已饮。酒渗称为缩"③。用凌乱的茅草来承载祭神的美酒，是对神的大不敬，故而"神怒不许，瘁尽愁苦"。

　　天地配享，六位光明。阴阳顺叙，以成厥功。（《谦之大有》）

　　① （唐）孔颖达：《周易正义》，北京大学出版社1999年版，第202页。
　　② （清）李道平撰，潘雨廷点校：《周易集解纂疏》，中华书局1994年版，第292页。
　　③ 钱世明：《易林通说·二》，华夏出版社1990年版，第56页。

林辞取自《周易·说卦》："昔者圣人之作《易》也，将以顺性命之理。是以立天之道曰阴与阳，立地之道曰柔与刚，立人之道曰仁与义。兼三才而两之，故《易》六画而成卦。分阴分阳，迭用柔刚，故《易》六位而成章。"

以鹿为马，欺误其主。闻言不信，三日为咎。黄龙三子，中乐不殆。（《咸之同人》）

懈缓不前，急惰失便。二至之戒，家无祸凶。刻木象形，闻言不信。（《晋之解》）

牵羊不前，与心戾旋。闻言不信，误给丈人。（《丰之恒》）

第三条林辞中"牵羊不前""闻言不信"系化用《周易·夬·九四》爻辞："臀无肤，其行次且。牵羊悔亡，闻言不信。"一、二两条林辞之"闻言不信"则属直接引用，因涉及同一出处，故置于此。"次且"，音资居，亦作趑趄，行走不进之貌也。"牵羊悔亡"，即"牵羊在后面赶，无悔"[1]。此爻《象》曰："'其行次且'，位不当也。'闻言不信'，聪不明也。"爻辞呈现不祥之兆，故《易林》林辞有"误给丈人"之语。

三、借用《周易》卦爻义理

《易林》中有些林辞，从表面上看，语言文字不是征引《周易》经传原文，遣词造句也非化用《周易》卦爻辞，但是，在仔细分析、深入考察后，将会发现这些林辞还是源于《周易》，是借用了《周易》某些卦爻辞、大小象、彖辞之义理，在焦延寿笔下被重新整合后，用新鲜生动的文字昭示于世人。例如：

---

① 周振甫：《周易译注》，中华书局1991年版，第152页。

内执柔德，上讼以默。守邑赖德，祸灾不作。（《观之遁》）

林辞化用了《周易·讼·九二》爻辞："不克讼，归而逋。其邑人三百户，无眚。""克"，胜也；"不克讼"，在诉讼中不能获胜。"逋"，逃亡也。"眚"，灾患也。《讼》卦九二爻处于下位，与九五爻两刚无应，故致讼，但爻辞是说明了"九二阳刚居中、能适宜权衡讼事，于失利时及早逃归三百户小邑，故可免灾"[①]。《讼》卦卦旨也在于叫人止讼，而不是争讼，"有孚窒惕，中吉，终凶"。《象》曰："'终凶'，讼不可成也。"《易林》林辞完全继承了《讼》卦的义理，劝人止讼。

坤厚地德，庶物蕃息。平康正直，以绥大福。（《贲之履》）

此条林辞全取《坤》卦之义理。《周易·坤》大象曰："地势坤，君子以厚德载物。"《彖》曰："至哉坤元，万物资生，乃顺承天。坤厚载物，德合无疆。含弘光大，品物咸亨。"《六二》爻辞曰："直方大，不习，无不利。"《易林》林辞借用了《坤》卦之德、六二爻义，告诫世人要效法《坤》卦，增厚美德、容载万物，这样自然会安享"大福"。

阳孤亢极，多所恨感。卓倾盖亡，身常忧惶。乃得其愿，雌雄相从。
（《乾之屯》）

林辞"阳孤亢极"借用了《周易·乾·上九》爻辞"亢龙，有悔"之爻义。上九居《乾》卦之终，物极必反，阳孤亢极，必致灾患。而消灾除患之道，需阳穷而阴生，阴阳相交，"雌雄相从"方能遂《乾》卦上九之愿。所以，有学人道："《周易》以《屯》卦象征'刚柔始交'而物生之状。《易林》以'雌雄相从'比

① 黄寿祺、张善文：《周易译注》，上海古籍出版社2001年版，第68页。

喻阴阳相合之义。"①

　　冰将泮散，鸣雁嗈嗈。丁男长女，可以会同。生育圣人。（《豫之豫》）

　　此林林辞借用了《豫》卦的义理，《豫》卦象征欢愉，下卦为《坤》顺，上卦为《震》动，故有顺性以动、物皆欢愉之意。郑玄曰："坤，顺也；震，动也。顺其性而动者，莫不得其所，故谓之'豫'。豫，喜佚说乐之貌也。"②《豫》卦象辞曰："天地以顺动，故日月不过，而四时不忒。圣人以顺动，则刑罚清而民服，豫之时义大矣哉！"达到结婚年龄的青年男女也应该效法天地、四时，顺性而动，结为夫妇，繁衍生殖，抑或能够"生育圣人"，故而有了上述《易林》林辞。

　　履泥污足，名困身辱。两仇相当，自为痛疾。（《观之蹇》）

　　林辞"名困身辱"乃借用《周易·系辞下》之义理："《易》曰：困于石，据于蒺藜，入于其宫，不见其妻，凶。"子曰："非所困而困焉，名必辱。非所据而据焉，身必危。既辱且危，死期将至，妻其可得见耶！"且此林之卦为《蹇》卦，《蹇》卦亦象征蹇难困苦，《彖》曰："蹇，难也，险在前也。"朱熹释之为"足不能进，行之难也"③，故此条林辞中有"履泥污足"之语，说明林辞亦借用了《蹇》卦卦义。

　　久客无床，思归我乡。雷雨满盈，道不得通。（《泰之小畜》）

　　林辞"雷雨满盈，道不得通"借用了此林之卦《小畜》卦上九爻辞之义："既雨既处，尚德载。妇贞厉。月几望，君子征凶。"《小畜》卦义理在于"密云不

054

---

① 马新钦：《〈焦氏易林〉作者版本考》，福建师范大学2005年博士学位论文。
② （清）李道平撰，潘雨延点校：《周易集解纂疏》，中华书局1994年版，第200页。
③ （宋）朱熹：《周易本义》，上海古籍出版社1987年版，第35页。

雨"，而上九爻处卦之终端，物极必反，故有"既雨""君子征凶"，之语。《易林》借用其意并融为新词"雷雨满盈，道不得通"。

> 游魂六子，百木所起。三男从父，三女随母。至己而后，各得其所。（《井之震》）

林辞"游魂"借用了《周易·系辞上》"精气为物，游魂为变"之义；"六子""三男""三女"等语乃借用《周易·说卦》之义："震一索而得男，故谓之长男。巽一索而得女，故谓之长女。坎再索而得男，故谓之中男。离再索而得女，故谓之中女。艮三索而得男，故谓之少男。兑三索而得女，故谓之少女。"

> 两轮自转，南上大阪。四马共辕，无有屯难，与禹笑言。（《小畜之家人》）

林辞借用《周易·屯》卦彖辞"屯，刚柔始交而难生"之义，却反其道而用之，说四马拉车上山，毫不费力，没有困难，只有笑言。其他林辞，如"北陆闭蛰，隐伏不出。目盲耳聋，道路不通"（《屯之中孚》），借用了《周易·复》大象辞"先王以至日闭关，商旅不行，后不省方"之义。"春桃生苹，季女宜家。受福且多，在师中吉，男为邦君"（《师之坤》）实借用《周易·坤·六三》爻辞"含章可真，或从王事，无成有终"之义。"青蝇集蕃，君子信谗。害贤伤忠，患生妇人"（《豫之困》）之"君子信谗"，乃借用《周易·困》卦卦辞"有言不信"之义。"乾行大德，覆帱无极，呕呼享熟，使各自得"（《大有之否》）之"乾行大德，覆帱无极"，明显借用《周易·乾》卦彖辞"大哉乾元，万物资始，乃统天"之义。

通过对《易林》借用《周易》卦爻辞、象辞、大小象辞的考论，可以发现，《易林》在借用的过程中，并非漫无目的，信手拈来。相反，林辞往往和其本卦或之卦之间保持着紧密的联系，乃至直接借用本卦或之卦的卦爻辞、象辞、大小象等象征意义，如上文所引《乾之屯》林，林辞则为"阳孤亢极"，《豫之豫》则为"丁男长女，可以会同。生育圣人"，《观之蹇》出现了"履泥污足，名困身辱"，《豫之困》显现为"君子信谗"等，值得注意。

第三节　《易林》对《周易》的承继与新变

《易林》这本著作，无论是其外在的四千零九十六条林辞的形式，还是其内在的运用《周易》象和数、卦爻辞义旨乃至易学思想的本质，都是一本衍易之作，其对《周易》既有诸多继承，又能结合时代特征做出许多新变。

一、占筮方法的沿用与改革

《周易》原本是一本占筮的著作，这一点无可否认。《系辞上》有言，"是故君子居则观其象而玩其辞，动则观其变而玩其占"；"《易》有圣人之道四焉：以言者尚其辞，以动者尚其变，以制器者尚其象，以卜筮者尚其占"。但它在占筮的外衣下包裹了许多有关自然、人事的哲理，从而在后世被誉为"群经之首"。《易林》原本也是一本占筮之作，今人钱锺书还曾说道："《易林》之作，为占卜也。"①《易林》和《周易》在占筮这一原始本质上是相通的，也可以说是《易林》对《周易》的继承。但在具体的占筮方式上，《易林》又有了许多新变。

《周易》的占筮方法，在《系辞上》中有一段明确的记载：

　　大衍之数五十，其用四十有九。分而为二以象两，挂一以象三，揲之以

---

① 钱锺书：《管锥编》，中华书局1979年版，第539页。

四以象四时，归奇于扐以象闰；五岁再闰，故再扐而后挂。天数五，地数五。五位相得而各有合，天数二十有五，地数三十，凡天地之数五十有五，此所以成变化而行鬼神也。《乾》之策二百一十有六，《坤》之策百四十有四，凡三百六十，当期之日。二篇之策，万有一千五百二十，当万物之数也。是故四营而成《易》，十有八变而成卦，八卦而小成。引而伸之，触类而长之，天下之能事毕矣。

这是运用《周易》进行占筮获得六十四卦中具体某一卦的步骤，具体步骤极其繁琐，此不赘述。每一卦是由从下到上的六条阴、阳爻构成的，每一爻都是6、7、8、9四个数字中的某位，其中6为老阴，8为少阴；7为少阳，9为老阳。占卦时如遇到6和9两个数，则阴爻要变为阳爻、阳爻也要变作阴爻，这样原本占得某卦就要变成另一卦了，俗语"变卦"一词即由此得来。这种情况在《左传》的筮例中有着很多记载，称作"遇某（卦）之某（卦）"。例如，庄公二十二年"周史有以《周易》见陈侯者，陈侯使筮之，遇《观》之《否》"。闵公元年"初，毕万筮仕于晋，遇《屯》之《比》。辛廖占之，曰吉"。

占卦的吉凶怎么看呢？这里的情况非常复杂，有时是看本卦变爻的爻辞，有时是看变卦不变爻的爻辞，朱熹在《易学启蒙》中有着明确的规定，现录如下：

> 六爻不变，以本卦卦辞断；
> 一爻变，以本卦变爻爻辞断；
> 两爻变，以本卦两个爻辞断，但以上者为主；
> 三爻变，以本卦与变卦卦辞断；本卦为贞（体），变卦为悔（用）；
> 四爻变，以变卦之两不变爻爻辞断，但以下者为主；
> 五爻变，以变卦之不变爻爻辞断；
> 六爻变，以变卦之卦辞断，乾坤两卦则以"用"辞断。[1]

① 转引自李光地编纂，刘大钧整理：《周易折中》，巴蜀书社2006年版，第1026页。

《周易》的占筮方法极为复杂，且作为判断占筮结果的某卦的卦爻辞，或意思过于含蓄（如《随》六二"系小子，失丈夫"，六三"系丈夫，失小子"，上六"拘系之，乃从维之；王用亨于西山"）；或文辞极为简单（如《蹇》九三"往蹇，来反"，六四"往蹇，来连"，九五"大蹇，朋来"），等等。鉴于以上种种原因，用《周易》六十四卦及其卦爻辞来占筮，给后人来了诸多不便，对这种古老的占筮方法进行改革成了时代发展的必然。而《易林》的出现便顺应了历史潮流，使这一改革得以实现。

　　焦延寿所著《易林》，根据《周易·序卦》中六十四卦的排列次序和上文所述变卦的原理，将《周易》每一卦变为六十四卦，称作某卦之某卦，如《周易》中的《乾》卦，在《易林》中就变成了《乾之乾》《乾之坤》《乾之屯》，直至《乾之既济》《乾之未济》。于是，《易林》变《周易》六十四卦为四千零九十六卦。每一卦下面均附有类似于《周易》卦爻辞的数句四言韵语，用于占问吉凶，称作林辞。使得占卜的信息量得到了空前的扩大。

　　焦延寿还对《周易》占筮形式进行了改进和完善。到了汉代，由于官方的极力倡导，易学研究蔚然成风。随着易学的普及和兴盛，占筮方法及所要反映的自然和社会现象也日趋复杂、多变，而《周易》卦爻辞却过于简单、陈旧，难以满足时人日益增长的预测人生和社会的需求。在这种形势的促使下，"焦延寿通过重新整合卦象、卦辞，使断辞有了大幅度增加，信息量有所扩大，占筮方法简便易行，最大限度地方便了人们的宗教巫术活动，使后来京房的象数易学获得了更为广阔的思想背景和学术基础。"[①]《易林》占筮方法出现，一是《周易》的占筮方法过于繁琐，卦变、爻变过于复杂，在实际运用中难以操作，对如何取占筮的断辞不易掌控；一是由于时代的发展呼唤新的简便易行的占筮方法的出现。

　　焦延寿占筮的方法究竟如何，是否真的简便易行？四部丛刊本《焦氏易林》前面记载了焦延寿的占筮方法——"焦林值日"：

---

　　① 张涛：《秦汉易学思想研究》，中华书局2005年版，第131页。

六十卦，每卦直六日，共直三百六十日。余四卦，各寄直一日。立春、雨水（三十日五卦，每卦直六日），小过、蒙、益、渐、泰；惊蛰、春分（春分震卦直一日），需、随、晋、解、大壮；清明、谷雨，豫、讼、蛊、革、夬；立夏、小满，旅、师、比、小畜、乾；芒种、夏至（夏至离卦直一日），大有、家人、井、咸、姤；小暑、大暑，鼎、丰、涣、履、遁；立秋、处暑，恒、节、同人、损、否；白露、秋分（秋分兑卦直一日），巽、萃、大畜、贲、观；寒露、霜降，归妹、无妄、明夷、困、剥；立冬、小雪，艮、既济、噬嗑、大过、坤；大雪、冬至（冬至坎卦直一日），未济、蹇、颐、中孚、复（从大雪后将坎卦入数，断从立冬后四十五日，系王相不断）；小寒、大寒，屯、谦、睽、升、临。每两节气共三十日，管五卦，逐日终而复始，排定一卦，相次管六日。凡卜，看本日得何卦，便于本日卦内，寻所卜得卦，看吉凶。[①]

这种占筮的方法的确简单易行，一年三百六十四日每天均会有一卦在值日，占筮时先看是哪一天，找到这天值日的卦，再占得变卦即可，如占筮那天是《乾》卦值日，变卦为《蒙》，则为《乾之蒙》，看其林辞即可知道吉凶。这种占筮方法比起《周易》占筮时的繁琐而又神秘的"挂一""揲四""归扐"且成一变，三变方成一爻，十八变才成一卦的操作过程，不知简单了多少。正是在这种意义上，有学者称道，"焦赣的《易》，卜卦的解释方法，和《周易》不一样，可以说是一个革命。因为他懂了，他的智慧够了，所以才能产生出来他的一套卜法"[②]。

二、《周易》卦象的承继与新变

《周易》这本哲学巨著，究其基本内容而言，之所以对后世产生深远的影响，

---

① （汉）焦延寿：《焦氏易林》，见《四部丛刊初编·子部》，上海商务印书馆1920年版，第5—12页。

② 南怀瑾：《易经杂说》，复旦大学出版社1997年版，第88页。

无非因其所包含的"象数"和"义理"两大要素，"换言之，这两者构成了《周易》象征哲学的本质内涵"①。从而成就了易学史上著名的"两派六宗"论。四库馆臣于《经部·易类·小序》中对此有着清晰的概括：

> 汉儒言象数，去古未远也。一变而为京、焦，入于机祥，再变而为陈、邵，务穷造化，《易》遂不切于民用。王弼尽黜象数，说以老庄。一变而胡瑗、程子，始阐明儒理，再变而李光、杨万里，又参证史事，《易》遂日启其论端。此两派六宗，已互相攻驳。②

象数，包括《易》象和《易》数两大块内容。义理，即《周易》经传所蕴含的易学思想乃至包含宇宙观、人生观、价值观等在内的特殊概念。古今治《易》名家大师皆主张研《易》时象数和义理兼而用之，不可偏废，"当相互参用，才能明辨《周易》大旨"。③焦延寿在研《易》治《易》之著作《易林》中，就对《周易》象数和义理兼而用之并加以创新，取得了令人瞩目的成就。

《易》象，包含众多，既有阴阳二爻之象、八经卦之象、六十四重卦之象，又有三百八十四爻辞之象。《周易》的义理便是从这些象中产生或发挥出来的。"夫象者，出意者也"④。那么，"象"到底是什么呢？《系辞下》有云："《易》者，象也；象也者，像也。"孔颖达在《周易正义》中解释道："言象此物之形状也。"⑤因此，"象"就是物象，或称之喻象——用简单的事物来比喻深邃的哲理。《系辞上》曾道："是故夫象，圣人有以见天下之赜，而拟诸其形容，象其物宜，是故谓之象。"八经卦的卦象分别是：乾为天，坤为地，震为雷，巽为风，坎为水，离为火，艮为山，兑为泽。《周易·说卦》在此基础上又衍生出诸多物象，其列举的八卦卦象达一百二十三种之多。例如，"乾为马，坤为牛，震为龙，巽为

---

① 张善文：《象数与义理》，辽宁教育出版社1993年版，第18页。
② （清）永瑢等纂：《四库全书总目提要》，中华书局1965年版，第1页。
③ 黄寿祺、张善文：《周易译注》，上海古籍出版社2001年版，第26页。
④ （唐）王弼：《周易略例·明象》，中华书局十三经注疏本1979年影印版。
⑤ （唐）孔颖达：《周易正义》，中华书局十三经注疏本1979年影印版。

鸡，坎为豕，离为雉，艮为狗，兑为羊"。"乾为首，坤为腹，震为足，巽为股，坎为耳，离为目，艮为手，兑为口"。"乾为天，为圆，为君，为父，为玉，为金，为寒，为冰，为大赤，为良马，为老马，为瘠马，为驳马，为木果"。"坤为地，为母，为布，为釜，为吝啬，为均，为子母牛，为大舆，为文，为众，为柄，其于地也为黑"，等等。这些卦象完全被焦延寿的《易林》所继承并加以适当的引申、派生。

《易林》用象极为繁杂，幸赖有现代易学宗师尚秉和之《焦氏易林注》和《焦氏易诂》两部力作传世，对《易林》用象进行了详尽的阐述，从而使先秦象数易学复明于世，沾溉学林，其功甚伟，"不但为焦氏之功臣，实于易学所关至巨，其有功于后学甚大"[①]。本书所述的《易林》用象，多本于尚秉和之《焦氏易林注》及《焦氏易诂》。

尚秉和曾就《易林》用象与《周易》之关系说道：

> 盖自东汉以来，易象即失传，后儒所知卦象，皆以汉魏人所用者为范围。而《易林》之辞无一字不从象生，其所用之象与易有关者约百七十余，皆为东汉人所不知，故东汉人解《易》多误。
> ……
> 《易林》于说卦象，九家逸象，左氏《国语》，象无不用之，惟虞氏逸象其误者不见于《易林》，其不误者《易林》皆用之。故《易林》实为易象之渊薮。[②]

事实也确如尚氏所以，例如《乾之泰》（䷀之䷊）："不风不雨，白日皎皎。宜出驱驰，通利大道。"泰卦下互卦为兑卦，其伏卦为巽卦，巽为风，伏巽，故曰"不风"；泰卦九四爻和六五爻为坎卦半象，坎为水、为雨，半坎，故曰"不雨"；

①仵埔：《〈焦氏易林注〉叙》，见尚秉和著，常秉义点校：《焦氏易林注》，光明日报出版社2005年版，第1页。
②尚秉和著，常秉义点校：《焦氏易林注·例言》，光明日报出版社2005年版，第3-4页。

泰卦上互卦为震，在《周易·说卦》中为"玄黄"，此新变为"白"；乾为日，承继《说卦》卦象；"震为白，乾为日，震为出、为驰驱、为大涂、为通利"[1]，震在《说卦》中确为"大途"，在此林辞中延伸为"出""驰驱""通利"。从这条林辞中可以清晰地看出《易林》中的卦象对《周易·说卦》卦象的清晰的继承。

又如《乾之乾》（▤之▤）："道陟石阪，胡言连謇。"尚秉和注曰："乾为道、为陟、为山，故曰石阪；为言，在西北，故曰胡言。"[2]乾在后天八卦中确为"西北"，但乾卦在《周易·说卦》中并不为"道""陟""山"，也不为"言"，兑卦方为言。可见《易林》卦象对《周易·说卦》卦象更多的还是进行了创新、引申和派生。《易林》林辞多达四千零九十六条，相较《周易》六十四卦卦爻辞，不知纷繁复杂几许，正如时下学人所言，"《易林》在明象表意的过程中大量地频繁地应用着《周易》的卦象，而这恰恰是《焦氏易林》上溯原典《周易》的表证。"[3]

《易林》传承《周易》易象、逸象并有所新变，破除了后世如虞翻等人繁琐的卦变爻变说。《周易》八经卦有基本之象如乾天坤地、离火坎水等，战国时人创造《说卦》，又对八经卦的易象大加延伸，如"乾为天，为圆，为君，为父，为玉，为金，为寒，为冰，为大赤，为良马，为老马，为瘠马，为驳马，为木果"等，至为繁琐。

到东汉时，先秦《周易》之象便失传了，于是荀爽、虞翻等人在注《周易》时，为了将某字某词注妥帖，不得不采用繁琐复杂的卦变爻变学说，求得新的变卦后附会了某种易象，才说通了《周易》。例如，虞翻注：

蒙卦▤，艮（▤）三之二（三爻与二爻交换）。

需卦▤，大壮（▤）四之五（四爻与五爻交换）。

比卦▤，师（▤）二上之五（二爻往上与五爻交换）。[4]

---

① 尚秉和著，常秉义点校：《焦氏易林注》，光明日报出版社2005年版，第2页。
② 尚秉和著，常秉义点校：《焦氏易林注》，光明日报出版社2005年版，第1页。
③ 马新钦：《〈焦氏易林〉作者版本考》，福建师范大学2005年博士学位论文。
④ 转引自（清）李道平撰，潘雨廷点校：《周易集解纂疏》，中华书局1994年版，第105、112、139页。

之所以要繁琐的卦变、爻变，是因为他们对《周易》某些逸象的不了解所致，如"《颐》《损》《益》之'龟'象，虞翻不知艮即为龟，必使某爻变成离，以取龟象"[①]；是因为他们对某些用象方法如覆卦、互体之卦的不熟悉而造成的。难怪詹鄞鑫曾评论虞翻易说道："虞氏的解释，往往着眼于死抠字眼，处处附会，实在是胡说八道。"[②]

于是，王弼易说横空出世，一扫繁琐冗杂的有汉一朝卦变爻变之象数易学，以玄学注《周易》，提倡"得意忘象"，大谈易旨，开启义理易学之端，至宋时甚至出现了援佛入易。后清儒又攻讦义理易学之浮泛不根，空疏浅漏，又回过头来以汉代象数易学为宗，"乃于汉人之曲说，亦靡不依据，以为护符。甚至求象不得，亦使卦再三变，以成其象。奉虞氏为不刊法则，而易学遂故步自封矣"[③]。

时至今日，幸赖有精研《易林》达十数年之久的现代著名易学家尚秉和给《易林》作注，爬梳剔抉、钩沉索隐，得其象数、一一注之，使得淹没了达两千年之久的先秦《周易》逸象及伏象、覆象、互体之象等用象方法得以再现光芒。故今日之《易林》，在易学史上，不但打破了东汉虞翻等卦变爻变易学的"不刊法则"，而且能很好地解易注经如《周易》《左传》等。

三、易学思想的吸纳与创新

易学思想即《周易》经传卦爻辞所表现出的义理，也就是六十四卦的旨趣，"共同贯串会通而表现作者对自然、社会、人生在运动变化中发展规律的基本认识，并反映着颇为丰富的哲学意义"[④]。《周易》象数和义理相辅相成，共同构筑起了《周易》哲学的基石，并对后世易学产生深远的影响。作为汉代易学的最先成果（汉代易学得以完成保存下来的最先成果乃至唯一成果即是《易林》，"汉易

---

① 尚秉和著，常秉义点校：《焦氏易林注·例言》，光明日报出版社2005年版，第4页。
② 詹鄞鑫：《八卦与占筮破解探索一种数术文化》，中州古籍出版社1991年版，第170页。
③ 尚秉和：《焦氏易诂·凡例》，光明日报出版社2005年版，第6页。
④ 王荣奎等主编：《周易宝典》（卷二），内蒙古大学出版社1998年版，第791页。

惟焦氏独全"①)，《易林》对周易的易学思想，小至基本范畴、观念、原理，大至易之三义等等，都有着诸多方面的吸纳继承和发扬创新。

易有三个亘古不变的规律，郑玄称之为"三义"："《易》一名而含三义，'易简'一也，'变易'二也，'不易'三也。"②

（一）对"易简"的继承和利用

易简，指乾坤二卦一平易一简约，也即乾坤之道。《系辞上》有言：

> 乾道成男，坤道成女。乾知大始，坤作成物。乾以易知，坤以简能；易则易知，简则易从。

《系辞下》又道：

> 夫乾，天下之至健也，德行恒易以知险。夫坤，天下之至顺也，德行恒简以知阻。

乾坤易简，说明乾卦开创万物纯发于自然，坤卦生成万物也是静承乾卦，无须劳烦，因此乾卦以平易为人所知，坤卦以简约显其功能。故韩康伯注之曰："天地之道，不为而善始，不劳而善成，故曰'易''简'。"③乾坤两卦的易旨代表的就是整个《周易》六十四卦的易旨，"乾坤，其《易》之门耶？""乾，阳物也；坤，阴物也。阴阳合德，而刚柔有体。以体天地之撰，以通神明之德。"（《系辞下》）"乾坤，其《易》之缊邪？乾坤成列，而《易》立乎其中矣。乾坤毁，则无以见《易》。《易》不可见，则乾坤或几乎息矣。"（《系辞上》）《易林》完全继承了乾坤两卦乃至《周易》之道。《易林》的林辞平易如白话，吉凶祸福都给出了明

---

① （清）朱彝尊：《经义考·卷六》，光绪丁酉浙江书局刊本。
② （唐）孔颖达：《周易正义·序》，中华书局十三经注疏本1979年影印版。
③ （唐）孔颖达：《周易正义》，中华书局十三经注疏本1979年影印版。

确的答案，一目了然，无须揣测，如：

> 鹊鹩鸤鸠，专一无尤。君子是则，长受嘉福。(《乾之蒙》)
>
> 目䁔足动，喜如其愿，举家蒙宠。(《乾之需》)
>
> 仓盈庾亿，宜种黍稷。年丰岁熟，民人安息。(《乾之师》)
>
> 中夜犬吠，盗在墙外。神明祐助，消散皆去。(《乾之比》)

　　这是乾卦的几条林辞，完全继承了《周易》的"易"义。《易林》变《周易》六十四卦为四千零九十六林，占卜方法如上文所述，相较于《周易》，极为简单，这完全是对《周易》"简"义的承继，诚如明代陈仁锡所言："《易林》，天下奇书也。好古之士与《太玄》并读，余谓《太玄》有意为奇，《易林》以自然足贵。"[①]

（二）对"变易"的融汇和改造

　　变易又是《周易》的本质精神。易者，变化也。《周易》卦爻有阴阳，即取变化之道，"爻者，言乎变者也"；"一阴一阳之谓道"（《系辞上》），所以说，《周易》之道阴阳变化，也即变易。《系辞下》曰："《易》之为书也不可远，为道也屡迁，变动不居，周流六虚，上下无常，刚柔相易，不可为典要，唯变所适。"《系辞上》有言："在天成象，在地成形，变化见矣""参伍以变，错综其数。通其变，遂成天下之文；极其数，遂定天下之象"……《周易》中还有很多描述变易之义的文字，不再摘录。

　　《易纬·乾凿度》："不易者其位也，天在上，地在下，尊南面，臣北面，父坐子伏，此其不易也。"董仲舒曰："道之大原出于天，天不变道亦不变。"（《举贤良对策》）这些都是对不易之道的不同表述而已。孔颖达也曾说道："夫易者，变化之总名，改换之殊称……谓之为易，取变化之义。"[②]变化乃《周易》本质精神，反映了自然万物乃至人类社会存在与发展的真实状态。日月有升有落，四季有春

---

① （明）陈仁锡：《易林总评》，广汉魏丛书本。
② （唐）孔颖达：《周易正义》，中华书局十三经注疏本1979年影印版。

第一章　《易林》与《周易》关系研究

夏秋冬，人有少壮中老，朝代也会更换迭兴……

作为《周易》本质精神的变易，也很好地被《易林》在形式和内容两方面吸纳并展露无遗。《易林》变《周易》中的每一卦为另外的六十三卦，外加本卦，共六十四卦，如《周易》乾卦在《易林》中变成了本卦《乾之乾》，另外还有《乾之坤》，直至《乾之既济》《乾之未济》六十三卦。《易林》这种变《周易》一卦为六十四卦，变六十四卦为四千零九十六林的外在形式，本身就是对《周易》变易精神的吸纳、改造和创新。宋儒朱震在《汉上易传》中评《易林》变易精神说道："刚柔相变，上下往来，明利害吉凶之无常也。是故一卦变六十有三，此焦延寿《易林》之说也。"[1]丁易东《易象义》："汉儒作《易林》，又以一卦之变六十四者，各立爻辞，遂有四千九十六爻。是又因周公爻辞推广之也。虽汉儒之作不可与文王、周公之《易》并论，然由简而详，亦可以知古今之变也。"[2]宋儒的这些评论，十分精到地概括了《易林》对《周易》变易之道的吸纳和创新。

其实，透过《易林》的具体内容——林辞，也可以清晰地看出其对《周易》变易之道的吸收融汇和改造创新。如《临之既济》："阴阳变化，各得其宜。上下顺通，奏为肤功。"《蛊之大壮》："阴变为阳，女化为男。治道得通，君臣相承。"林辞均表达了阴阳变易之道。《否之泰》："行不如还，直不如屈。进不如退，可以安吉。"则表现了刚柔相济、变动不居的变易之理，同时告诫人们在为人处世时要懂得变通，不固守死理。《否之无妄》："阴衰老极，阳建其德。履离戴光，天下昭明。功业不长，虾蟆大王。"阴盛则阳衰，阴衰必阳盛，故"阳建其德"。此林虾蟆，借指月亮，"以月亮（虾蟆）由缺而圆、由圆而缺的自然现象来比喻事物永恒变化这一规律"[3]。《临之比》："随时转行，不失其常。咸乐厥类，身无咎殃。"此林将《周易·随》彖辞"随，刚来而下柔，动而说，随。大亨贞无咎，而天下随时。随时之义大矣哉"与《周易·艮》彖辞"时行则行，时止则止"熔为一炉，创新而成，而其主旨还是《周易》之变易之义。《明夷之比》"深谷为陵，衰者复

① （宋）朱震：《汉上易传·卷一》，文渊阁四库全书本。
② （宋）丁易东：《易象义·卷一》，文渊阁四库全书本。
③ 马新钦：《〈焦氏易林〉作者版本考》，福建师范大学2005年博士学位论文。

兴。乱倾之国，民得安息。中妇病困，遂入冥室""深谷为陵，衰者复兴"，直接援引《诗·小雅》"高岸为谷，深谷为陵"，讲的显然是变易之道。

（三）对"不易"的吸纳和创新

不易，指《周易》变易的规律本身是相对不变的，是可以感知的，说明事物运动规律的相对静止状态和相对稳定性。《系辞上》："易无思也，无为也，寂然不动，感而遂通天下之故。""天尊地卑，乾坤定矣。卑高以陈，贵贱位矣。动静有常，刚柔断矣。""乾，阳物也；坤，阴物也。阴阳合德，而刚柔有体。""知崇礼卑，崇效天，卑法地。天地设位，而《易》行乎其中矣。"《易传》认为，天尊地卑、贵贱有位、动静有常、刚柔有体、阴阳有变，延伸到自然界乃至人类社会，则为春秋代序、男尊女卑、君臣父子乃至华夷有别。《周易》中乃至自然、社会中的这些法则规律就是不易之道。物理学认为，静止是相对的，运动是绝对的。而《周易》与其相反，变易是相对的，不易是绝对的。

不易精神在《易林》中也有着淋漓尽致的体现。《易林》变《周易》六十四卦为四千零九十六林这一占卜形式便体现了不易之道。《易林》变《周易》六十四卦为四千零九十六林的方式是这样的：首先，六十四卦的每一卦在《易林》中都要变成新的六十四卦，只是在《易林》中不再叫"卦"，而是改称为"林"，且在本卦与变卦之间加一"之"字以示变化。例如，《周易·乾》卦在《易林》中就变成了《乾之乾》林、《乾之坤》林，直至《乾之既济》《乾之未济》。但是，值得注意的是，《周易》每一卦变成六十四林之后，第一林依然是《周易》这一卦的本身。如前所述，《周易·乾》变成六十四林后，第一林为《乾之乾》，《周易·坤》卦卦变后，在《易林》中第一林依然是《坤之坤》，其他六十二卦均相同。换句话说，《周易》每一卦压根没有任何的变化就出现在《易林》这一卦六十四林之首的位置上，这正印证了《易林》对《周易》不易之道的继承。

《易林》四千零九十六林的排序并不是杂乱无章的，而是井然有序，一仍《周易》六十四卦之序。《周易》首推乾坤两卦，因乾坤两卦乃《周易》之门户。乾坤阴阳，交合乃生万物，故继之者为屯卦。万物初始必蒙昧无知，故蒙卦又继屯卦……《周易》六十四卦之前后顺序，或"错""综""反""覆"（又叫"错卦""综卦""反卦""覆卦"，均为《周易》中取卦之法），或相辅相成，有着内在的逻辑联系和朴素辩证的哲学思维，《序卦》对此有着专章阐述。张载也曾说道："《序卦》相受，圣人作易须有次序。"[①]《易林》中的四千零九十六林前后顺序，完全是依照《周易》卦序，乾卦统领一至六十四林，坤卦起自六十五林，止于一百二十八林……既济卦领衔第三千九百六十九林至四千零三十二林，未济卦则为最后六十四林——四千零三十三林至四千零九十六林。同时，在《周易》每一卦变成《易林》六十四林中，六十四林的排序，除首卦为《周易》本卦外，其他六十三林的排列顺序，完全是依照《周易》卦序展开的。由此可见，《易林》在卦序排列上完全吸纳了《周易》不易之道，并在每一卦的首林上有所创新。

其实，《易林》林辞本身也对《周易》不易之道有着吸纳和创新。《乾之乾》："道陟石阪，胡言连謇。译瘖且聋，莫使道通。请谒不行，求事无功。"《乾之乾》，即乾卦变成乾卦、阳遇到阳，乾坤不遇、阴阳不合，故而全林无一吉祥之语，占得此林也是没有任何好结果的。尚秉和注此林曰："林词所以不吉者，以卦为纯阳，阳遇阳则窒故也。此易之根本大义，自此义不明而易多误解。"[②]这是因为无论在《周易》中，抑或是在《易林》中，阴阳和合方才万事大吉，阴阳不合则百事乖，这便是《周易》不易之道。《师之解》中"三德五才，和合四时。阴阳顺序，国无咎灾"流露出的明显是不易之道。

---

① （宋）张载：《横渠易说》，文渊阁四库全书本。
② 尚秉和著，常秉义点校：《焦氏易林注》，光明日报出版社2005年版，第1页。

第二章

《易林》与《左传》关系研究

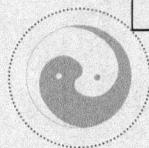

第一节 《左传》在先秦两汉的传承
及《易林》与《左传》的契合

《左传》问世于战国，相传为左丘明依《春秋》经而作，在《春秋》三传中文学地位较高而政治地位较低。因其政治色彩较另外两传淡薄，传《春秋》事而不传其义，并非微言大义之作，故其在西汉时未得立于学官。但《左传》叙事精彩纷呈，写人活灵活现，文学价值极高，故其在民间大受欢迎且广为流传。《左传》思想复杂，以民本思想和重礼思想为主，而这两点与《易林》完全契合。

一、《左传》在先秦两汉的传承及《易林》援引《左传》的可能性

《易林》一书，先出之《汉志》未予著录，后起之《隋志》始有记载，曰焦延寿著，这就引起人们对其作者归属的怀疑。顾炎武、梁启超曾先后怀疑《易林》是东汉以后人撰，因《易林》援引《左传》典语甚多，而当时《左氏》未立学官。《左传》在西汉确实未立学官，那么，西汉之《易林》是否就不可能引用其语？为了回答这一问题，我们就必须弄清楚《左传》在两汉以前的传承问题。

（一）《左传》的制作

关于《左传》的起源，《史记》和《汉书》均有记载，且大同小异。《史记·十二诸侯年表序》：

是以孔子明王道，干七十余君莫能用，故西观周室，论史记旧闻，兴于鲁而次《春秋》，上记隐，下至哀之获麟，约其辞文，去其烦重，以制义法，王道备，人事浃。七十子之徒口受其传指，为有所刺讥褒讳挹损之文辞不可以书见也。鲁君子左丘明，惧弟子人人异端，各安其意，失其真，故因孔子史记具论其语，成《左氏春秋》。

《汉书》的记载和《史记》稍有不同，《汉书·艺文志》中六艺略春秋类小序有言曰：

周室既微，载籍残缺。仲尼思存前圣之业……与左丘明观其史记，据行事，仍人道。因兴以立功，败以成罚，假日月以定历数，籍朝聘以正礼乐。有所褒讳贬损，不可书见，口授弟子。弟子退而异言，丘明恐弟子各安其意，以失其真，故论本事而作传，明夫夫子不以空言说经也。

《史记》认为《左传》是左丘明对孔子所修《春秋》的详细展开，且书名为《左氏春秋》。《汉书》则认为《左传》是传经之作，传《春秋》经，明世道人伦，故书名《春秋左氏传》。所以，我们可以大致推测：《左传》成书约在春秋末年，作者为与孔子同时代的鲁人左丘明。

（二）《左传》在先秦两汉的传承

《左传》自春秋末年问世后，在三传中地位较为低下。西汉时期，《公羊》是官学，早由董仲舒的倡导而盛极一时。《穀梁》由于汉宣帝的厚爱而大行于世，两者皆得立于学官，为时人所重。相对而言，《左传》则显得黯然失色了，它始终没有受到重视，但它依然顽强地在民间传承延续，不绝如缕。终于，刘歆出现了，他凭一己之力使《左传》得列于学官，立有博士。从此《左传》开始与《公羊》《穀梁》分庭抗礼并最终胜出。

《左传》最初的传授不见于《史记·儒林传》，刘向《别录》有言，可是已亡佚。孔颖达《杜预春秋序疏》一文中引《别录》曰：

> 左丘明授曾申，申授吴起，起授其子期，期授楚人铎椒，椒作《抄撮》
> 八卷，授虞卿，虞卿作《抄撮》九卷，授荀卿，荀卿授张苍。

《左传》在西汉的传承，《汉书·儒林传》言之甚详，兹录如下：

> 汉兴，北平侯张苍及梁太傅贾谊、京兆尹张敞、太中大夫刘公子皆修
> 《春秋左氏传》。谊为《左氏传》训故，授赵人贯公，为河间献王博士，子长
> 卿为荡阴令，授清河张禹长子。禹与萧望之同时为御史，数为望之言《左
> 氏》，望之善之，上书数以称说……（禹）授尹更始，更始传子咸及翟方进、
> 胡常。常授黎阳贾护季君，哀帝时待诏为郎，授苍梧陈钦子佚，以《左氏》
> 授王莽，至将军。而刘歆从尹咸及翟方进受。由是言《左氏》者本之贾护、
> 刘歆。

陆德明在《经典释文·序录》中也记有《左传》在西汉以前的传承情况，照
抄了《别录》和《汉书》，只是在贾谊之后加上一句"谊传至其孙嘉"，后由贾嘉
传于贯公。沈玉成在《春秋左传学史稿》一书中，已考证这一说法的不可能性。
周予同也提出疑惑道："愈后的记载愈是详尽，实不免令人怀疑。"[1]

东汉时期，《左传》的传承情况是这样的：刘歆传于贾徽、郑兴。贾徽撰《春
秋条例》，传其子贾逵。郑兴传其子郑众，众有《左氏条例章句》。此外，马融、
延笃等亦治《左氏》。汉末郑玄始治《公羊》，后改治《左氏》，撰有《发墨守》
《针膏肓》《起废疾》三书，又以所作《左氏》注授予服虔。虔撰有《左氏章句》，
盛行于时。

① 周予同：《周予同经学史论著选集》，上海人民出版社1983年版，第266页。

(三)《易林》援引《左传》的可能性

顾炎武所言昭、宣之世，《左传》未立学官确是实情，但通过史料记载可以看出，《左传》在民间很是兴盛，传承不绝。上至北平侯张苍、京兆尹张敞等人皆修《左氏》，可见风气渐成。贾谊曾为梁太傅，且对《左传》深有研究，其忧国忧民之情操、高洁无私之品性，对梁国当有深远影响，故而梁国后进如焦延寿者深谙《左传》，当在情理之中。和焦延寿约为同时代的张禹、萧望之等人也都治《左传》。特别是曾为元帝太傅的萧望之，不畏强权，和外戚宦官势力如史氏、许氏、弘恭、石显等展开激烈的斗争，力荐元帝进行改革，终因势单力薄而落败，最终因不肯受辱于恭、显等人而自杀身亡。石显乃诬杀焦延寿爱徒京房之人，萧望之毫不畏惧，与之斗争并终致身死。焦延寿对萧望之的情感，可想而知。焦延寿研习《左传》，亦合乎情理。

再来看看与焦延寿约为同时代人刘向的一些情况。桓谭《新论》记载道：

> 刘子政（向）、子骏（歆）、子骏兄弟伯玉，俱是通人，尤重《左氏》，教授子孙，下至妇女，无不读诵。

可见在焦延寿之时代的民间，研治《左传》业已习见，妇女童仆皆有诵者，而身为县令的焦延寿，更有可能研习《左传》。

《左传》属于古文经学，西汉时一直未列于学官，但它在民间却受到较高的重视。许慎在《说文解字·叙》中提到："北平侯张仓献《春秋左氏传》"，为汉初文、景帝时事。早在景帝时，河间献王便"举《六艺》，立《毛氏诗》《左氏春秋》博士。修礼乐，被服儒术，造次必于儒者。山东诸儒多从而游"。（《汉书·河间献王传》）可见河间献王对《左传》在民间的发展，有着巨大的影响，无论是从时间上，或是空间上来说，波及昭、宣、元帝时河南的焦延寿，都是可能的。其实，清人丁晏早就对顾炎武的疑虑进行了明确的回答：

《左传》当西汉时虽未立博士，贾谊已为之训故，河间献王传其学，《毛诗故训传》多依用之，于《易林》何疑焉……《易林》学出西京，文义古奥，非东汉诸儒所能依托。[1]

顾炎武家族后人顾实也曾答复了其先人的疑问：

而吾家亭林所疑诸端，实俱不足辨也……延寿易本出孟氏，而《说文·叙》以孟氏易为古文，正可证西京博士原始不分今古文也。至于引用汉事，西京人本无甚忌讳，昭君或明君之义，不必即元帝时之昭君，况延寿生及元成之世，又乌得以此而疑之。[2]

尚秉和继姚际恒后，也对顾炎武反驳道："顾宁人疑其为东汉以后人所为，其所持之故，谓焦氏不应用《左传》，而忘河间献王之为《左氏春秋》立博士，张苍、贾谊、张敞、翟方进等皆为《左氏》专家。"[3]这正充分说明了以上观点。

《左传》在西汉的传承，有两个系统，"其一是由西汉皇家的秘府初次见到《左传》，加以诠解和发挥，这就是刘向和刘歆的系统；其二是由河间献王的博士那里受学《左传》，代代相承，这就是《汉书·儒林传》所罗列的从贯公到陈钦、贾护的系统。两个系统的分别。在于经书的汇集之地不同"[4]。《左传》一直以"在野"的方式流传于民间，虽然在势力上没有《公羊》《穀梁》两传强大，但它相对远离政治旋涡，从而保持了自身独立的学术品格并具有了强大的生命力。如刘松来所言："就学术本身而言，能否保持住独立的学术品格应该视为其能否具有旺盛生命力的第一要件。汉代古文经学由弱到强，并最终取代今文经学学术正宗

① （清）丁晏：《易林释文》，光绪十六年广雅书局刊本。
② （清）姚际恒著，顾实重考：《重考古今伪书考·卷一》，上海大东书局1928年版，第5—6页。
③ 尚秉和：《焦氏易诂》，中华书局1991年影印版。
④ 王葆玹：《今古文经学新论》，中国社会科学出版社1997年版，第135页。

的发展过程，就无可辩驳地证实了这一铁的规律。"①作为在野的焦延寿，研习以在野方式广为流传的《左传》是合情合理的，那么在《易林》中援引《左传》典语也是可能的。现在，让我们可以借用当代学者的话来回复顾炎武、梁启超对《易林》援引《左传》典语的疑惑：

> 他认为《左传》到汉成帝时才由刘歆在中秘发现，《易林》引了《左传》许多话，而《易林》说是汉昭宣时人焦延寿所作，焦延寿不可能看到《左传》，所以《易林》是东汉人见了那晚出的《左传》假造的。其实司马迁《史记·十二诸侯年表序》已提到《左氏春秋》，杜预《春秋序》引刘向《别录》记载了《左传》在汉以前流传的情况，汉兴以来的传授情况《汉书·儒林传》记载得很清楚，在刘歆以前，传《左传》者不断，又怎能说《左传》到汉成帝时才由刘歆在中秘发现呢?以此论定汉昭宣时人焦延寿不可能看到《左传》，《易林》有引《左传》语，因此《易林》不可能为焦延寿作，必为东汉人假造，这样的论证显然是不合乎历史的。②

二、《易林》在某些思想倾向上与《左传》的契合

上一节中，我们论述了《易林》援引《左传》典语的可能性。其实，《左传》典语不但多处被《易林》援引，《易林》的思想倾向也与《左传》有契合之处。正如众多《左传》研究者所认为，《左传》一书所反映的思想较为复杂，有对建功立业的诸侯霸主的歌颂，有对荒淫腐朽的统治阶级的揭露，有对远见卓识的贤臣良将的赞扬，有对重民爱民的大夫官员的褒奖，有对尊礼守礼的卿士将相的推崇。军事思想上，有对英明神武的将帅的礼赞，也有对妙计奇策的欣赏。但概括其精髓，不外乎民本思想和重礼思想。而产生于西汉王朝衰败之际的《易林》，特别注

① 刘松来：《两汉经学与中国文学》，百花洲文艺出版社2001年版，第230页。
② 廖名春：《梁启超古书辨伪方法平议》，陈明主编《原道》第3辑，中国广播电视出版社1996年版，第138页。

重对苦难的人民大众的理性的关注。儒家出身的作者，清醒地认识到礼制所蕴含的巨大的社会作用和政治功能，故而在《易林》中处处流露出对礼的尊崇。不经意间，在思想倾向上，《易林》和《左传》达到了高度的契合。

（一）民本思想上的契合

《左传》中的"民"，指的是统治集团以外的士卒、平民乃至奴隶等人。民本思想，即以民为本的思想。梁启超认为中国历史上的重民思想都可以称为民本思想。[1]金耀基说道："凡为生民立命，凡为天下着想之精神，即是地道的民本思想。"[2]民本思想，即一切从平民百姓出发，始终将人民的利益放在第一位，神圣的神、君都得退而居其次。统治者当为民着想，抚民、恤民、保民、利民。《左传》一书始终洋溢着浓厚的民本思想，而集中体现民本思想的一段话，是随国季梁对民与神的关系的论述：

> 所谓道，忠于民而信于神也。上思利民，忠也；祝史正辞，信也。今民馁而君逞欲，祝史矫举以祭，臣不知其可也。……夫民，神之主也。是以圣王先成民而后致力于神。故奉牲以告曰"博硕肥腯"，谓民力之普存也，谓其畜之硕大蕃滋也，谓其不疾瘯蠡也，谓其备腯咸有也。奉盛以告曰"洁粢丰盛"，谓其三时不害而民和年丰也。（《左传·桓公六年》）

"夫民，神之主也"这一观念在春秋以前从未有人提及，只能认为这是作者借季梁之口，表达对"民"这一阶层的高度重视。"是以圣王先成民而后致力于神"，春秋初期，神还不可能被完全否定，但已退居民之下了。这在思想史上，可是个巨大的突破，如"是对商、周以来天、神与民、人之间主宰与被主宰、支配与被支配的关系来了个大颠倒"[3]。

---

① 参见梁启超：《先秦政治思想史》，东方出版社1996年版，第35—39页。
② 金耀基：《中国民本思想史》，台湾商务印书馆股份有限公司1993年版，第5页。
③ 郭丹：《左传漫谈》，台湾顶渊文化事业有限公司1997年版，第45页。

春秋时期的民本思想还表现在一些开明的君主已认识到民的重要性，开始为民着想，养民利民，如邾文公迁都一事：

> 邾文公卜迁于绎。史曰："利于民而不利于君。"邾子曰："苟利于民，孤之利也。天生民而树之君，以利之也。民既利矣，孤必与焉。"左右曰："命可长也，君何弗为？"邾子曰："命在养民。死之短长，时也。民苟利矣，迁也，吉莫如之！"遂迁于绎。（《左传·文公十三年》）

邾文公有如此胸襟，确属难能可贵。其他一些君主公卿们也认识到民心的重要性，得民心者得政，失民心者失政，如晋文公始以得民而复国，终以教民而称霸；齐国陈氏"以家量贷，而以公量收之"，故而民"爱之如父母，而归之如流水"。再如吴王阖庐"亲其民，视民如子，辛苦同之"，"是以民不罢劳，死不知旷"，因而最终称霸。反之，如晋灵公、卫懿公、宋殇公等，或因"君使民慢"，或因"役使其民"而"民不堪命"，终致失政亡身。

从《左传》中可以看出，自春秋中期以后，保民、爱民、得民、恤民、抚民、利民的论述日益增多，说明民本思想越来越为统治者和进步思想家所接受。随后，战国时孟子又提出了"民为贵，社稷次之，君为轻"的口号，将民本思想推到了又一高峰。

焦延寿在《易林》中大量援引《左传》典语，可见其对《左传》深有研究。又因焦延寿长期担任民之父母官——小黄县令，对民本思想当有切身体会，故而在民本思想上，《易林》与《左传》合拍了。和《左传》不同的是，《左传》侧重于对贤君良臣保民、爱民、恤民、利民的论述，而《易林》倾向于对统治阶级乱民、害民、扰民、贼民的揭发。

> 阴雾不清，浊政乱民。孟春季夏，水坏我居。（《家人之晋》）
> 岁饥无年，虐政害民。乾溪骊山，秦楚结怨。（《谦之睽》）
> 苛政日作，螟食华叶。割下啖上，民被其贼。秋无所得。（《离之萃》）

上政摇扰，虫螟并起。害我嘉谷，年岁无稷。（《解之既济》）

这几首诗，直截了当地揭露了统治者的苛政、浊政、虐政给人民带来的苦难，同时表达了焦延寿对人民的无限同情。从这几首诗中，可以看出他为受苦受难百姓所发出发自肺腑的呼喊，同时也能感受到他悯民、爱民的博大心声。《易林》中像这类痛快淋漓的揭发比比皆是，只要我们熟悉焦延寿生活时代的黑暗现实，对此就不难理解。《易林》的揭发和《左传》的歌颂，可谓殊途同归，同归于民本思想。

民本思想在《易林》中不仅体现在对人民苦难的直接反映上，焦延寿还深入挖掘了造成这种局面的根源，并将它们一一展露给读者：

> 树植藿豆，不得耘锄。王事靡盬，秋无人收。（《讼之履》）
> 国乱不安，兵革为患。掠我妻子，家中饥寒。（《师之坎》）
> 冬华不实，国多盗贼。疾病难医，鬼哭其室。（《屯之颐》）

焦延寿的诗篇，绝非虚构而成，而是对西汉中后期社会现实的直接反映，以上几篇就是最好的例证。黑暗腐败的政治，奸臣佞吏的当权，繁重的赋敛徭役，无尽的兵祸战乱，这一切导致了多少人间悲剧！而作为这一幕幕人间悲剧的目击者，焦延寿定当流下了无数怜悯的泪水，因为他是个"爱养吏民"的父母官，因为他有着"为生民立命""为天下着想之精神"——"地道的民本思想"。

民本思想在《易林》中还有着更深层的体现，即作者深知其个人力量的薄弱，于是便向统治者表达了心声，向社会发出了呼唤，如：

> 节情省欲，赋敛有度。家给人足，公刘以富。（《家人之临》）
> 销锋铸耜，休牛放马。甲兵解散，夫妇相保。（《晋之晋》）
> 忉忉恒恒，如将不活。黍稷之恩，灵辄以存。获生保年。（《蒙之损》）

前两首，一期望统治者轻徭薄赋，一劝说当权派休兵罢战。后一首直接取典于《左传》赵盾食灵辄一事，焦延寿欲用此诗来唤起社会上层的人道良知，期望他们能关爱下层人民。通过此诗即可管窥出《易林》民本思想与《左传》的紧密契合。民本思想犹如一颗夜明之珠，照耀着《易林》始末并熠熠生辉。

（二）重礼思想上的契合

《左传》另一明显的思想倾向便是重礼，这与当时的社会背景是密不可分的。春秋之际，礼崩乐坏，诸侯僭越，臣下犯上，礼制一统天下的局面已一去不返，种种非礼的思想盛行一时。于是便有了一批思想家尤其是儒家，致力于复兴礼制，左丘明便是其中之一，故而"《春秋左氏传》在思想内容方面的另一显著特征是强调对礼的尊崇，全书上下浸透着重礼的精神。"[1]

春秋时代的礼，是宗法社会的一种道德和行为的规范，是用来制约人的言行举止，使人的主观欲望和客观现实之间的矛盾得到有效的调节，从而使整个社会结构处于一种稳定的状态。正如沈玉成所言，礼的目的"在于稳定从国家到家族的既定秩序，维护阶级到个人的尊卑上下，从而使全体社会按照这种规范正常运转"[2]。桓公二年，宋华文督弑宋殇公并赂郜之鼎于鲁桓公。桓公"纳于大庙"，作者谓之"非礼也"，并记载臧僖伯的谏语曰：

> 君人者，将昭德塞违，以临照百官，犹惧或失之，故昭令德以示子孙，是以清庙茅屋，大路越席，大羹不致，粢食不凿，昭其俭也，衮，冕，黻，珽，带，裳，幅，舄，衡，紞，纮，綖，昭其度也，藻，率，鞞，鞛，鞶，厉，游，缨，昭其数也，火，龙，黼，黻，昭其文也，五色比象，昭其物也，锡，鸾，和，铃，昭其声也，三辰旗旗，昭其明也。夫德，俭而有度，登降有数，文物以纪之，声明以发之，以临照百官，百官于是乎戒惧，而不敢易纪律，今灭德立违，而置办其赂器于大庙，以明示百官，百官象之，其又何

---

① 刘松来：《两汉经学与中国文学》，百花洲文艺出版社2001年版，第227页。
② 沈玉成：《春秋左传学史稿》，江苏古籍出版社1992年版，第84页。

诛焉，国家之败，由官邪也。

这段文字对礼进行了明确的说明，从宫室、服饰到车马、声色都有定数。制度彰明，不可逾越，意味着等级尊卑的不可动摇性，因为"周代是个阶级社会，礼的本质首先在于维护等级制度。面对春秋时期层出不穷的诸侯僭越、下臣非礼的现象，左氏特别重视对于等级名分的维护"①。宣公十二年晋隋武子的话便能很好地说明问题：

> 其君之举也，内姓选于亲，外姓选于旧，举不失德，赏不失劳，老有加惠，旅有施舍，君子小人，物有服章，贵有常尊，贱有等威，礼不逆矣。

这里强调的是贵贱等级的区分和不可动摇。襄公三十二年，北宫文子明确提出，礼仪之本在于区分"君臣、上下、父子、兄弟、内外、大小"。左丘明甚至把礼抬高到"经国家、定社稷、序民人、利后嗣"的高度上（《左传·隐公十一年》）。那么，结合西汉中后期的现实，便不难理解《易林》中为什么显示出了浓郁的重礼思想。

正如上文所言，礼的本质在于维护既定的等级名分。而西汉宣、元帝时宦官佞臣石显、弘恭、牢梁、五鹿充宗等先后把持朝政，外戚豪族霍光、王凤等执掌大权，他们甚至可以废立皇帝，可见当时的礼制也是被破坏殆尽，名分更是荡然无存。焦延寿作为饱读诗书的儒生，作为深研《左氏》的县令，定能体悟到《左氏》"皆君臣之正义，父子之纪纲"，"崇君父，卑臣子，强干弱枝，劝善戒恶，至明至切，至直至顺。"（《后汉书·贾逵传》）于是他继承了《左氏》的崇礼思想，并使之在《易林》众多揭批奸佞的诗篇中显露无遗，如：

> 腐臭所在，青蝇集聚。变白为黑，败乱邦国。君为臣逐，失其宠禄。

① 郭丹：《左传漫谈》，台湾顶渊文化事业有限公司1997年版，第51页。

（《丰之咸》）

　　豕生鱼鲂，鼠舞庭堂。奸佞施毒，上下昏荒。君失其邦。（《蒙之比》）

　　三奸相扰，桀跖为友。上下骚离，隔绝天道。（《履之随》）

　　置筐失筥，轮破无辅。家伯为政，病我下土。（《萃之蒙》）

　　第一首"青蝇"出自《诗·小雅·青蝇》之"营营青蝇，止于樊。谗人罔极，构我二人"，以青蝇喻进谗的小人。第二首"鼠舞庭堂"，《汉书·五行志》有载，喻奸佞当权，小人得势。第三首"三奸"当指汉元帝时三位著名的奸佞——石显、牢梁、五鹿充宗。第四首"家伯为政"显然影射外戚专权，君权旁落。从这些诗篇中，可以明显地看出焦延寿对这些奸佞小人、宦官外戚的批判，而这种批判恰恰表明焦氏对封建礼制的尊崇，对等级名分的维护。

　　再回过头来看一下臧僖伯谏鲁桓公时论礼的话语，便可发现"德"在礼制中的重大意义。其实，"德"是"礼"在意识形态方面的内涵。非礼谓之"违"（"今灭德立违"），失德谓之"邪"（"国家之败，由官邪也"）。无德之徒，其言行定当违背礼制；有德之人，其举止必然依礼行事。就连姣淫乱国的穆姜也深深认识到这点，并说出"嘉德足以合礼"（《左传·襄公九年》）。

　　重礼当由重德开始，重德方能算是重礼。焦延寿是深明此理的，于是他在《易林》中大声疾呼统治者推行仁义道德，以德服人，以德得天下：

　　文明之世，销锋铸耜。以道昌民，百王不易。（《节之颐》）

　　伯夷叔齐，贞廉之师。以德防患，忧祸不存。（《节之益》）

　　海为水王，聪圣且明。百流归德，无有畔逆。常饶优足。（《蒙之乾》）

　　第一首中的道即指仁义道德。第二首"以德防患"，因德可服人，故忧患当然就不存在了。第三首以海水喻君王，希望君王能够尊礼重德，只有这样才能赢得天下，只要这样便可赢得天下。

　　综上所述，可以得出结论：《易林》民本思想及重礼思想与《左传》的紧密契合。焦延寿对这些思想多有继承和发展，并让它们在《易林》中闪烁出绚烂的光芒。

三、《易林》在易学思维上与《左传》的契合

由于生产力水平低下，加上对上天及祖先的崇拜，春秋时期人们特别信奉用《周易》来占筮人事，《左传》中便有着大量的占筮事例的记录。据高亨统计，"《左传》里用《周易》占筮人事的有十一条，引《周易》论证人事的有六条，用与《周易》同类的筮书占筮人事的有两条"①。可见当时人们对用《周易》来占筮吉凶祸福是很迷信的。

《左传》所载筮例内容庞杂，上至立君、夺国、出兵、作战等国家大事，下及娶妻、生子、出仕、嫁女等个人生活。如哀公九年，宋伐郑时，阳虎不能决定是否伐宋救郑，便占了一卦；襄公二十五年崔杼欲娶棠姜而不知吉凶，便筮了一卦。

将《周易》运用于占筮人事，《左氏》对此有着最早而又详尽的记载。《左传》当为记载上古用《周易》占筮的起始之作，而《易林》又是依据《周易》衍生的易学经典著作，两者又可凭借《周易》为纽带而紧密联系起来，这种联系最直接的体现便是两者在易学思维上有着紧密的契合，而这种契合首先展现在两者阴阳观念上的合拍。另外，通过《左传》筮例所反映出的其他易学思维如占筮方式、取象方法等，与《易林》所表现出的易学思维，都有着紧密的契合。

（一）阴阳观念上的合拍

阴阳观念的产生应很久远，且与天文地理有关。《国语·周语》中有"气无滞阴，亦无散阳。阴阳序次，风雨时至"。阴阳在这里被解释为郁滞和扩散的两种"气"。许慎在《说文解字》中又释阴为"水之南，山之北也"；解阳为"高、明也"。至西周时阴阳便不仅仅表示天文地理了，正如葛兆光所言："包括了单与双

---

① 高亨：《周易杂论》，齐鲁书社1979年版，第107页。

的数字，甚至包括了世上所有对立存在的一切事物的总概念，尽管这时也许还没有自觉的归纳和理智的阐述，而只是一种普遍的无意的观念存在。"①这种观念在战国时被《周易》作者有意识地加以把握和改造。《周易》以阴爻"— —"和阳爻"——"为最基本组成元素，重叠而成八卦乃至六十四卦。卦与卦之间既对立又统一且可相互转化。这时阴阳观念已经成为一种辩证的思维模式，即构成万事万物的既对立又统一的两个基本因子，可以用来解释一切，诚如汤一介所言："天地之间，无往而非阴阳；一动一静，一语一默，皆是阴阳之理。"②

与《周易》时代相近的《左传》中也深深流露出了这种阴阳观念。如在天人观念上，"天"在殷商时代乃统领一切、主宰万物的有意识的人格神，亦如梁启超所言："至有史时代，而最高一神之观念已渐确立，其神名之曰天曰上帝。"③其时殷人对于天是绝对地服从，"殷人尊神，率民以事神"（《礼记·表记》）。连荒淫腐朽的纣王临死时还执迷不悟道："我生不有命在天乎?"（《尚书·西伯戡黎》）周人从殷亡的现实中看到了天的不可靠，对天开始怀疑了，"昊天不惠""昊天不平""天命不彻"等语在《诗经》中已屡见不鲜，而到了春秋时期，高高在上的天终于被从神坛上拉了下来，"故春秋时一般思想之表现于《左传》者，已无复称说天意之尊严"④。天与人之关系不再是统治与被统治关系，而是像阴阳观念一样对立统一于宇宙中。"夫民，神之主也"（《左传·桓公六年》）；"民之所欲，天必从之"（《左传·襄公三十一年》）等等便是明证，所以杨幼炯曾说道："此种'天治主义'与'民治主义'联合，为初期民本主义之雏形。"⑤

阴阳观念在《左传》中还体现在对君民关系的新认识上。其时部分明君已不再一味剥削压榨人民，他们深深认识到人民力量的重要性，开始尊重人民、爱护人民，如邾文公曾说道："苟利于民，孤之利也。天生民而树之君，以利之也。民

① 葛兆光：《中国思想史》，复旦大学出版社2002年版，第75页。
② 汤一介：《对中国传统哲学的哲学思考》，谢龙编著《中西哲学与文化比较新论》，人民出版社1995年版，第56页。
③ 梁启超：《先秦政治思想史》，东方出版社1996年版，第23页。
④ 梁启超：《先秦政治思想史》，东方出版社1996年版，第33页。
⑤ 杨幼炯：《中国政治思想史》，上海书店1984年版，第16页。

既利矣，孤必与焉"（《左传·文公十三年》）。再如吴王阖庐"亲其民，视民如子，辛苦同之"，"是以民不罢劳，死不知旷"（《左传·昭公三年》），因而最终称霸。从这些明君身上所看到的君民关系，是一种和谐的对立统一关系。君与民在身份地位上是对立的，但国君维持君位和夺取政权都离不开人民的支持和拥戴，人民也需要有明君来引领其脱离苦难境地而更好地生存下去，两者又构成了一个和谐统一的有机体。这正如张岱年所言："'尊君'和'重民'相反而又相成，共同构成了中国传统政治文化的一体两翼。"①

《左传》中还有很多地方闪烁着阴阳观念的光芒。例如晏子在论"和"与"同"时说道："水、火、醯、醢、盐、梅，以烹鱼肉，燀之以薪，宰夫和之，齐之以味，济其不及，以泄其过。君子食之，以平其心"；"若以水济水，谁能食之？若琴瑟之专一，谁能听之？"晏子所论之"和"，即是要适中和谐，相互对立的东西相成相济，和谐统一于一体，才能有人食之、有人听之。再如，"宽以济猛，猛以济宽，政是以和"；"清浊，大小，短长，疾徐，哀乐，刚柔，迟速，高下，出入，周疏，以相济也"（《左传·昭公二十年》）更是典型的阴阳观念的体现。

《易林》乃衍《易》之作，阴阳观念是《周易》中最基本的易学思维模式，所以《易林》理所当然地继承并发扬了这一思维模式，如下文所提及的《易林》4096首林辞，是分别由64重卦的六爻阴阳变化而得出的。《易林》在取象方法上大量使用了伏象、覆象，这也正是阴阳观念的最好明证，下文将展开论述。

阴阳观念在林辞中也随处得以体现。试看《蒙之坎》林辞："白龙黑虎，起瞽暴怒……"尚秉和是这样解释"白龙黑虎"的："震为白，为龙。艮为虎，为黔，故曰黑虎。"②震与艮指的是坎卦中的下互卦与上互卦，是对立的两卦，白与黑、龙与虎都是对立的，而又统一于坎卦中。

至此，笔者认为《易林》与《左传》在阴阳观念上是完全合拍的。

---

① 张岱年、方克立主编：《中国文化概论》，北京师范大学出版社2004年版，第275页。
② 尚秉和：《焦氏易林注》，中华书局1990年版，第126页。

（二）取象方式上的沿承

《左传》中的筮例在卦的取象方式上也影响了《易林》。《左传》中卦的取象涉及伏象、覆象、互体之象等。而这些取象方式都一一被《易林》沿承并发扬光大。例如，庄公二十二年周史为陈公子算卦，遇《观》☷之《否》☷，周史道："《坤》土也；《巽》风也；《乾》天也。风为天于土上，山也。"杨伯峻注曰："自《否》卦之第二爻至第四爻，古所谓互体，为《艮》卦，《艮》为山，故云'山也'。"[1]可见《左传》中已确切用到互体之象。

《左传》中用伏象、覆象的例子也很常见，如僖公十五年：

> 晋献公筮嫁伯姬于秦，遇《归妹》之《睽》，史苏占之，曰："不吉，其繇曰，'士刲羊，亦无衁也，女承筐，亦无贶也，西邻责言，不可偿也。'《归妹》之《睽》，犹无相也。"

尚秉和对此解释道："震为士，上六应在三，三兑，兑为羊，又为斧，故曰'刲羊'。坎为血，衁，血也。坎伏，故曰'无衁'。"[2]"坎伏"是指之卦《睽》的上卦《离》为《坎》的伏象。可见《左氏》运用伏象之说，当属无误。《左传》中运用覆象之例，在上述材料中也体现出来了，即"西邻责言"，尚秉和有言："兑为西，故曰西邻，兑为口舌、为言，而三至四覆兑，两兑口相对，即相背，故曰责言。"[3]

《左传》互体之象、伏象、覆象都有运用，且深深影响了《易林》。《易林》中对上述取象方式的运用，可谓收放自如，遍地开花。试举一例，《贲之中孚》："骑豚逐羊，不见所望。径涉虎庐，亡豚失羊。"乍一看这条林辞，不知所云，不知它与卦名有何关系。如果懂得八卦的象及取象方式，便不难理解。本卦《贲》☲中

---

① 杨伯峻：《春秋左传注》，中华书局1981年版，第223页。
② 尚秉和：《周易尚氏学》，中华书局1980年版，第347页。
③ 尚秉和：《焦氏易诂》，中华书局1991年影印本。

的二至四爻和三至五爻组成的互体之卦分别是《坎》和《震》，《震》的卦象为骑为逐，《坎》为豚，故有了"骑豚"之象。这是运用互体之象。本卦《贲》的上卦为《艮》，伏《艮》为《兑》，《兑》为羊，故有了"求羊"之象。这是运用伏象。《贲》卦的下互卦《坎》为暗，下卦《离》为目为见，《坎》暗蔽于目之上，故"不见所望"。《贲》卦的上卦《艮》为径，上互卦《震》为足为行，下互卦《坎》为水，之卦《中孚》的下卦《兑》为虎，上互卦《艮》为庐，故连在一起便是"径涉虎庐"。遇卦《贲》的下互卦《坎》为豚，而变成之卦《中孚》后，怎么取象也取不出《坎》象，于是就有了"亡豚"。《中孚》的下卦《兑》为虎，上卦《巽》的覆象刚好是《兑》，《兑》为羊，正对着下面的虎口，定被虎吃掉，故"失羊"。这条林辞正好综合运用了《左传》中的互体之象、伏象、覆象，充分显示了在取象方式上《易林》对《左传》的沿承。

因为《易林》的传世和《易林》用象的昭然若揭，让世人能更好地理解《左传》中所记载的先秦占筮事例，同时，在一定程度上也纠正了杜预、孔颖达等人注疏上的舛误之处。正如黄寿祺所言："说《易》之书莫古于《左传》，而因易象失传，左氏所用正象、覆象，后之人所不解，或解而误者，亦皆由易林——正其误，回视杜、孔所说，如拨云雾而见青天。"①

① 转引自尚秉和：《焦氏易诂·叙》，中华书局1991年影印本。

第二节 《易林》援引《左传》典语考论

前文已论述了《左传》的制作及其在先秦两汉的传承情况，确定了《易林》援引《左传》的可能性。接着从民本思想和重礼思想上论述了《易林》与《左传》的契合。同时，从两个方面论述了易学思维上两者的合拍。当细读《易林》后，便会发觉焦延寿是深通《左传》的。焦氏在《易林》中大量援引《左传》典语，且这些典语涉及范围广，政治斗争、攻伐会盟、天文灾异、男婚女嫁，尽在其中；时间跨度长，自隐公元年至哀公十六年。

按林辞的不同侧重点，可将其分成三大类：人物类、盟战类、灾异类。其中，某些典故可能涉及上述三类中的两类以上，这时的归类原则是：某一典故是紧密围绕人物展开的，当归入人物类；某一典故涉及人物和盟战两类，而其中人物形象并不鲜明，则纳入盟战类；凡是涉及灾异现象的，即使其中有人物，也列入灾异类。

一、人物类

《左传》一书中出现的人物，上至天子公侯、卿相将帅，下至士卒仆役、行人商贾，多达三千多人，且不少人物形象鲜明、个性独特。《易林》所引典故涉及一百多人，作者用诗一般精练的语言，再现了春秋时代那一幕幕五彩斑斓的历史画卷。由于人物众多，为便于考述，故将其分成四类：至圣先贤、君王公侯、大夫家臣、妃嫔姬妾。通过对《易林》援引《左传》人物类林辞的考论，可以看出焦延寿具有明显的儒家思想倾向。

（一）至圣先贤

至圣，是指孔子。司马迁在《孔子世家》末段有云："孔子布衣，学者宗之。自天子王侯，中国言六艺者折中于夫子，可谓至圣矣。"自汉武帝"罢黜百家，独尊儒术"始，孔子的地位便由先秦诸子百家中普通一员，上升为西汉中后期思想界的至圣，受到后世儒生及万民的敬仰，可谓"高山仰止，景行行止"。先贤，在本书中指的是春秋以前的一些贤能之人，且多为传说中人。《易林》林辞所引典故涉及孔子的有：

> 齐鲁永国，仁圣辅德。造礼雅言，定公以安。（《坎之否》）

"齐鲁永国"，指齐鲁国运永存，是因为有仁圣的孔子相辅助。"造礼雅言"，指孔子以雅言对齐侯讲礼。定公，鲁定公也。林辞出自《左传·定公十年》，如下：

> 夏，公会齐侯于祝其，实夹谷，孔丘相，犁弥言于齐侯曰："孔丘知礼而无勇，若使莱人以兵劫鲁侯，必得志焉。"齐侯从之，孔丘以公退，曰："士兵之，两君合好，而裔夷之俘，以兵乱之，非齐君所以命诸侯也。裔不谋夏，夷不乱华，俘不干盟，兵不偪好，于神为不祥，于德为愆义，于人为失礼，君必不然。"齐侯闻之，遽辟之，将盟，齐人加于载书曰："齐师出竟，而不以甲车三百乘从我者，有如此盟。"孔丘使兹无还揖对曰："而不反我汶阳之田，吾以共命者，亦如之。"齐侯将享公，孔丘谓梁丘据，曰："齐鲁之故，吾子何不闻焉？事既成矣，而又享之，是勤执事也。且牺象不出门，嘉乐不野合，飨而既具，是弃礼也。若其不具，用秕稗也。用秕稗君辱，弃礼名恶，子盍图之？夫享所以昭德也，不昭不如其已也。"乃不果享。

孔子以相之职辅佐鲁定公，在与齐侯会盟时，以堂堂正正之言，讲述礼仪法度，维护了鲁国利益，使定公免于遭劫受辱。孔子在这次会盟中，简直成了礼的化身。焦氏林辞引此，也反映出焦延寿对礼的尊崇，对夫子的敬慕。

采薪得麟，大命陨颠。豪雄争名，天下四分。（《屯之坤》）

麟凤执获，英雄失职。自卫反鲁，猥昧不起。福禄讫已。（《大畜之否》

子鉏执麟，春秋作经。元圣将终，尼父悲心。（《讼之同人》）

樵夫砍柴而获得了麒麟（《左传》为子鉏商获麟，子鉏即子鉏商），孔子知道后认为国家的命运将要衰落了。从此，豪雄争霸，天下大乱。麟凤被捉，英雄失去了职位。夫子从卫国返回鲁国，穷愁潦倒，悲心于道之不行，开始编修《春秋》。上述林辞源于《左传·哀公十四年》：

十四年春，西狩于大野，叔孙氏之车子鉏商获麟，以为不祥，以赐虞人，仲尼观之，曰："麟也。"然后取之。

"子鉏"二字，学界看法不一，钱世明说道："此辞把'子'与车子的名字'鉏商'的'鉏'字联系到一起，显然是胡拼乱凑了——由此可知造卦辞者，江湖术士之流，本无深厚学识，才闹出此种笑话。"[1]岂知杨伯峻早就提到："王引之《述闻》则以'子鉏'为氏，'商'为名。王说有据有理，可从。"[2]可见，焦延寿并非"胡拼乱凑"，而是有着深厚的学识。西狩获麟后，孔子曾哀叹道"吾道穷矣"。的确如此，自此以后，历史进入了战国争霸的时代。礼乐进一步崩废，孔子所倡导的仁政，更进一步被统治者所抛弃。

---

① 钱世明：《易林通说》，华夏出版社1990年版，第256页。
② 杨伯峻：《春秋左传注》，中华书局1981年版，第1682页。

名成德就，项领不试。景公耆老，尼父逝去。（《履之剥》）

孟巳己丑，哀呼尼父。明德讫终，乱害滋起。（《睽之恒》）

"项领不试"及"景公耆老"（出自《论语·微子》："吾老矣，不能用也。"）均指孔子有贤才却不被重用。尼父，指孔子。"明德讫终"，指孔子逝世，故"乱害滋起"。上述林辞出自《左传·哀公十六年》：

夏四月己丑，孔丘卒。公诔之曰："旻天不吊，不憖遗一老，俾屏余一人以在位，茕茕余在疚。呜呼哀哉尼父。"

从林辞中难道看不出焦延寿的影子吗？焦氏身具良才，将小黄县治理得井井有条，却终身不受重用，只好"卒于小黄"。孔子卒后，战国纷争，生灵涂炭，可谓"乱害滋起"，联想到焦氏生活的时代，内忧外患、国势日微，又何尝不是"乱害滋起"呢？

上述林辞涉及孔子之典多达十四林，可见孔子及其儒家思想对焦氏影响之深。因为儒家思想已经统治了当时的思想领域，焦氏接受并宣扬儒家思想是合情合理的。焦氏一方面希望社会能礼乐兴盛，回归到"郁郁乎其文哉"（《论语·八佾》）的西周时代。同时也对当时的再次礼崩乐坏，与夫子之于春秋时代，一样的无可奈何，只有流露出深切的哀伤之情。

再看一些涉及春秋以前传说中贤人的林辞：

黄帝神明，八子圣聪。俱受大福，天下康平。（《豫之无妄》）

开廓宏绪，王迹所基，报以八子，功得侯时。（《困之小畜》）

七窍龙身，造易八元。法天则地，顺时施恩。富贵长存。（《谦之升》）

八子乃黄帝之后，八元为高辛氏之后，俱是圣明聪慧之先贤，使得天下富贵安康。上引三条林辞之典来自《左传·文公十八年》：

昔高阳氏有才子八人，苍舒，隤敳，梼戭，大临，尨降，庭坚，仲容，叔达，齐圣广渊，明允笃诚，天下之民谓之八恺。高辛氏有才子八人，伯奋，仲堪，叔献，季仲，伯虎，仲熊，叔豹，季狸，忠肃共懿，宣慈惠和，天下之民谓之八元。此十六族也，世济其美，不陨其名。以至于尧，尧不能举。舜臣尧，举八恺，使主后土，以揆百事，莫不时序，地平天成。举八元，使布五教于四方，父义，母慈，兄友，弟共，子孝，内平外成。

八恺也好，八元也罢，都是传说中圣明淑德的先贤，他们或"揆百事"，或"布五教"，使天下太平，内外安宁。这在焦氏生活的时代，该是多么奢侈的梦想呀！

> 台骀昧子，明知地理。障泽宣德，封居河涘。（《大过之渐》）
> 宣发龙叔，为王主国。安土成稷，天下蒙福。（《节之井》）

台骀，昧之子也，古之善治水者。故曰"明知地理"。首条林辞之典出自《左传·昭公元年》：

> 昔金天氏有裔子曰昧，为玄冥师，生允格，台骀。台骀能业其官，宣汾、洮，障大泽，以处大原。帝用嘉之，封诸汾川，沈，姒，蓐，黄实守其祀

言台骀善于治水，使百姓安居乐土。次条典故来自《左传·昭公二十九年》：

> 共工氏有子曰句龙，为后土，此其二祀也。后土为社；稷，田正也。有烈山氏之子曰柱，为稷，自夏以上祀之。周弃亦为稷，自商以来祀之。

龙叔即句龙，言句龙为社稷神后，筑土为坛并祭祀之，从而使万民蒙福。

从上述先贤林辞中可以明显看出焦延寿的仁政思想。"仁"的思想发轫于孔子。而仁又和礼密不可分，"克己复礼为仁"（《论语·颜渊》），"人而不仁如礼何"（《论语·八佾》），所以说，"恢复周礼的思想保证是贯彻'仁'的原则"[1]。仁和礼互为表里，"'仁'的范畴中又包摄有'礼'"[2]。夫子提倡仁、推重礼，"知其不可为而为之"，而这种精神也被焦延寿所继承，在《易林》林辞中大加阐发，针砭时弊。孟子将夫子"仁"的思想发展为仁政思想，如"老吾老以及人之老，幼吾幼以及人之幼"（《孟子·梁惠王上》），"君仁莫不仁，君义莫不义"（《孟子·里娄上》），"君行仁政，斯民亲其上，死其长矣"（《孟子·梁惠王下》）。但是，仁政在那个诸侯纷争、群雄逐鹿的时代根本无法实现，"因此，孟子把对现实世界的期盼转向对三代、先王的颂扬，以达到劝谕、希冀现实君王实施其仁政理性、与民同乐的目的"[3]。历史的发展往往有着惊人的相似，约两百年后的焦延寿也在颂扬先贤，劝谕时君，完全继承了孟子的仁政思想，希望西汉统治者能推行仁政，使百姓安居乐业，使天下"内平外成"。

《易林》林辞中大量援引《左传》中至圣孔子及一些往昔先贤，是有着深刻的社会原因的。武帝时期被认为是封建统治的一段顶峰时期，但实情又是怎样呢？刚正不阿、视死如归的夏侯胜为人们道出了实情：

> 武帝虽有攘四夷、广土斥境之功，然多杀士众，竭民财用，奢泰亡度，天下虚耗，百姓流离，物故者半。蝗虫四起，赤地数千里，或人民相食，畜积至今未复。（《汉书·夏侯胜传》）

昭帝时盐铁会议召开后，统治者开始对农民实行让步，改良措施，"轻徭薄赋，与民休息"（《汉书·昭帝纪》），才出现了短暂的"流民稍还，田野益辟，颇有蓄积"（《汉书·昭帝纪》）的局面。但好景不长，宣、元帝时，外与匈奴、

---

① 任继愈：《中国哲学史》，人民出版社1973年版，第73页。
② 杨荣国：《中国古代思想史》，人民出版社1973年版，第95页。
③ 王杰：《先秦儒家政治思想论稿》，人民出版社2010年版，第258页。

乌孙等边国交战，内有弘恭、石显等佞臣当权。百家早已罢黜，儒术业已独尊，但儒家始祖孔子所提倡的礼治，亚圣孟子所倡导的仁政，在焦氏生活之时代又实行了多少呢？宣帝的话语，能给人明确的答复，"汉家自有制度，本以霸王道杂之。耐何独任德教，用周政乎？"（《汉书·元帝纪》）焦氏深知这一切，同时又期望社会能返回礼乐兴盛的时代，实行儒家的仁政德教。焦延寿毕竟是儒生出生，又生活在儒术独尊的时代，位卑官低却"爱养吏民"，儒家思想深入其骨髓，而"儒家之理想的政治，则欲人人将其同类意识扩充到极量，以完成所谓'仁'的世界"①。于是，他便一次次搬出圣人来警策世人。

西汉中后期，外戚专权，宦官当道，官员无能，吏治腐败。百姓整日生活于水深火热中，财产和生命得不到任何保障。于是焦氏便将远古时代圣明贤良、治民有方的八恺、八元、台骀、句龙等人展示给世人，或鞭挞当时官吏们，希望他们能改过自新；或激励后来劳心者，期待他们能励精图治；或怜悯时下老百姓，祝愿他们能衣食无忧。

《易林》所体现出来的重礼思想和仁政思想，对当下世界各国的社会政治依然不无借鉴作用，在当代社会依然具有价值和意义。

（二）君王公侯

在春秋时代叱咤风云的是一大批君王公侯们，其中有贤达开明、功勋卓著的霸主，如齐桓公、晋文公等，他们能顺应时代潮流，把握历史脉象，任贤爱民，胸怀大志，终于创下不朽的基业，《左传》对此有详细记载。《左传》中也记载了大批昏聩的国君王侯们，他们大多在政治上暴虐无道，生活上荒淫奢侈，家庭中丧失人伦，最终难免落得身亡国破的可耻下场，如楚灵王、鲁昭公等。《易林》对《左传》中的君王公侯们多有援引，尤其是上述后者，下文即展开考述。

因林辞涉及君王公侯多达十多位，先简单进行分类，以便考述。根据林辞所援之事涉及的不同性质，将其分成两类：家庭纷争和国际交往。严格来说，事件

---

① 梁启超：《先秦政治思想史》，东方出版社1996年版，第87页。

的分类和人物的归属都很难准确，只为考述方面而已。

1. 家庭纷争

家庭纷争，是指林辞援引《左传》之典故，均为涉及君王公侯家庭内部争权夺利、废嫡立庶之一系列事例。如：

> 牵尾不前，逆理失臣。卫朔以奔。（《比之恒》）

卫朔、惠朔均指卫惠公朔，于桓公十三年立。此林之典见于《左传·桓公十六年》：

> 卫宣公烝于夷姜，生急子，属诸右公子。为之娶于齐，而美，公取之。生寿及朔，属寿于左公子。夷姜缢，宣姜与公子朔构急子。公使诸齐，使盗待诸莘，将杀之，寿子告之，使行，不可……寿子载其旌以先，盗杀之。急子至……又杀之，二公子故怨惠公。十一月，左公子泄，右公子职，立公子黔牟，惠公奔齐。

公子朔为了能立为太子，进谗言于宣公，害死了两位哥哥，而自己终因"逆理失臣"为二公子驱逐出卫国。

> 齐景惑疑，为孺子牛。嫡庶不明，贼孽为患。（《履之蛊》）

齐景指齐景公，孺子指齐景公庶子荼。齐景公废嫡立庶，终致荼之乱，故曰"贼孽为患"。此林之典出自哀公五、六年，杨伯峻注道："盖景公爱荼，当己为牛，令荼牵之，仆，景公折齿。"[1]具体如下：

---

[1] 杨伯峻：《春秋左传注》，中华书局1981年版，第1638页。

齐燕姬生子，不成而死。诸子鬻姒之子荼壁……公疾，使国惠子、高昭子立荼，真群公子于莱。秋，齐景公卒。冬十月……公子阳生来奔。（《左传·哀公五年》）

陈僖子使召公子阳生……十月丁卯，立之。将盟，鲍子醉而往……曰女忘君之为孺子牛而折其齿乎，而背之也……乃受盟，使胡姬以安孺子如赖，去鬻姒，杀王甲，拘江说，囚王豹于句窦之丘……使毛迁孺子于骀，不至，杀诸野幕之下，葬诸殳冒淳。（《左传·哀公六年》）

齐景公因过分宠爱庶子荼而立之，从而引起了家庭内乱，兄弟相残，终使荼被杀，荼之母被遣送，荼之党被囚杀。

东山皋落，勇悍不服。金玦玩好，衣为身贼。（《离之蹇》）
东山皋落，叛逆不服。兴师征讨，恭子败覆。（《丰之屯》）

"东山皋落"，赤狄别种也。恭子即太子申生，谥为"恭"。两林同出于一典，详《左传·闵公二年》：

晋侯使大子申生伐东山皋落氏……大子帅师，公衣之偏衣，佩之金玦……狐突叹曰："时，事之征也；衣，身之章也；佩，衷之旗也。故敬其事则命以始，服其身则衣之纯，用其衷则佩之度。今命以时卒，阏其事也；衣之尨服，远其躬也；佩以金玦，弃其衷也；服以远之，时以阏之，尨凉冬杀，金寒玦离，胡可恃也？虽欲勉之，狄可尽乎？"

晋献公因宠爱骊姬，想废掉太子申生，故命之率兵出征，并衣之偏衣，即

"龙服"，且佩之金玦。"龙"，杜预注曰"龙，杂色。龙，莫江反。"①杨伯峻注云"龙服，杂色之服，指偏衣。"②偏衣乃杂色的非执行公务时所宜穿的衣服，晋献公给太子穿上龙服，是疏远太子。玦，诀别之意也。让太子佩带金玦，是要和太子诀别了。

> 襄王叔带，郑人是赖。庄公卿士，王母忧苦。（《萃之蛊》）

襄王，周襄王；叔带，王弟昭公也，皆曾依附于郑国。此林之典指叔带作乱，致使襄王奔郑一事，见《左传·僖公二十四年》：

> 初，甘昭公有宠于惠后，惠后将立之，未及而卒。昭公奔齐，王复之。又通于隗氏，王替隗氏……颓叔、桃子奉大叔以狄师伐周，大败周师……王出适郑，处于泛……冬，王使来告难。曰："不谷不德，得罪于母弟之宠子带，鄙在郑地泛，敢告叔父。"郑伯与孔将鉏、石甲父、侯宣多省视官、具于泛，而后听其私政，礼也。

周襄王兄弟间兵戎相见，被逐奔郑。据尚先生所言，"叔带亦依附郑人"，故曰"襄王叔带，郑人是赖"。

> 独宿深夜，媄母畏昼。平王逐建，荆子忧惧。（《涣之蛊》）

平王，指楚平王；建，即太子建；荆子即楚子，亦指平王。林辞引楚平王驱逐太子建一事，见《左传·昭公二十年》：

---

① （春秋）左丘明传，（晋）杜预集解：《春秋左传集解》，上海人民出版社1977年版，第229页。

② 杨伯峻：《春秋左传注》，中华书局1981年版，第270页。

费无极言于楚子曰:"建与伍奢,将以方城之外叛,自以为犹宋郑也。齐晋又交辅之,将以害楚,其事集矣。"王信之,问伍奢。伍奢对曰:"君一过多矣,何信于谗?"王执伍奢,使城父司马奋扬杀大子。未至,而使遣之。三月,大子建奔宋。

昏聩之极的楚平王先是夺媳为妾,后又听信费无极的谗言,欲杀死太子建。俗语云"虎毒不食子",可见平王已毫无人性,禽兽不如。

重耳恭敏,遇谗出处。北奔戎狄,经涉齐楚。以秦代怀,诛杀子圉,身为伯主。(《坎之屯》)

怀,指晋怀公,即子圉。遇谗指遭遇骊姬之谗言。出处即出奔。"以秦代怀",指重耳依靠秦国力量而最终取代了晋怀公,并成为春秋五霸之一,故曰"身为伯主"。此林援引的是著名的骊姬之乱(详见后文"妃嫔姬妾")和重耳之亡及晋文复国的典故,事见僖公二十三年、二十四年:

晋公子重耳之及于难也,晋人伐诸蒲城……遂奔狄……处狄十二年而行……及齐,齐桓公妻之……及楚,楚子飨之……乃送诸秦,秦伯纳女五人,怀嬴与焉。(《左传·僖公二十三年》)

春,王正月,秦伯纳之……壬寅,公子入于晋师……戊申,使杀怀公于高梁,不书,亦不告也。(《左传·僖公二十四年》)

此林之典涉及大量国际交往,但因发端于家庭纷争,终致于同根相煎,故而归入家庭纷争类。重耳是《易林》所引众多君王公侯里唯一受到焦氏大加赞赏的人。"恭敏"只是重耳性格的一部分,僖公二十三年楚成王也曾称赞他"广而俭,文而有礼",这些性格特征都是重耳能够复国并称霸的重要原因之一。

上述六条林辞所援之典都有一个共同点,即由废嫡立庶而引发家庭纷争乃至同室操戈。嫡长子继承制乃是宗法制的核心内容，形成于周公制礼作乐之时。嫡长子继承制的目的，正如《吕氏春秋·慎势》篇所言："立嫡子不使庶孽疑，疑生争，争生乱"。嫡长子继承制，在西周也确实发挥了重要作用，如晁福林所言："周代各诸侯国得以巩固的一个重要原因在于宗法制度下的严嫡庶之辨。"[①]从原则上来说，嫡长子继承制可以避免庶子在继统、权位、威信、财产等方面对嫡子的僭越和争夺，从而利于家庭和睦，国家稳定。

历史的长河缓缓地流走了三个世纪，到了春秋时代，来到了"礼崩乐坏"的社会，嫡长子继承制被破坏殆尽。庶子们或受宠于其君父，借其君父的力量而得以登顶，如卫朔；或依靠自身的力量及外界的辅助，直接挑战嫡子以期取而代之，如叔带；或君父们视嫡长子继承制为儿戏，随意加以破坏，如齐景公立孺子牛，晋献公废申生。焦氏在《易林》中对这些人物加以援引，并对某些君王进行了直接的谴责，如批卫朔"逆理"，斥齐景"惑疑"，从中可以看出作者对礼的尊崇重视，对礼乐盛行的西周社会的向往，因为礼乃是"天之经也，地之义也，民之行也"（昭公二十五年子产语）。

家庭纷争的目的都是为了争夺君权。为此目的，君王家庭内部不惜兄弟相残，父子仇杀，如叔带之讨伐周襄王，楚平王欲杀太子建。血浓于水的亲情在王室权力斗争面前已变得毫无价值。焦氏通过大量林辞，将春秋时代权欲斗争所带来的罪恶，充分地展示在世人面前。

2. 国家交往

国家交往，乃指林辞援引《左传》典故与春秋时代国家之间的交际往来有关，并借此展示君王公侯们的个性特征。如：

> 彭生为豕，白虎作灾。盗尧衣裳，桀跖荷兵。青禽照夜，三日夷伤。（《比之蒙》）

---

① 晁福林：《先秦社会形态研究》，北京师范大学出版社2003年版，第147页。

"彭生为豕"，指庄公八年齐侯田猎遇大豕一事：

> 冬十二月，齐侯游于姑棼，遂田于贝丘。见大豕。从者曰："公子彭生也。"公怒曰："彭生敢见。"射之，豕人立而啼。公惧，队于车。伤足，丧屦。

事情起因于桓公十八年，鲁桓公与齐姜如齐，齐侯再次与妹通奸。桓公得知后指责齐姜，于是齐侯便让彭生拉杀了桓公，后又让彭生成为替罪羊而杀之。

> 蔡侯适楚，留连江滨。踰日历月，思其后君。（《泰之恒》；《豫之坤》"适"作"朝"）
>
> 怀璧越乡，不可远行。蔡侯两裘，久苦流离。（《贲之巽》）
>
> 求君衣裳，情不可当。触讳西行，为伯生殃。君之上欢，得其安存。（《大壮之中孚》）

三林之典均出自定公三年蔡侯如楚被子常羁留一事：

> 蔡昭侯为两佩与两裘以如楚，献一佩一裘于昭王。昭王服之，以享蔡侯。蔡侯亦服其一。子常欲之，弗与，三年止之……蔡人闻之，固请而献佩于子常。

蔡侯因爱惜一佩一裘而被子常扣留了三年之久。林辞折射出了蔡侯目光短浅和心胸狭窄的性格特征。

> 黄獹生子，以戌为母。晋师在郊，虞公出走。（《临之乾》）

"晋师在郊，虞公出走"，指僖公五年晋师假道伐虢，后灭虞一事：

> 晋侯复假道于虞以伐虢。宫之奇谏曰："虢，虞之表也；虢亡，虞必从之。晋不可启，寇不可翫……"公曰："晋，吾宗也，岂害我哉……吾享祀丰絜，神必据我……"弗听，许晋使……冬十二月丙子，朔，晋灭虢。虢公丑奔京师。师还，馆于虞，遂袭虞，灭之。

虞公刚愎自用，迷信于神，不听谏言，终致国破身囚，成为虞国千古罪人。

> 陈鱼观社，艮荒踰距。为民开绪，亡其祖考。（《大壮之涣》）

"陈鱼观社"，分别指隐公五年鲁隐公如棠观鱼及庄公二十三年鲁庄公去齐观社。两者皆为非礼之举，故曰"踰矩"。详下文：

> 五年春，公将如棠观鱼者。臧僖伯谏曰："……不轨不物，谓之乱政。乱政亟行，所以败也……皂隶之事，官司之守，非君所及也。"公曰："吾将略地焉。"遂往，陈鱼而观之僖伯称疾不从。书曰："公矢鱼于棠"，非礼也，且言远地也。（《左传·隐公五年》）
>
> 二十三年夏，公如齐观社，非礼也。曹刿谏曰："不可。夫礼，所以整民也，故会以训上下之则，制财用之节；朝以正班爵之义，帅长幼之序；征伐以讨其不然。诸侯有王，王有巡守，以大习之。非是，君不举矣。君举必书。书而不法，后嗣何观？"（《左传·庄公二十三年》）

晁福林说："春秋时期政治复杂化，礼日益成为治理国家的重要手段，'治国而无礼，譬犹瞽之无相与'（《礼记·仲尼燕居》），礼乃统治者所须臾不可离者。"①而隐、庄二公却不纳谏言，公然违礼。焦氏是重礼的，当然会对其进行直接的批判和谴责了，故有"艮荒踰矩"一句的出现。

> 晋平有疾，迎医秦国。病乃大秘，分为两竖。逃匿肓上，伏于膏下，和不能愈。(《需之巽》)

晋平乃晋平公。大秘指病危，两竖即两个竖子。此林之典乃运用习为人知的"病入膏肓"一词，源于《左传·成公十年》：

> 公疾病，求医于秦，秦伯使医缓为之。未至，公梦疾为二竖子，曰："彼良医也，惧伤我，焉逃之?"其一曰："居肓之上，膏之下，若我何?"医至，曰："疾不可为也，在肓之上，膏之下。攻之不可，达之不及，药不至焉，不可为也。"公曰："良医也。"厚为之礼而归之。
> 凿山信道，南至嘉国。周公祝祖，襄适荆楚。(《小畜之师》)

此林之典出自《左传·昭公七年》，楚灵王成章华之台，愿与诸侯落之，诸侯皆拒之。而后使大宰启彊来请鲁昭公，余文如下：

> 公将往，梦襄公祖。(杜预注道："祖，祭路神。"②) 梓慎曰："君不果行。襄公之适楚也，梦周公祖而行。今襄公实祖，君其不行。"子服惠伯曰："行。先君未尝适楚，故周公祖以道之；襄公适楚矣，而祖以道君。不行，何之?"三月，公如楚。
> 东行西步，失其次舍。乾侯野井，昭君丧居。(《鼎之噬嗑》)

① 晁福林：《先秦社会形态研究》，北京师范大学出版社2003年版，第602—603页。
② (春秋) 左丘明传，(晋) 杜预集解：《春秋左传集解》，北京大学出版社1999年版，第1239—1240页。

野井，指昭公二十五年齐景公唁鲁昭公于野井。乾侯，即鲁昭公于三十二年薨于乾侯。昭公指鲁昭公，丧居指鲁昭公被逐出国。具体如下：

> 己亥，公孙于齐，次于阳州。齐侯将唁公于平阴，公先于野井。齐侯曰："寡人之罪也。使有司待于平阴，为近故也。"书曰："公孙于齐，次于阳州，齐侯唁公于野井。"礼也。（《左传·昭公二十五年》）
>
> 十二月，公疾……己未，公薨……书曰"公薨于乾侯。"言失其所也。（《左传·昭公三十二年》）

焦氏此林是紧密围绕"礼"字展开的，齐侯唁如丧家之犬的昭公，是符合当时礼仪规范的，是作者所褒奖的。昭公亡国，是因为"鲁君世从其失（"从"通"纵"；"失"通"佚"）季氏世修其勤，民忘其君矣"（《左传·昭公三十二年》史墨语），是亡于对礼的漠视。

> 楚灵暴虐，罢及民力。祸起乾溪，弃疾作毒。扶伏奔逃，身死亥室。（《需之泰》）

楚灵指楚灵王，乾溪乃乾溪谷，楚灵王于此建游乐场所。弃疾指公子弃疾，亥乃申亥。林辞援引楚灵王暴虐无道，滥用民力修造游乐场所于乾溪谷，后因弃疾作乱逃入申亥家中并自缢而死的故事，事详于昭公十三年：

> 公子弃疾为司马，先除王宫，使观从师于乾溪，而遂告之（杜预注为"从乾溪之师，告使叛王。"[1]）……夏五月癸亥，王缢于芋尹申亥氏。

后弃疾又散步谣言，说灵王未死，已来讨罪，竟逼死了公子比和公子黑肱，

---

① （春秋）左丘明传，（晋）杜预集解：《春秋左传集解》，北京大学出版社1999年版，第1314页。

然后自己即位，是为楚平王。灵王骄奢暴虐，可谓咎由自取，死有余辜。焦氏对他的批判，是毫不留情的。

在上述国家交往中出现的君王公侯们，大多是些"不君"之昏君。这些昏君都有很多共同点，首先是对百姓无比凶残，无视"民为邦本"，如暴虐的楚灵王罢极民力作章华宫，凶残的晋平公杀死了预言他"不食新"的桑田巫。这些昏君"不君"还表现在淫乱侈奢上，如与妹通奸并杀死鲁桓公及彭生的齐襄公。这些"不君"的昏君们还有一个共同点，即违反礼制，如如棠观鱼的隐公、如齐观社的庄公及纵佚亡身的昭公，焦氏对其均做出了鲜明的批判。另外，这些君王公侯也有刚愎自用、目光短浅的性格特征，如被晋灭国的虞公和被楚扣留的蔡侯。

焦延寿对上述君王公侯的事迹，不只是做简单的复述。在援引时倾注了个人鲜明的爱憎情感，对这些残民害民、违礼非礼、荒淫奢侈的君王公侯，进行了酣畅淋漓的批判和直截了当的遣责，并展示了作者爱民重民的民本思想和知礼守礼的重礼思想。同时，焦氏是以史为鉴，借古讽今。

（三）大夫家臣

如以数量计，《左传》中出现最多的人物当属大夫家臣，他们在春秋时代的舞台上粉墨登场，异常活跃，对贵族家族、诸侯国家乃至整个春秋社会的变化发展都有着巨大影响。本书的大夫家臣是泛指，指各国诸侯之下的卿、大夫、士以及他们的家臣，即陪臣。大夫家臣是相对于前文君王公侯而提出的，相对于后世的文臣武将，因春秋时代文武不分职，如童书业所言，"终春秋之世，未见贵族不能武事者，亦未见文武确实分职之痕迹"[1]，故不用文臣武将一说。

《易林》大量援引《左传》典语，又岂能错过这一批声名显赫的大夫家臣呢？让我们通过《易林》来再次认识这批风云人物，感悟那段动荡历史。为考证及论述方便，暂且将其分为贤臣良相和乱臣贼子两类。

---

① 童书业：《春秋左传研究》，上海人民出版社1980年版，第369页。

1. 贤臣良相

贤臣良相指的是《易林》援引《左传》典故中，涉及各诸侯国家的贤良的臣子们，他们或忠于国家，或爱护民众，或知礼重礼，如：

> 公孙驾骊，载聘东齐，延陵说产，遗季纻衣。（《乾之益》）

延陵即吴公子季札，季亦指季札，季札封于延陵，故号延陵季子。产，子产。林辞引季札与子产交聘结好一事，见《左传·襄公二十九年》：

> 聘于郑，见子产，如旧相识。与之缟带，子产献纻衣焉。

季札淡泊名利，让位于兄长；深谋远虑，知郑国将有难；尊崇礼乐，并以之劝子产："子为政，慎之以礼。不然，郑国将败。"（《左传·襄公二十九年》）难怪司马迁会称赞道："延陵季子之仁心，慕义无穷，见微而知清浊。呜呼，又何其闳览博物君子也！"[1]子产也无愧于季札的知遇之恩，在郑国对内进行改革，励精图治；对外依附晋国，不卑不亢，以民为本，以德治国，才使弱小的郑国能在诸多霸国的夹缝中生存下来。季札和子产应是焦氏眼中臣子最完美的代表，故在《易林》大夫家臣中首先并多次提及。

> 忉忉恒恒，如将不活。黍稷之恩，灵辄以存。（《蒙之损》）

林辞用赵盾食灵辄，后灵辄以身相报一事，见宣公二年：

> 初，宣子田于首山，舍于翳桑，见灵辄饿，问其病。曰："不食三日

---

[1] （汉）司马迁：《史记》（第5册），中华书局1982年版，第1475页。

矣。"食之，舍其半。问之，曰："宦三年矣，未知母之存否，今近焉，请以遗之。"使尽之，而为之箪食与肉，置诸橐以与之。既而与为公介，倒戟以御公徒，而免之。问何故。对曰："翳桑之饿人也。"问其名居，不告而退，遂自亡也。

赵盾也是《左传》极力颂扬的一名贤臣，他忠于国君，当然他的这种忠君之心也与为国爱民相联系，不过却带着更为明显的维护封建制度等级名分的伦理倾向。此林辞主要是表现赵盾仁慈爱民的一面，也正因此而使其幸免于难。

> 叔肸居冤，祁子自邑。乘遽解患，羊舌脱免。赖得生全。（《蹇之乾》）

叔肸、羊舌皆指叔向，名羊舌肸。祁子，祁奚也。栾盈之乱，范宣子杀羊舌虎，因虎兄叔向，后祁奚紧急相救，使之幸免于难。林辞用此典，见《左传·襄公二十一年》：

> 于是祁奚老矣，闻之，乘驲而见宣子，曰"……夫谋而鲜过，惠训不倦者，叔向有焉，社稷之固也。犹将十世宥之，以劝能者。今壹不免其身，以弃社稷，不亦惑乎……若之何其以虎也弃社稷？子为善，谁敢不勉？多杀何为？"宣子说，与之乘，以言诸公而免之。不见叔向而归，叔向亦不告免焉而朝。

林辞展示了祁子忠于社稷、一心爱国，外举不避仇，内举不避亲的高洁品行，这也是焦氏心目中贤臣良相的楷模。

> 设罟捕鱼，反得屠诸。员困竭忠，伍氏夷诛。（《渐之睽》）

员，伍员也，即伍氏。困竭忠，指伍员因竭诚尽忠而受困。夷诛指受吴王诛杀。吴将伐齐时，伍员进谏，吴王不听，后杀之，事见《左传·哀公十一年》：

> 吴将伐齐，越子率其众以朝焉，王及列士，皆有馈赂。吴人皆喜，惟子胥惧，曰："是豢吴也夫！"谏曰："越在我，心腹之疾也。壤地同，而有欲于我……今君易之，将以求大，不亦难乎？"弗听，使于齐，属其子于鲍氏，为王孙氏。反役，王闻之，使赐之属镂以死。

伍员深谋远虑，为国尽忠，竟遇杀身之祸。古今贤臣遭厄者多矣，前有纣王叔比干，后有元帝师萧望之，焦氏此林当是有感而发。

> 折若蔽日，屏遮王目。司马无良，平子没伤。（《蛊之屯》）

平子，鲁季孙意如也。司马指叔孙氏之司马鬷戾。"司马无良，平子没伤"为假设句，是说假如"司马无良"，那就会导致"平子没伤"。林辞用昭公伐平子而鬷戾奋力救之一事，见《左传·昭公二十五年》：

> 九月戊戌，伐季氏……叔孙氏之司马鬷戾言于其众曰："若之何？"莫对。又曰："我，家臣也，不敢知国。凡有季氏与无，于我孰利？"皆曰："无季氏，是无叔孙氏也。"鬷戾曰："然则救诸！"帅徒以往，陷西北隅以入。公徒释甲，执冰而踞。遂逐之。

叔孙家臣鬷戾能从大局着眼，毅然率师救平子，使平子幸免于难，并逐出"世从其失"的昭公。林辞"怨虫烧被，忿怒生祸。褊心作难，意如为乱"（《恒之巽》）及"臣尊主卑，权威日衰。侵夺无光，三家逐公"（《升之巽》）亦指此事。

> 良夫孔姬，负悝登台。柴季不扶，卫辄走逃。（《损之恒》）

良夫乃孔悝之竖子，与孔姬通。孔姬，卫大夫孔圉之妻，生孔悝。柴，卫大夫高柴。季指子路，时为孔悝邑宰。卫辄即卫侯辄。林辞指哀公十五年太子蒯聩之乱：

闰月，良夫与大子入，舍于孔氏之外圃。昏，二人蒙衣而乘，寺人罗御，如孔氏……既食，孔伯姬杖戈而先，大子与五人介，舆豭从之。迫孔悝于厕，强盟之，遂劫以登台。栾宁将饮酒，炙未熟，闻乱，使告季子。召获驾乘车，行爵食炙，奉卫侯辄来奔。季子将入，遇子羔将出（杜预注"子羔，卫大夫高柴，孔子弟子，将出奔"[①]），曰："门已闭矣。"季子曰："吾姑至焉。"子羔曰："弗及，不践其难。"季子曰："食焉，不辟其难。"子羔遂出，子路入。

后子路为救孔悝而被杀，终"结缨而死"。子路身为孔悝家臣，食其禄，担其忧，明知不可为而舍身为之，可谓尽忠矣。子路临死犹道"君子死，冠不免"，可谓知礼矣。

上述林辞所引述的大夫家臣，一般都有一个共同点，"忠"在他们心目中永远是处于第一位的。大夫们都会忠于国家，忠于君王，而家臣们也会对大夫尽职尽责，忠于职守。如赵盾之于晋灵公，"骤谏"不果反招致杀身之祸，但他希望灵公改邪归正、励精图治的忠心永未改变。又如子路之于孔悝，"利其禄，必救其难"是他心目中永不更改的信念，故终于舍身赴难，死而无悔。战国时那些唯利是图的策士如张仪等，地下如遇此等大夫家臣，当汗颜不已。这些大夫家臣还有一共同点，即知礼乐而守之，如吴季札主动与别国交聘结好，于鲁观乐、舞时，一语道出不同乐、舞的本质特征。这些大夫家臣的出现，像颗颗流星划破漆黑的夜空，给那段暗无天日的礼崩乐坏的春秋时代，带来了些许亮色。

① （春秋）左丘明传，（晋）杜预集解：《春秋左传集解》，北京大学出版社1999年版，第1686页。

2. 乱臣贼子

春秋时代，乱臣贼子层出不穷，可谓你方唱罢我登场。《易林》援引了《左传》中的众多乱臣贼子，并剥开了他们的外衣，展示了他们丑陋肮脏的灵魂，如：

> 鼋羹芬香，染指拂裳。口饥打手，公子恨谗。（《蒙之萃》）
> 一指食肉，口无所得。染其鼎鼐，舌馋于腹。（《需之解》；《损之鼎》无"染其鼎鼐"）

公子指子公。上述林辞全用《左传·宣公四年》子公因不得尝鼋羹而作乱弑灵公一事：

> 楚人献鼋于郑灵公。公子宋与子家将见。子公之食指动，以示子家，曰："他日我如此，必尝异味。"及入，宰夫将解鼋，相视而笑。公问之，子家以告，及食大夫鼋，召子公而弗与也。子公怒，染指于鼎，尝之而出。公怒，欲杀子公。子公与子家谋先。子家曰："畜老，犹惮杀之，而况君乎？"反谮子家，子家惧而从之。夏，弑灵公。

子公为泄小愤而作大乱，全然弃君臣名分于不顾，视春秋礼制如儿戏。这样的臣子在春秋时代是大有其人的，又如：

> 适戍失期，患生无知。惧以怀忧，发藏闭塞。邦国骚忧。（《比之大壮》）
> 代戍失期，患至无知。惧以发难，为我开基，邦国忧愁。（《中孚之大有》）

无知，公孙无知也。上述林辞用连称、管至父戍守葵丘期满而无人代之便作乱一事，见《左传·庄公八年》：

> 齐侯使连称、管至父戍葵丘。瓜时而往，曰："及瓜而代。"期戍，公问不至。请代，弗许。故谋作乱。僖公之母弟曰夷仲年，生公孙无知，有宠于僖公，衣服礼秩如适。襄公绌之。二人因之以作乱。

犯上作乱者在春秋时代层出不穷，废君立君者也是代有其人，请看祭仲：

> 团团白日，为月所食。损上毁下，郑昭走出。（《比之萃》；《家人之小畜》"团"作"呆"）
>
> 时凋岁霜，君子疾病。宋女无辜，郑受其殃。（《升之否》）
>
> 祭仲子突，要门逐忽。祸起子商，弟代其兄，郑文不昌。（《既济之鼎》）

郑昭名忽，依尚秉和所言："昭，明也、文也，故曰郑文不昌"[①]，故又指郑文。宋女指厉公母雍姞。祭仲乃郑国大臣。子突即厉公。子商，依尚秉和之说，"宋，子姓，商后，故曰子商"[②]，指宋国。上述林辞均用《左传·桓公十一年》祭仲废昭立厉一事：

> 初，祭封人仲足有宠于庄公，庄公使为卿。为公娶邓曼，生昭公，故祭仲立之。宋雍氏女于郑庄公，曰雍姞，生厉公。雍氏宗有宠于宋庄公，故诱祭仲而执之，曰："不立突，将死。"亦执厉公而求赂焉。祭仲与宋人盟，以厉公归而立之。秋九月丁亥，昭公奔卫。己亥，厉公立。

上述大夫家臣均有一共同点，即他们都敢于随意废君弑君，向君发难。子公

---

① 尚秉和：《焦氏易林注》，中国书店1990年影印版。
② 尚秉和：《焦氏易林注》，中国书店1990年影印版。

因尝不到鼋羹便作乱弑君；连称、管至父因齐侯未遣人替代他们卫戍而举兵作乱；祭仲因苟且偷安随意废君立君。可见当时的宗法制度和君臣观念已经遭受巨大的冲击，君临天下的观念已荡然无存，由于宗法制度的破坏殆尽与权力的逐步下移，各诸侯国中的君臣关系仅仅维持着一个空架子而已。

> 涉伯殉名，弃礼诛身。不得其道，成子奔燕。（《履之无妄》）

涉伯，涉佗也；成子乃成何。林辞用定公八年涉佗、成何与卫侯会盟时对其无礼而分别导致杀身、逃亡之祸一事：

> 晋师将盟卫侯于鄟泽。赵简子曰："群臣谁敢盟卫君者？"涉佗、成何曰："我能盟之。"卫人请执牛耳。成何曰："卫，吾温、原也，焉得视诸侯？"将歃，涉佗捘卫侯之手，及掔。卫侯怒，王孙贾趋进，曰："盟以信礼也。有如卫君，其敢不唯礼是事，而受此盟也。"卫侯……乃叛晋。晋人请改盟，弗许。（《左传·定公八年》）
>
> 晋人讨卫之叛故，曰："由涉佗、成何。"于是执涉佗以求成于卫。卫人不许，晋人遂杀涉佗。成何奔燕。（《左传·定公十年》）

涉佗、成何二人不顾大夫身份，竟与卫侯相盟誓，已失礼违礼。且二人在盟誓时又百般羞辱卫侯，终使卫侯叛晋，给自身带来了灾难。焦氏对这种"弃礼"之徒，作出了尖锐的批判——"不得其道"。

> 尧舜在国，阴阳和得。涿聚衣裳，晋人无殃。（《咸之大壮》）

涿聚指齐大夫颜庚，即颜涿聚。《吕氏春秋·尊师》有云："颜涿聚，梁父大盗也"，后当上齐国大夫。故"涿聚衣裳"一句，如钱世明所言："即穿了士大夫衣裳的大盗，是禽兽衣冠的意思。"①林辞用《左传·哀公二十三年》晋齐之战一事，"壬辰，战于犁丘，齐师败绩，知伯亲禽颜庚"，故焦氏曰"晋人无殃"。一大盗竟能成为齐国大夫，且统军作战，能不败乎？

栾子作殃，伯氏诛伤。州吁奔楚，失其宠光。（《大畜之同人》；《明夷之遁》末句作"去其邑乡"）

栾子指栾书，晋大夫，弑晋厉公。伯氏指伯宗，为三郤谮杀，州犁为其子。林辞用《左传·成公十五年》事：

晋三郤害伯宗，谮而杀之，及栾弗忌。伯州犁奔楚。韩献子曰："郤氏其不免乎！善人，天地之纪也，而骤绝之，不亡何待？"

伯宗忠于社稷，多方直言进谏晋君，后终致杀身之祸。可以看出晋三郤独揽大权、残害忠良、为所欲为的嚣张气焰。

驱羊就群，艮不肯前。庆季谏之，子之被患。（《小过之姤》）

庆季即齐大夫庆封。子之为庆舍，庆封之子。林辞用《左传·襄公二十八年》卢蒲葵发难攻杀庆氏一事：

卢蒲葵、王何卜攻庆氏，示子之兆，曰："或卜攻仇，敢献其兆。"子之曰："克，见血。"冬十月，庆封田于莱……庆嗣闻之，曰："祸将作矣！谓子家："速归！祸作必于尝，归犹可及也。"子家弗听，亦无悛志……十一月乙亥，尝于大公之庙，庆舍莅事……卢蒲葵自后刺子之，王何以戈击之，解其

---

① 钱世明：《易林通说》，华夏出版社1990年版，第12页。

左肩……庆封归，遇告乱者，丁亥……请战，弗许。遂来奔。

卢蒲葵乃庆舍家臣及女婿，置主仆与翁婿关系于不顾，犯上作乱杀死庆舍。庆舍亦是非礼之徒，不避宗亲关系，将女儿嫁于同姓之卢蒲葵，且刚愎自用，终致身亡。庆封作为齐大夫，其罪恶真是罄竹难书，可谓是乱臣贼子的典型。庆封老辣狡猾，于崔氏之乱时乘机夺得崔杼家财，后专权齐国，好田而嗜酒，荒淫而贪婪，刚愎而自负，愚蠢而无知，终于权欲膨胀而招致杀身之祸。

上述乱臣贼子一般都有一个共同点，就是具有强烈显明的权欲、永不满足的贪欲和龌龊下流龊的情欲。权欲的日益膨胀，理性的不断成长，使得这些乱臣贼子已不再信赖任何外在的权威，唯一可以信赖的就是理性自身。争权夺利的权势者深信赋予其权力的，乃是他们心目中无法遇到的权力意志。于是家臣反叛大夫，如卢蒲葵之于庆舍；大夫放逐诸侯，如祭仲之于郑昭。家臣在攫取大夫的权力，大夫又在蚕食诸侯的权力，所有的大夫家臣都在疯狂地追逐权力，又不可避免地在追逐过程中丧失权力，如晋之三郤，齐之庆封，终不免杀身之祸。这就是这段"礼崩乐坏"的历史发展的必然规律。

这种大夫家臣乃至诸侯们对上层领主的僭越乃至攻伐弑杀，究其深层原因，乃是封建制社会的自身特点及宗法制发展的必然结果。春秋时期，诸侯将土地分封给大夫，大夫又通过强取豪夺聚敛了巨额财富，于是建立起军队，开始掌握国家大权，决定国家内政外交。一旦势力膨胀，时机成熟，便可犯上作乱。这正如晁福林所言："春秋后期中原列国卿权实际上已凌驾于君权之上，征伐、会盟等大事已由卿（即大夫）掌管，不像春秋前期那样由国君决断。"[1]家臣们看到了大夫们树立的榜样，于是也纷纷模仿起来，驱逐杀伐大夫。"率土之滨，莫非王臣"的观念早已被丢弃到历史的角落。

春秋时期，天子将土地分封给诸侯，诸侯又分封给大夫，大夫再分封给家臣。大夫相对于家臣来说是大宗，而相对于诸侯，则为小宗，小宗实力强大时便可变

---

① 晁福林：《先秦社会形态研究》，北京师范大学出版社2003年版，第203页。

为大宗，此乃宗法制。随着历史的推进，宗法制必然导致臣下犯上，如童书业所言："至春秋中叶，诸侯政权又渐移入大夫之手，及春秋末年，大夫专政，如鲁国政权且一度落入家臣之手。此其故，'宗法封建制'发展必然之结果也。"①

焦延寿对这批乱臣贼子的揭批，有着深刻的现实原因。西汉中后期，宦官专政，外戚专权，皇权旁落，霍光、弘恭、石显、五鹿充宗、王凤等权倾朝野，为所欲为。例如，霍光在位时大权独揽，霍氏家族更是胆大妄为，其夫人竟然毒杀许皇后，强立其女为皇后，内外呼应，将朝政牢牢地掌控在霍氏一族手中。弘恭、石显、五鹿充宗等人联合把持朝政，残害忠良萧望之等人，后连焦延寿的爱徒京房也惨遭毒手，这怎能不让焦延寿疼心不已，怎能不让焦延寿对这帮乱臣贼子恨之入骨，从而用《左传》中的乱臣贼子们，来比况西汉一朝现实中的奸臣佞吏们。焦氏是以史为镜，影射此等人物，警策后来诸臣。

（四）妃嫔姬妾

《左传》众多的人物形象中，女性形象占据着一定位置，有些形象给人留下了不可磨灭的印象，如淫荡无耻的齐姜，谗佞奸诈的骊姬，天真大胆的蔡女，不拘礼节的徐妹（徐吾犯之妹），等等。《左传》女性形象中多数具有鲜明的个性特征乃至独特的性格魅力，在后世作品中对此多有提及。《易林》中便有三十多条林辞提及《左传》中的女性，尽管涉及的人物寥寥无几，但大多形象鲜明。在此用妃嫔姬妾对这些女性进行总括，也许不够准确，但为求与前文照应，暂且如此。下文就按林辞所引典故涉及的女性人物，进行一番考述。

> 孤竹之墟，老妇亡夫，伤于蒺藜，不见少妻，东郭棠姜，武子以亡。（《乾之夬》）
>
> 鳏寡孤独，禄命苦薄。入宫无妻，武子哀悲。（《坎之升》）

---

① 童书业：《春秋左传研究》，上海人民出版社1980年版，第94页。

东郭棠姜，齐棠公之妻，东郭偃之姊也。武子指崔武子，即崔杼。以上林辞，在字词上有细微差别，但所引之典都是崔氏之乱，事见《左传·襄公二十五年》：

> 齐棠公之妻，东郭偃之姊也。东郭偃臣崔武子。棠公死，偃御武子以吊焉。见棠姜而美之，使偃取之。偃曰："男女辨姓，今君出自丁，臣出自桓，不可。"武子筮之，遇《困》三之《大过》三。史皆曰："吉。"示陈文子，文子曰："夫从风，风陨，妻不可娶也。且其《繇》曰：'困于石，据于蒺藜，入于其宫，不见其妻，凶。'困于石，往不济也。据于蒺藜，所恃伤也。入于其宫，不见其妻，凶，无所归也。"崔子曰："嫠也何害？先夫当之矣。"遂取之。

后来齐庄公与棠姜通奸，屡次去崔杼家中，最后终被崔杼设计弑掉。又《左传·襄公二十七年》：

> 齐崔杼生成及强而寡。娶东郭姜，生明。东郭姜以孤入，曰棠无咎，与东郭偃相崔氏。崔成有病，而废之，而立明。成请老于崔，崔子许之。偃与无咎弗予……成与强怒，将杀之。告庆封……庆封曰："子姑退，吾图之。"告卢蒲嫳。卢蒲嫳曰："彼，君之仇也。天或者将弃彼矣。彼实家乱，子何病焉！崔之薄，庆之厚也。"……九月庚辰，崔成、崔强杀东郭偃、棠无咎于崔氏之朝。崔子怒而出，其众皆逃，求人使驾，不得。使圉人驾，寺人御而出……遂见庆封。庆封……使卢蒲嫳帅甲以攻崔氏……遂灭崔氏，杀成与强，而尽俘其家。其妻缢。嫳复命于崔子，且御而归之。至，则无归矣，乃缢。

崔杼（崔武子）因娶东郭棠姜，而引起了家庭内乱，最终导致身死家亡。焦氏在此将崔杼家亡的原因，归咎于齐棠姜，反映其对女性的偏见及认识上的局限。崔氏身死家亡是因为家庭内乱而后被庆封所利用，并最终被庆封所灭。崔武子之亡，不是亡于棠姜，而是亡于诸侯国内家臣之间的争权夺利。

　　襄送季女，至于荡道。齐子旦夕，留连久处。（《屯之大过》，《中孚之
离》"留"作"流"）

　　秋蛇向穴，不失其节。夫人姜氏，自齐复入。（《豫之兑》）

　　襄，齐襄公。季女、齐子、姜氏，均指齐姜也。上引两条林辞均指齐姜与其
兄齐襄公乱伦之事。怀公三年，"齐侯送姜氏于灌，非礼也"。又桓公十八年，"公
会齐侯于泺，遂及文姜如齐。齐侯通焉"。齐姜丧失人伦，与兄长通奸，并害死了
鲁桓公。焦氏对其批判，和左丘明一样，可谓不遗余力，从林辞出现此典的频率，
便可明显看出。

　　目倾心惑，夏姬在侧。申公颠倒，巫臣乱国。（《随之履》）
　　平国不君，夏氏作乱。乌号窃发，灵公殒命。（《临之晋》）
　　江淮易服，玄黄朱饰。灵公夏征，衰相无极。高位崩巅，失其宠室。
（《大畜之讼》）
　　左指右麾，邪淫侈靡。执节无良，灵君以亡。（《丰之噬嗑》）

　　夏姬，春秋陈国大夫御叔之妻，美极，与陈灵公君臣公开宣淫于朝。申公、
巫臣乃一人，楚庄王之臣。平国、灵公、灵君均指陈灵公，名平国。夏氏指夏姬
之子夏征舒。乌号，古弓名。窃发，暗中发射。余祥下文。上述四条林辞，首条
明言夏姬，是为夏姬之乱。其余三条林辞看似专指陈灵公无良不君，但仍与夏姬
紧密相关，仍然是夏姬之乱的一部分，故将其列在一起综合考述。夏姬之乱，始
于宣公九年，终于成公七年，时间跨度长，波及范围广，具体如下：

　　陈灵公与孔宁、仪行父通于夏姬，皆衷其衵服以戏于朝。（《左传·宣公
九年》）

陈灵公与孔宁、仪行父饮酒于夏氏。公谓行父曰："征舒似女。"对曰："亦似君。"征舒病之。公出，自其厩射而杀之。二子奔楚。（《左传·宣公十年》）

楚之讨陈夏氏也，庄王欲纳夏姬，申公巫臣曰："不可……君其图之！"王乃止。子反欲取之，巫臣曰："是不祥人也……天下多美妇人，何必是？"子反乃止。王以予连尹襄老。襄老死于邲，不获其尸，其子黑要烝焉。巫臣使道焉，曰："归！吾聘女。"……王遣夏姬归……巫臣聘诸郑，郑伯许之。（《左传·成公二年》）

子反欲取夏姬，巫臣止之，遂取以行，子反亦怨之。及共王即位，子重、子反杀巫臣之族子阎、子荡及清尹弗忌及襄老之子黑要，而分其室。（《左传·成公七年》）

这便是夏姬之乱的全过程。如果我们仁慈地说齐姜与其兄襄公之间的乱伦，只是家庭的悲剧，那么，夏姬与陈国君臣之间的公然宣淫，已上升至社会的悲剧了。它是整个上层社会的悲哀，它折射出了春秋时代贵族阶层腐朽没落的灵魂！究其原因，不外乎当时礼乐已经崩废，在思想领域还没有出现一种相对进步的思想来指导或约束人们的行为。人们在思想上处于一种相对真空的状态，致使他们寡廉鲜耻。人人明知夏姬是祸根，太过淫乱，为什么上至楚庄王，下至巫臣、子反等，都争先恐后地想要得到她呢？一方面固然是由于她的天生美貌，另一方面是由于当时特殊的婚姻习俗。春秋时代，贵族女子如夏姬等的再嫁，在时人看来是平淡无奇、司空见惯的事。公卿大夫娶再嫁的女子为妻作妾，是不受指责的，因为他们根本不注重女子的贞节观念。这正如童书业所言："象夏姬这样淫滥的女子，堂堂大国的大夫竟至丢弃了身家去谋娶她，当时也没有什么人批评巫臣的下贱，可见那时人对于女子的贞节观念是怎样的与后世不同了。"[1]

---

① 童书业：《春秋史》，上海古籍出版社2003年版，第76页。

骊姬谗嬉，与二嬖谋。谮杀公子，贼害忠孝。申生以缢，重耳奔逃。（《比之履》；《随之震》"杀"作"我"）

　　稼穑不偏，重适不倾。巧言贼忠，伤我申生。（《升之观》）

　　大斧斫木，谗人败国。东关二五，祸及三子。晋人乱危，怀公出走。（《颐之临》）

　　二嬖，晋献公的外嬖梁五与东关嬖五。三子，晋献公的三个儿子申生、重耳、夷吾。怀公，晋惠公夷吾之子子圉。上述林辞所援之典均为骊姬之乱。具体如下：

　　晋伐骊戎，骊戎男女以骊姬。归生奚齐。其娣生卓子。骊姬嬖，欲立其子，赂外嬖梁五，与东关嬖五，使言于公曰："曲沃，君之宗也。蒲与二屈，君之疆也。不可以无主。宗邑无主则民不威，疆场无主则启戎心。戎之生心，民慢其政，国之患也。若使大子主曲沃，而重耳、夷吾主蒲与屈，则可以威民而惧戎，且旌君伐。"……晋侯说之。夏，使大子居曲沃，重耳居蒲城，夷吾居屈。（《左传·庄公二十八年》）

　　及将立奚齐，既与中大夫成谋，姬谓大子曰："君梦齐姜，必速祭之。"大子祭于曲沃，归胙于公。公田，姬置诸宫六日。公至，毒而献之。公祭之地，地坟。与犬，犬毙。与小臣，小臣亦毙。姬泣曰："贼由大子。"大子奔新城。公杀其傅杜原款……十二月戊申，缢于新城。姬遂谮二公子曰："皆知之。"重耳奔蒲。夷吾奔屈。（《左传·僖公四年》）

　　骊姬具有强烈的权力欲望，为了废掉申生而立自己的儿子奚齐，与二嬖勾结，将三位公子赶出都城，后又设下毒计，害死申生，逼走重耳、夷吾，由此酿成了长达十几年的晋国内乱。焦氏再度将这位野心膨胀、权欲无限、性格凶残、手段毒辣的女性形象展示给读者，可见其对骊姬的谴责是何等深刻。

蔡女荡舟，为国患忧。褒后在侧，屏蔽王目。搔扰六国。（《临之小畜》）

蔡女，齐侯所娶之蔡姬也。荡舟，晃荡小舟以吓唬齐侯，终致齐侯引兵灭蔡。上述林辞所引之典，见于《左传·僖公三年》：

齐侯与蔡姬乘舟于圃，荡公。公惧，变色。禁之，不可。公怒，归之，未绝之也。蔡人嫁之。

第二年齐桓公便率领诸侯大军入侵蔡国，致使蔡国败亡。在此林辞中，焦氏将"蔡女荡舟"作为蔡国灭亡的根本原因。正如前文其将东郭棠姜作为崔氏家亡的原因一样，反映了焦氏对女性的偏见和认识上的局限。其实，齐国攻打蔡国，只是为了和楚国争霸的一个步骤而已。

娶于姜女，驾迎新妇。少齐在门，夫子悦喜。
麒麟凤凰，子孙盛昌。少齐在门，利以合婚。振衣弹冠，贵人大欢。
（《无妄之大壮》）

姜女、少齐，均为齐之少姜，嫁于晋侯且受宠爱。上引林辞均指晋侯娶少姜并宠爱之一事，见《左传·昭公二年》：

夏四月，韩须如齐逆女。齐陈无宇送女，致少姜。少姜有宠于晋侯，晋侯谓之少齐。
顾望登台，意常欲逃。贾辛丑恶，妻不安夫。（《革之未济》）

此典乃指昭公二十八年，魏子为了勉励贾辛，而转述了叔向曾经讲述的一个故事，"昔贾大夫恶，娶妻而美，三年不言不笑"。林辞中妻不安之夫乃贾大夫，非贾辛。《易林》林辞过于繁杂，像这样的小错误也在所难免。

此典及晋侯娶少姜之典，倒没有什么深刻之意，只是单纯地表明占得此林时的吉凶祸福而已，因为《易林》毕竟是占筮之作。很显然，当人们在占卜婚姻问题时，占得前一林辞，当指夫妇恩爱，婚姻幸福；如为后者，说卦者定会说你婚姻不够圆满，夫妇之间不够调和。

　　　言无要约，不成券契。殷叔季姬，公孙争之。强入委禽，不悦我心。（《颐之革》）

殷叔，徐吾犯也。季姬，徐吾犯之小妹。公孙指公孙黑。委禽指送聘礼。此条林辞之典乃指公孙黑强聘徐吾犯之妹一事，见《左传·昭公元年》：

　　　郑徐吾犯之妹美，公孙楚聘之矣，公孙黑又使强委禽焉。

后来徐吾犯没法子，只好听从子产之言，让妹妹自由择胥。徐妹妹最终还是选择了有大丈夫气概的公孙楚。焦氏对公孙黑的这种以势压人、强人所难的霸道行径，还是持批判态度的。从上述林辞所援的典故中，也可看出春秋时代婚姻制度的某些特征。正如童书业所言："在这件故事里，我们看出当时女儿是可以自由选择丈夫的，她们眼光中标准丈夫是要纠纠武夫的样子的。"[1]

朱自清说道："三传特别注重《春秋》的劝惩作用；征实与否，倒在其次。"[2]那么，焦延寿援引《左传》中有关女性形象的典故，目的还是在于劝惩。焦氏不惜用数十条林辞来援引这些典故，同一典故如崔氏之乱甚至出现六次，其意图是明确的。从崔氏之乱、齐姜乱伦、夏姬之乱、骊姬之乱、蔡女乱国这些典故中，可以看得出焦氏的思想倾向——妇人乱国。其实只要联系当时的社会现实，对西汉中前期的历史做一番考察，便不难理解焦氏为什么会有这种思想倾向。

---

　　①童书业：《春秋史》，上海古籍出版社2003年版，第74页。
　　②朱自清：《经典常谈》，上海古籍出版社1999年版，第37页。

汉高祖之吕皇后，在刘邦死后，先是毒杀了赵隐王如意，后又残害刘邦之爱姬戚夫人，手段之凶残，令人发指："太后遂断戚夫人手足，去眼熏耳，饮瘖药，使居鞠域中，命曰'人彘'。"（《汉书·外戚传》）骊姬的凶残，如和吕后相比也会黯然失色。试问西汉以前又有哪位女性会如此丧失人性、惨无人道？吕后专权八年，诸吕权重一时，几乎使汉朝易姓，幸赖陈平、刘章等诛杀产、禄，力挽狂澜，才保住刘氏天下。武帝元光五年因陈皇后巫蛊事而诛杀了三百余人。宣帝霍皇后之母显，先是指使女医淳于衍毒杀了许皇后（元帝母），后又指使霍皇后毒杀元帝，幸赖"保阿辄先尝之"，才使元帝幸免于难。"后杀许后事颇泄，显遂与诸壻昆弟谋反，发觉，皆诛灭。"（《汉书·外戚传》）

历史往往有着惊人的相似。春秋时代的一幕幕，在西汉中前期又重新上演了。当然，故事的主角还是妃嫔姬妾们。焦氏主观上为了阻止相似悲剧的一再重演，于是便将《左传》中的妃嫔姬妾们一一请进《易林》来，劝善惩恶，辨明是非，为后世树立了一面明镜，希望后人能以史为鉴，继往开来。

二、盟战类

春秋时代，会盟、征战在各国之间的政治、外交活动中占据了极重的分量。某一大国在征伐别国之前，为了获得他国的支持或"义战"的名分，就有必要来一次会盟；各国之间为了相互支援，保存实力也需要会盟，如成公十二年的第一次宋之盟，"凡晋楚无相加戎，好恶同之，同恤菑危，备救凶患。若有害楚，则晋伐之，在晋，楚亦如之"。战败之国为了保全社稷也得要会盟，如僖公四年的召陵之盟。战争在春秋时代更是常事，整个《左传》几乎就是一部春秋战争史。它深刻而又全面地反映了春秋时代的五百多起战争，"《左传》对当时各种战争反映之全面，以及对各次重大战争描述之详尽，是历史上其他史书所不能企及的"[1]。《易林》援引《左传》典语如此之多，会盟征战类当在其中，下文即详加考述。

---

① 郭丹：《左传漫谈》，台湾顶渊文化事业有限公司1997年版，第109页。

正阳之央，甲氏以亡。祸及留吁，烟灭为墟。（《同人之萃》）

正阳之央，尚秉和曰："春正，故曰'正阳'，央，中也，言正月之中也。"[①]甲氏、留吁皆为赤狄的分支。此林所引之典源自《左传·宣公十六年》，"春，晋士会帅师灭赤狄甲氏及留吁、铎辰。"

羊惊马走，上下挥扰。鼓音不绝，顷公奔败。（《豫之复》；《明夷之节》"羊"作"牛""挥"作"浑"）

顷公指齐顷公。此典出自《左传·成公二年》的晋齐鞍之战：

癸酉，师陈于鞍……郤克伤于矢，流血及屦，未绝鼓音……左并辔，右援枹而鼓，马逸不能止，师从之。齐师败绩。

穆违百里，使孟厉武。将师袭战，败于殽右。（《随之复》）

赢氏违良，使孟寻兵。老师不已，败于齐卿。（《蹇之离》）

寻兵争强，失其贞良，败我殽乡。（《艮之益》）

穆、赢氏，均指秦穆公；齐卿，尚秉和释为诸卿。"失其贞良"，指秦被俘的三员大将百里孟明视、西乞术、白乙丙。上述三条林辞所引之典均指秦晋殽之战，事见《左传》：

杞子自郑使告于秦，曰："郑人使我掌其北门之管，若潜师以来，国可得也。"穆公访诸蹇叔，蹇叔曰："劳师以袭远，非所闻也。师劳力竭，远主备之，无乃不可乎！师之所为，郑必知之。勤而无所，必有悖心。且行千里，其谁不知？"公辞焉。（《左传·僖公三十二年》）

① 尚秉和：《焦氏易林注》，中国书店1990年影印版。

夏四月辛巳，败秦师于殽，获百里孟明视、西乞术、白乙丙以归。(《左传·僖公三十三年》)

黄池之盟，吴晋争强。勾践为患，夷国不安。(《观之泰》)

此林之典指吴晋于黄池会盟，后越王勾践乘机攻入吴国，致使吴国不安。事见哀公十三年：

夏，公会单平公、晋定公、吴夫差于黄池。六月丙子，越子伐吴……七月辛丑盟，吴、晋争先。吴人曰："于周室，我为长。"晋人曰："于姬姓，我为伯。"

秉钺执殳，挑战先驱。不从元帅，败破为忧。(《大过之讼》)

先縠彘季，反谋桓子，不从元帅，遂行挑战，为荆所败。(《困之恒》)

上述两条林辞所援之典悉指晋楚邲之战。彘季即先縠彘子，元帅即桓子荀林父。事见《左传·宣公十二年》：

十二年春，楚子围郑……夏六月，晋师救郑……及河，闻郑既及楚平，桓子欲还……彘子曰："不可。晋所以霸，师武臣力也。今失诸侯，不可谓力。有敌而不从，不可谓武。由我失霸，不如死。且成师以出，闻敌强而退，非夫也。命为军师，而卒以非夫，唯群子能，我弗为也。"以中军佐济。

后韩献子指责荀林父道："彘子以偏师陷，子罪大矣。子为元帅，师不用命，谁之罪也？"于是荀林父挥师过河，结果被楚军战败于邲。

葵丘之盟，晋献会行。见太宰辞，复为还舆。(《艮之萃》)

晋献，晋献公也。会行，刚要出行去会盟。太宰指宰孔。还舆指调车返还。此林之典乃指《左传·僖公九年》的葵丘之盟：

齐侯盟诸侯于葵丘，曰："凡我同盟之人，既盟之后，言归于好。"宰孔先归，遇晋侯曰："可无会也。齐侯不务德而勤远略，故北伐山戎，南伐楚，西为此会也。东略之不知，西则否矣。其在乱乎。君务靖乱，无勤于行。"晋侯乃还。

秦晋大国，更相克贼。获惠质圉，郑被其咎。（《旅之兑》）

惠，指晋惠公，圉为太子子圉。郑指庆郑，晋大夫。此林之典出自僖公十五年的秦晋韩原之战，事见《左传·僖公十五年》：

九月，晋侯逆秦师……壬戌，战于韩原，晋戎马还泞而止。公号庆郑。庆郑曰："愎谏违卜，固败是求，又何逃焉？"遂去之……郑以救公误之，遂失秦伯。秦获晋侯以归……十一月，晋侯归。丁丑，杀庆郑而后。

夏，晋大子圉为质于秦，秦归河东而妻之。（《左传·僖公十七年》）
矢石所射，襄公列据。吴子巢门，伤病不治。（《巽之鼎》）
疮痍多病，宋公危殆。吴子门巢，陨命失所。（《兑之蛊》）

上述两条林辞有两个典故，前一句均为僖公二十二年的宋楚泓之战，襄公、宋公，均指宋襄公。列，病也；后一句为襄公二十五年的吴楚巢之战：

十二月，吴子诸樊伐楚，以报舟师之役。门于巢。巢牛臣曰："吴王勇而轻，若启之，将亲门。我获射之，必殪。是君也死，强其少安！"从之。吴子门焉，牛臣隐于短墙以射之，卒。

《易林》中援引战争的典故，相对而言较少，从中也可看出焦氏对战争的看法和态度。焦氏对秦穆公的贪图郑国、刚愎自用，还是做出了批判的。对于作战中，将领不听令于元帅而擅作主张，焦氏是决不赞成的。为此，他在林辞中两次提及巇子，以提醒后人。焦氏应该是反对战争、反对争霸的。焦氏没有在林辞中颂扬春秋五霸中某位霸主的丰功伟绩，林辞中也找不到他为霸主高唱赞歌的痕迹。相反，看到的是争霸战争带来的灾难，"烟灭为墟""夷国不安"等林辞便是明证。

《左传》中具有崇霸思想，因为那时的争霸战争对社会和历史都有着积极作用。诸侯为了争霸，都普遍重视贤才，如齐桓公之于管仲，士的阶层的影响力日益增强，为社会结构的变革注入了活力。同时，霸权迭兴加速了地区性统一的步伐，并进而为整个中国的统一创造了有利条件。总之，春秋时代的会盟、争霸，加强了各国的交流，促进了民族的融合，推动了历史的发展。但这已成历史，焦氏生活之时代，国家早已统一，但战争仍在继续。汉高祖时便有燕王荼、淮南王布、陈豨等的谋反；文帝又与匈奴征战；景帝时又有吴、楚、齐、赵等王的谋反；武帝时战争连年，烽火不熄，东征朝鲜、高丽，西讨匈奴、大宛，动辄发兵数十万人，死亡兵民亦是成千上万。诚如钱穆所言："汉武穷兵黩武，敝中国以事四夷，计其所得，若不偿于所失。"[1]昭帝时也是征伐不断。始元五年秋，"大鸿胪广明、军正王平击益州，斩首、捕虏三万余人，获畜产五万余头"（《汉书·昭帝纪》）。元凤三年冬，"辽东乌桓反，以中郎将范明友为度辽将军，将北边七郡，郡二千骑击之"（《汉书·昭帝纪》）。宣帝时还与匈奴征战不休，本始二年，"匈奴数侵边……凡五将军，兵十五万骑，校尉常惠持节护乌孙兵，咸击匈奴"（《汉书·宣帝纪》）。

战争首先导致大量士卒的死亡，例如，"孝昭承奢侈余敝，师旅之后，海内虚耗，户口减半"（《汉书·昭帝纪》）。黄仁宇曾列举数字说明了当时战争的惨烈："每一次典型的战役有10万骑兵参加。支援的步兵及后勤部队又多出数倍，所以每次用兵，以牵涉到50万人为常态。……公元前99年的战役，中国方面之死亡率达60%~70%，很少生还。公元前119年的战役，汉军虽获胜，但是14万马匹出塞，不到3万南归。"[2]为了备战，西汉政府不得不增加百姓赋税，"其时人民有算赋……又有口赋……又有赀算……其往来傜戍者，道中衣装悉自备，汉民负担之

第二节 《易林》援引《左传》典语考论

127

---

① 钱穆：《秦汉史》，生活·读书·新知三联书店2004年版，第203页。
② 黄仁宇：《中国大历史》，生活·读书·新知三联书店1997年版，第46—47页。

重，盖前此所未有也"①。林辞"赋敛重数，政为民贼。杼轴空尽，家去其室"（《否之丰》《晋之复》）便是最好的例证。战争还破坏了社会生产，消耗了国民财富，"屈力中原，内虚于家。百姓之费，十去其六；公家之费……十去其七"（《孙子兵法·作战篇》）。同时，战争给人民带来了无尽的灾难，如《易林》林辞"甲兵当庭，万物不生"（《小畜之蹇》）、"倚锋据戟，伤我胸臆，耗折不息"（《坎之蒙》）等所述。这一切，焦氏定当一清二楚，于是他的反战思想的产生也就顺理成章了，林辞"折锋载殳，舆马放休。狩军依营，天下安宁"（《蒙之恒》）不就是最好的明证吗？

三、灾异类

焦延寿在《易林》中援引《左传》典语、畅谈灾异之说，确为不争的事实。灾异之说，就是以自然灾害和某些异常的自然现象来推断人事的吉凶休咎、政治得失成败、国家的兴衰存亡的一种远古的神秘的学说。《左传》中有不少篇幅谈到了怪力乱神、灾异祥瑞，一方面真实地反映了当时的社会实情，另一方面也反映了当时人们的思想状况，确如童书业所言："遇到有事时，便是鬼神的幸运临头了……尤其是水旱等灾荒，鬼神更被看成救主。"②春秋时代，由于生产力水平低下，人类认识自然的能力远远不足，对自然界中的一些特殊现象无法理解，于是便视为灾异，并且详细加以记录或过分渲染夸张，使其具有了神话色彩，所以杨伯峻曾评《左传》"好言神鬼怪异之事"③。另一方面，由于统治者在某些时候要用这些灾异来麻痹和欺骗普通民众，以便于他们统治的稳固和长久，也促使了灾异之说的盛行。他们"利用当时天文学和医学等方面的成果，以及当时科学尚不能解释的现象，利用了他们的政治斗争的经验和动荡不安的社会局面，宣扬自然变异是有意志的天在赏善罚恶"④。

---

① 柳诒徵：《中国文化史》，上海古籍出版社2001年版，第346页。
② 童书业：《春秋史》，上海古籍出版社2003年版，第117页。
③ 杨伯峻：《春秋左传注》，中华书局1981年版，第1046页。
④ 任继愈：《中国哲学史》，人民出版社1973年版，第27页。

焦延寿受业于易学大师孟喜，又传道于易学名家京房，而据《汉书·艺文志》所载，孟喜著有《灾异孟氏京房》六十六篇及其他著作，可见孟喜亦说灾异。那么，焦氏在《易林》中叙述春秋祥瑞，援引《左氏》灾异，当属正常且入情入理。班固曾明确评价焦氏道："其说长于灾变，分六十四卦，更直日用事，以风雨寒温为候，各有占验。"（《汉书·京房传》）焦延寿的弟子京房乃是汉代最负盛名的易学大师，他最善于用阴阳灾异来推论政事，并以之来上疏进谏，上斥昏君、下刺奸佞。古人为学严守师法，焦氏之学上承孟喜、下传京房，亦当深通灾异之说，诚如葛兆光所言："孟喜、焦延寿、京房的易学即所谓'象数之学'就是候阴阳灾变书。"[1]下文所列举且考述的数十条林辞便是焦延寿说灾异之明证。

> 缨急缩颈，行不得前。五石示象，襄霸不成。（《大壮之观》）
> 鹢飞中退，举事不遂，宋人乱溃。（《乾之兑》）
> 六鹢退飞，为襄毁祥。陈师合战，左股夷伤。遂崩不起，霸功不成。（《寨之蛊》；"遂崩不起"在《困之坤》《旅之革》中作"遂以薨崩"）
> 鹢飞中退，举事不遂。且守仁德，犹恐失坠。（《解之噬嗑》）
> 退飞见祥，伤败毁坠。守小失大，功名不遂。（《革之遁》）
> 羽翮病伤，无以为强。宋公德薄，败于水泓。（《革之涣》）

上述二至六条林辞只是字句上稍有不同，所引之典和首条林辞一致，均出自《左传·僖公十六年》：

> 十六年春，陨石于宋五，陨星也。六鹢退飞过宋都，风也。周内史叔兴聘于宋，宋襄公问焉，曰："是何祥也？吉凶焉在？"对曰："今兹鲁多大丧，明年齐有乱，君将得诸侯而不终。"退而告人曰："君失问。是阴阳之事，非吉凶所生也。吉凶由人，吾不敢逆君故也。"

---

① 葛兆光：《中国思想史》，复旦大学出版社2001年版，第284页。

"襄霸不成""败于水泓"等指僖公二十二年的宋楚泓之战，前文有考。

  龙斗时门，失理伤贤，内畔外贼，则生祸难。（《坤之节》）
  龙斗时门，失理伤贤。内畔生贼，自为心疾。（《遁之明夷》）

此林所援之典出于昭公十九年，"郑大水，龙斗于时门之外洧渊。国人请为禜焉"。

  乌鹊嘻嘻，天火将起。燔我室屋，灾及妃后。（《屯之晋》）
  有鸟来飞，集于宫树。鸣声可恶，主将出去。（《屯之夬》）
  鸟鸣庭中，以戒凶灾。重门击柝，备忧暴君。（《大过之涣》；"鸟鸣""凶灾"在《旅之困》中作"鸦噪""灾凶"）

室屋指宋大庙，妃后指宋伯姬。上述林辞所引之典均出自《左传·襄公三十年》：

  或叫于宋大庙，曰："譆，譆！出出！"鸟鸣于亳社，如曰："譆譆。"甲午，宋大灾。宋伯姬卒，待姆也。
  腾蛇乘龙，年岁饥凶，民食草蓬。（《比之颐》；《豫之颐》"年岁"作"宋郑"）

此林之典出自《左传·襄公二十八年》特殊的自然现象：

  二十八年春，无冰。梓慎曰："今兹宋、郑其饥乎？岁在星纪，而淫于玄枵，以有时灾，阴不堪阳。蛇乘龙。龙，宋、郑之星也，宋、郑必饥。玄枵，虚中也。枵，耗名也。土虚而民耗，不饥何为？"
  大蛇巨鱼，战于国郊。上下济塞，卫侯庐漕。（《噬嗑之讼》）

巨蛇大鳅，战于国郊。上下隔塞，主君走逃。（《剥之艮》）

　　大蛇巨鱼，相搏于郊。君臣隔塞，戴公庐漕。（《归妹之坎》；《未济之既济》"戴公"作"卫侯"）

　　上述林辞中有两个典故，前一句指《左传·庄公十四年》"初，内蛇与外蛇斗于郑南门中，内蛇死"；后一句指《左传·闵公二年》的狄人伐卫一事。卫侯即戴公，主君指懿公，曹即漕之误。引文如下：

　　冬十二月，狄人伐卫。卫懿公好鹤，鹤有乘轩者。将战，国人受甲者皆曰："使鹤，鹤实有禄位，余焉能战！"……及狄人战于荥泽，卫师败绩，遂灭卫。卫侯不去其旗，是以甚败……及败，宋桓公逆诸河，宵济。卫之遗民男女七百有三十人，益之以共、滕之民为五千人，立戴公以庐于曹。

　　高阜山陵，陂陁颠崩。为国妖祥，元后以薨。（《旅之姤》）

　　此林之典源于僖公十四年，"秋八月辛卯，沙鹿崩。晋卜偃曰：'期年将有大咎，几亡国。'"杨伯峻于其下注曰："卜偃之言验于晋惠公韩原之役，而《汉书·五行志》以为验于二十四年之晋怀公被杀于高粱。"

　　从上文林辞所引典故中，就可以看出《易林》具有鲜明的灾异思想。灾异思想可谓由来已久，早在殷商时便产生的天人观念可以说是灾异思想的源头。在奴隶社会，最大的奴隶主被称为"天子"，意即上天之子。上天乃万物之主宰，是人们意识中的全能之神。当天子或其臣子们做出一些违反社会道德规范之举，给百姓带来苦难时，上天往往会降下灾异，垂象警世。相反，当天子统治有方、国泰民安时，上天则会降下祥瑞，示以赞赏。这便是天人观念。春秋时代天人观念、灾异思想相当盛行。庄公十四年，申繻答郑厉公的一番话便是一证："妖由人兴也。人无衅焉，妖不自作。人弃常，则妖兴，故有妖。"妖，即是指一些灾异，如前文之斗龙、鸣鸟、大蛇、巨鱼等。到了战国时代，灾异思想仍在流传，《中庸》中便有言："国家将兴，必有祯祥；国家将亡，必有妖孽。"

两汉当是灾异思想鼎盛的时代，如论功劳，当首先归之于董仲舒。董在其《春秋繁露》中大肆宣扬天人观念及灾异思想，如"三画而连其中，谓之王。三画者，天地与人也。而连其中者，通其道也。取天地与人之中以为贵而参通之，非王者孰能当是"。又如"人主以好恶喜怒变习俗，而天以暖清寒暑化草木，喜怒时而当，则岁美；不时而妄，则岁恶"。在这里，人主成了沟通上天神灵和凡间百姓的唯一纽带，习俗的好坏、社会的治乱，都和人主的好恶喜怒一脉相连。人主好恶喜怒不当，上天定将降下灾异。

与焦延寿约同时代的刘向，又将灾异思想发扬光大，直接用灾异来批判时政，上谏人主，下斥奸佞。如"前弘恭奏望之等狱决，三月，地大震。恭移病出，后复视事，天阴雨雪。由是言之，地动殆为恭等"（《汉书·刘向传》）。又如"和气致祥，乖气致异；祥多者国安，异众者国危，天地常经，古今之通义也"（《汉书·刘向传》）。

焦延寿的灾异思想当对董、刘二人在此方面的既得成果有所吸收，同时又加以创新。焦氏将西汉中后期腐败黑暗的政治与不同程度的灾异联系起来，政治黑暗才会导致灾异出现，二者成因果关系。这就不同于董仲舒等人以灾异来预言政治变化、警示人主万民。正如陈良运所言："焦延寿……运用《周易》变卦之法，揭示政治与灾异的因果关系，将政治置于第一位，政治的好坏关系灾异的大小有无；而政治'浊''虐''苛''乱'，又有昏君和奸佞之因。这样形成西汉中叶独特的'浊政'——'灾异'因果关系说。"[1]焦氏直接用这种灾异新说来干预朝政，使之成为与昏君佞臣做斗争的论辩依据和锐利武器，具有强烈的现实意义。

---

① 陈良运：《焦氏易林诗学阐释》，百花洲文艺出版社2000年版，第545页。

第三节　《易林》援引《左传》典语的特点及原因

《易林》大量援引《左传》典语，前文已作详尽的考证，并试着探讨了作者援引《左传》典语的目的和用意。焦延寿或借古讽今，以林辞为谏书，规劝当朝统治者；或对历史人物做出个人独特的品评；或以历史史实为媒介，抒发自己的喜怒哀乐之情。

一、《易林》援引《左传》典语的特点

焦氏对《左传》典语的援引，并不是随心所欲、毫无讲究的，而是经过作者的苦心经营、有为而作的。这其中自有其深刻的背景和特殊的原因。这样，就使得作者在援引《左传》典语时，具有鲜明的特点。概括起来有以下四点：

（一）用典与时代的紧密切合

焦延寿一生经历了西汉王朝由极盛后走向衰落的昭、宣、元三个朝代，目睹了汉朝腐败衰退的历史现实，特别是元帝在位的十六年，奸佞当道，忠贤路塞，政治黑暗，国危民怨，兵革四起，灾异不断。连元帝自己也不得不承认："元元大困，流散道路，盗贼并兴。有司又长残贼，失牧民之术。是皆朕之不明，政有所亏。咎至于此，朕甚自耻"，"暴猛之俗弥长，和睦之道日衰，百姓愁苦，靡所错躬"（《汉书·元帝纪》）。诗人对黑暗的社会现实深恶痛绝，对苦难的黎民百姓

深表忧虑。于是《左传》中的典语在作者的精心安排下纷至沓来，作者或影射当权者的荒淫腐朽，或侧击执政官的迂腐无能，或景仰儒生们的慷慨救国，或怜悯老百姓的深重苦难，或同情士兵们的生离死别。总之，焦延寿充分利用《左传》典语，展示了忧国忧时、关怀天下的博大心声。

对昏君浊政的暴露和谴责，是《易林》一书的重中之重。昭、宣、元帝三君在位时都无雄才霸略，大汉帝国日趋衰落。元帝更是有失君道，沉湎声乐，不理朝政，将大权托于石显，导致奸佞当道，忠贤路塞，明显有失礼制。于是，《易林》中有了"陈鱼观社，艮荒踰距。为民开绪，亡其祖考"（《大壮之涣》）。我们从失礼的鲁隐公、鲁庄公身上能否看出汉元帝的身影？昭帝驾崩之后，霍光所立之昌邑王刘贺，是一个典型的无道之君，"既立，即位，行淫乱"（《汉书·霍光传》）。荒淫无度的刘敞即位后将昌邑官属皆征至长安，肆意擢升。且与近臣饮酒作乐，胡作非为，故臣相杨敞奏书有言道"荒淫迷惑，失帝王礼谊，乱汉制度"（《汉书·霍光传》）。林辞"楚灵暴虐，罢及民力。祸起乾溪，弃疾作毒。扶伏奔逃，身死亥室"（《需之泰》）及"彭生为豕，白虎作灾。盗尧衣裳，桀跖荷兵。青禽照夜，三日夷伤"（《比之蒙》）中的楚灵王和齐襄公，不就是对刘贺的影射吗？"团团白日，为月所食。损上毁下，郑昭走出"（《比之萃》）中的佞臣祭仲及"驱羊就群，艮不肯前。庆季谏之，子之被患"（《小过之姤》）中的奸邪庆季等，独揽大权，一手遮天。"栾子作殃，伯氏诛伤。州吁奔楚，失其宠光"（《大畜之同人》）中的三郤把持朝政，残害忠良。作者举出《左传》中的这些奸邪，明显地可以看出，是影射和侧击当朝的宦官、外戚。元帝在位时，宦官石显深受宠信，权倾朝野，大行邪道，残害忠良。"显为人巧慧可事，能探得人主微旨，内深贼，持诡辩以中伤人，忤恨睚眦，辄被以危法"（《汉书·奸佞传》）。当时，正直之臣如萧望之、周堪、刘更生（刘向）等与之进行了激烈的斗争，结果"望之自杀，堪、更生废锢，不得复进用"（《汉书·奸佞传》）。其后又一批大臣如张猛、京房、陈咸、贾捐之等不畏强权，继续与之作斗争。不幸的是，"房、捐之弃市，猛自杀于公车，咸抵罪"（《汉书·奸佞传》）。京房乃焦延寿高徒，在与石显等宦官作斗争中献身，而焦延寿并没有被吓倒，他依然敢于用这些主旨鲜明的林辞来影射侧击石显等人，从中也可看出，焦延寿在《易林》中援引《左传》的典语与当时的时代现实是紧密切合的。

焦延寿只是在地方上担任一个小小的九品芝麻官——小黄县令，是无权干涉朝政，也没机会参政议政，他只好尽心尽力做好自己的分内之事，将小黄县治理得井井有条，使百姓安居乐业。但是，整个国家的日趋衰败，朝廷纲领的日渐废弛，宦官外戚的飞扬跋扈，贤良忠臣的相继惨死，天下百姓的水深火热，这一切都让儒家出身的焦延寿五内俱焚、身心憔悴。于是，作为文人的焦延寿所能做的就是将《左传》典语，化为首首林辞，敲醒昏聩的统治者昏睡已久的身心。

（二）用典与变卦的丝丝入扣

尚秉和认为，"凡《易林》之辞，无一字不从象生，且无一象不本之于《易》。"[①] "无一字不从象生"或许有待考证，但《易林》的林辞与象的确有着千丝万缕的联系，许多林辞均由象所生。这里的象指每一林中变卦之象，而这些象，来源广泛，如尚秉和所言，"及印证既久，始知《易林》之象，尽本于《易》，或本于《左传》《国语》"[②]。可见《左传》对《易林》影响之深刻。通过分析《易林》中所援引《左传》典语与变卦卦象之间的关系，亦可说明问题，亦可见它们之间的紧密联系。今略举数例，如《大畜之否》的林辞为"麟凤执获，英雄失职。自卫反鲁，猥昧不起。福禄讫己"，言孔子返鲁后不被哀公重用，仁政思想不能实现，君臣不合，天下从此分崩离析，禄福不再。而林辞和变卦《否》卦的思想是一致的。《否》卦卦辞为："否，否之匪人，不利，君于贞；大往小来。"高亨解释道："否，闭也，塞也。匪读为非。此君子指天子诸侯大夫……卦辞言：君子不用贤人，贬斥贤人，闭贤人使不通，是否之非其人也。否之非其人，对于君子不利，因贤能之官吏去，庸劣之官吏来，则政乱而国危矣。"[③]林辞与高亨的话是何其相似，而二者又都和春秋末年孔子之遭遇及鲁国之现实完全吻合。

---

① 尚秉和：《焦氏易林注》，中国书店1990年影印版。
② 尚秉和：《焦氏易林注》，中国书店1990年影印版。
③ 高亨：《周易大传今注》，齐鲁书社1979年版，第154—155页。

《渐之睽》林辞为："设罟捕鱼，反得屠诸。员困竭忠，伍氏夷诛。"伍员尽忠进谏却惨遭吴王杀戮，是为君臣心志不一，乖背睽违，与变卦《睽》卦之义完全吻合。《睽》卦，如黄寿祺所言，"象征乖背睽违"[1]。睽，《说文》释谓"目不相听"，《序卦传》谓："乖也。"又如高亨所言，"本卦（指《睽》卦）所以明《睽》者，睽之义为乖离，本卦之卦象是物与物相乖离，人与人相乖离"[2]。伍氏被诛，正因为其君臣之间乖离所致。

《涣之蛊》曰："独宿憎夜，嫫母畏昼。平王逐建，荆子忧惧。"楚平王之所以要驱逐并杀害太子建，是因为他被奸佞费无极所蛊惑，这与本林变卦《蛊》卦是何其吻合。蛊，《说文》释道"腹中虫也"，《序卦传》曰"蛊者，事也"。故蛊可引申为蛊害、蛊惑、蛊乱等意思。《蛊》卦，正如黄寿祺、张善文所言，"象征拯弊治乱"[3]。正因为先有弊乱，而后方可拯治之。

上文所举之例均有一特点，即所援引《左传》之典语，与变卦卦意是一致的。作者援引典语，从正面来说明阐发变卦。但是，在作者所援引之典语中，亦不乏从反面来解说诠释变卦的例子。

"陈鱼观社，艮荒踰距。为民开绪，亡其祖考"乃《大壮之涣》林林辞，作者以此揭露和讽刺鲁隐公、庄公违礼、弃礼，失君之道。而本林变卦《涣》卦讲的恰恰是君王推行德治，遵循礼制，教化于民的问题。《涣》卦卦象是上卦《巽》为风，下卦《坎》为水，故《象》曰："风行水上，涣。"梁海明释其象征意义道，"一是风行水上，推波鼓浪，水流顺畅，好比君王德教行于天下，不可阻挡；二是以风比道德教化，水比大众，风行水上就是用统治阶级的思想、道德去教育大众，统一人心。"[4]而隐、庄二公所作所为，与《涣》卦主旨大相径庭，乖背违离。

"骊姬谗嬉，与二嬖谋。潜杀公子，贼害忠孝。申生以缢，重耳奔逃"和"目倾心惑，夏姬在侧。申公颠倒，巫臣乱国"，分别是《比之履》与《随之履》两林的林辞。一林叙说骊姬之乱，骊姬凶残狠毒，潜杀太子申生，逼走重耳、夷吾；

①黄寿祺、张善文：《周易译注》，上海古籍出版社2001年版，第309页。
②高亨：《周易大传今注》，齐鲁书社1979年版，第335页。
③黄寿祺、张善文：《周易译注》，上海古籍出版社2001年版，第159页。
④梁海明：《易经译注》，山西古籍出版社1999年版，第184页。

一林讲述夏姬之乱，申公巫臣为夏姬心思用尽，却终致家亡族丧。骊姬、巫臣所为明显违背道德良知，弃礼于不顾，而作者却偏偏将他（她）们纳入到两林相同之变卦——《履》卦，是有着深刻的反讽意味的。履，《尔雅·释言》道："履，礼也。"有践履不可违礼之意。《周易本义》曰："履，有所蹑而进之义也。"[①]孔颖达则曰："君子法此《履》卦之象，以分辨上下尊卑，以定正民之志意，使尊卑有序也。"[②]尚秉和也道："礼莫大于辩上下，定尊卑。卦上天下泽，尊卑判然。人之行履，莫大于是。"[③]高亨亦云："君子观此卦象及卦名，从而制礼明礼，以分别上下之地位，限定人民之志愿，使人民不存非分之想。"[④]《履》卦《象》曰："上天下泽，履；君子以辩上下，定民志。"黄寿祺、张善文先生译道："上是天下是泽（尊卑有别），象征（循礼）'小心行走'；君子因此辨别上下名分，端正百姓循礼的意志。"[⑤]以上历代易学名家对《履》卦的诠释是何其明白深刻。《履》卦之旨即要求人们分辨上下，区别尊卑，循礼行事，而骊姬、巫臣所作所为于之完全相反，弃礼行事。作者是以此二人作为反例来警策后人，同时也深刻反映了作者的重礼思想。类似之林辞尚有许多，限于篇幅，不再一一列举。

（三）个人感情的澎湃流淌

焦延寿是个感情丰富的文人，他担任小黄县令之时，因"爱养吏民，化行县中"，故当其该升迁时，"三老官属上书留赣"（《汉书·京房传》），可见焦延寿是发自肺腑地爱护百姓，诚心诚意地牧养吏民。当昏君在位、庸主执政时，他唱出了"陈鱼观社，艮荒踰距。为民开绪，亡其祖考"（《大壮之涣》）。当宦官当权、外戚秉政时，他写下了"团团白日，为月所食。损上毁下，郑昭走出"（《比之萃》）。焦氏用林辞对他们进行了辛辣的嘲讽和深刻的揭批，可见其爱国之情的诚挚深切。焦延寿这种爱民爱国思想，在援引《左传》典语中也表现得酣畅淋漓。

① （宋）朱熹：《周易本义》，上海古籍出版社1987年影印版，第13页。
② （唐）孔颖达：《周易正义》，中华书局影印十三经注疏本1979年影印版。
③ 尚秉和：《周易尚氏学》，中华书局1980年版，第71页。
④ 高亨：《周易大传今注》，齐鲁书社1979年版，第141页。
⑤ 黄寿祺、张善文：《周易译注》，上海古籍出版社2001年版，第98页。

孔子乃至圣先贤，备受后代儒生及众人敬仰，焦延寿在林辞中多方表达了他对圣人的崇敬仰慕之情。在《讼之同人》《豫之大有》《革之震》等林中称其为"元圣"，元，《说文》释为"始也"，即第一位的意思，可见焦延寿是把孔子当成心目中第一位圣人。在《坎之否》林中称其人为"仁圣"，称其言为"雅言"。在《睽之恒》《归妹之夬》中称其德为"明德"。焦延寿对孔子的顶礼膜拜之情在上述林辞中显露无遗。这正好说明了焦延寿为什么深深地爱民崇礼。孔子乃儒家学派的创始人，其思想核心即是一个"仁"字，仁者爱人，"己欲立而立人，己欲达而达人"（《论语·雍也》）。焦延寿深受儒家思想的影响，吸收了儒家思想的真谛，并能将其切实贯彻到现实生活当中去。

对于骊姬之乱的主角骊姬，作者毫不隐藏地流露出憎恶痛恨之情。在《比之履》《随之震》等林中斥其"谗"，斥其"潜杀恭子"，"贼害忠孝"；在《颐之临》直接称其为"谗人"并斥其"败国"。可见作者对其憎恨之情是多么深切。对于和兄长齐襄公多次通奸的文姜，在焦延寿心目中，她是连畜生——蛇——都比不上的"秋蛇向穴，不失其节。"蛇都可以不失其节守，而文姜却一而再、再而三地失节，因为"夫人姜氏，自齐复入"（《豫之兑》）。

作者对一些昏聩的君王公侯的痛恨之情也是溢于言表的。如对昏庸无道、残害百姓的楚灵王，作者在《需之泰》中直接斥其为"暴虐"。对于潜杀兄长而得以策立为王的卫惠公子朔，作者在《比之恒》《明夷之大畜》中用"逆理"一词便揭发了他的一切丑行。鲁隐公、庄公两人大失为君之道，一去棠观鱼，一如齐观社，焦延寿在《大壮之涣》中毫不含糊地指责二人"艮荒蹦矩"。

对于一些乱臣贼子，作者亦是痛快淋漓地进行揭批。对于犯上作乱的晋国三郤，作者在《乾之小过》中便直呼其为"三害"。对于随意废立国君的祭仲，作者在《比之萃》《师之损》《家人之小畜》等林中痛骂其"损上毁下"。类似的例子就不再多举了。总之，作者在援引《左传》典语时并非冷漠生硬、毫无感情地照搬照抄，而是在其中倾注了一番心血和满腔热情。我们在阅读《易林》林辞时，处处可以感受到焦延寿一腔热血的汹涌沸腾，喜怒爱恨的自然展现，满怀激情的澎湃流淌。

（四）同一典语的重复出现

《左传》中的同一典语，在《易林》不同林中经常重复出现，出现的次数少至两次，多达七次，各不相等。其例亦不胜枚举，如卫惠公被驱逐一事便同时见于《比之恒》和《明夷之大畜》，而僖公二十二年六鹢退飞一事竟同时存于《乾之兑》《蹇之蛊》《解之噬嗑》《困之坤》《革之遁》《革之涣》《旅之萃》等七条林辞中。究其原因有两点：一是因为某些林的变卦是同一卦，而《易林》在援引《左传》典语时，又和变卦丝丝入扣，故不同林出现了相同的典语。如《恒之巽》"怨虿烧被，忿怒生祸。褊心作难，意如为乱"，与《升之巽》"臣尊主卑，权威日衰。侵夺无光，三家逐公"（《升之巽》），均援引季氏驱逐鲁昭公一事；《损之恒》与《渐之恒》"良夫孔姬，负悝登台。柴季不扶，卫辄走逃"，均援卫太子蒯聩作乱逼走卫侯一事。

二是因为《易林》用象之复杂性所致。《易林》用象纷繁复杂，林忠军曾就《易林》用象一事论述道："就象而言，它使用了覆象、旁通、互体、半象等，并包含了六十四卦之象、《说卦》之象、荀氏九家逸象、《左传》易象、孟氏易象等。"[1]各林尽管卦名不一样，但因为采用了不同的用象方法，所以能得出同样的象，故而出现了同样的林辞或典语。如《泰之恒》和《豫之坤》，林辞均为"蔡侯适楚，留连江滨。踰日历月，思其后君"。前者变卦《恒》卦，下卦《巽》卦为蔡，上卦《震》卦为楚，下互卦《乾》为江河、为日、为君，上互卦《坎》象征"陷"的意思，故曰"流连"；《坎》为水，故曰"江滨"。下互卦《艮》为时候，《坎》又为月、为思，上卦《震》为君。[2]因两林卦象相同，故而得出了同样的林辞，即同样的典语。

---

① 林忠军：《象数周易演义》，齐鲁书社1994年版，第73页。
② 参见尚秉和：《焦氏易林注》，中国书店1990年影印版。

二、《易林》援引《左传》典语的原因

上文归纳出了《易林》在援引《左传》典语时所具有的四个特点。行文至此，不禁想到一个问题：《易林》在某些思想倾向和易学思维方面，与《左传》紧密契合，且《易林》大量援引《左传》典语，可见《左传》对《易林》是有着深刻的影响。先秦典籍浩如烟海；经史诸子，灿如繁星，而焦延寿为何对《左传》情有独钟呢？《易林》援引《左传》的可能原因又有哪些呢？

（一）思想倾向的合拍

正如曹道衡先生所言："《左传》中富有民本思想。……书中特别强调'礼'的作用。"[①]故《左传》一书所反映的思想，主要为民本思想和重礼思想，而这些思想正是儒学思想中一脉相承的优秀传统。《左传》乃是左丘明依《春秋》经而作，所反映的思想，基本上和孔子的思想相吻合。孔子讲"仁"，左氏讲"民本"；孔子宣扬"克己复礼"，左氏推重礼教制度。刘歆早就认为："左丘明好恶与圣人同，亲见夫子。"（《汉书·刘歆传》）《论语·公冶长》也曾明确记载道："子曰：'巧言，令色，足恭，左丘明耻之，丘亦耻之。匿怨而友其人，左丘明耻之，丘亦耻之。'"而焦延寿也曾饱读诗书，"赣贫贱，以好学得幸梁王，王供其资用，令极意学"（《汉书·京房传》）。焦延寿所学当为儒家思想文化，因当时业已罢黜百家，独尊儒术。焦延寿大约生活在宣、元、成帝时代，彼时正直西汉中后期，君权旁落，外戚和宦官专权，黑暗腐朽的社会现实，百姓生活的穷愁潦倒；社会纲纪的破坏殆尽，这一切在无形中促使焦氏接受了儒学思想的优秀传统——民本思想和重礼思想，这些思想倾向在《易林》中有着淋漓尽致的体现。

儒学自孔子创立后便有了一套独立的价值系统，即人伦。孟子曾概括为"五伦"，即"父子有亲，君臣有义，夫妇有别，长幼有序，朋友有信"（《孟子·滕

---

① 曹道衡：《春秋和三传说略》，全国古籍整理出版规划领导小组编《经史说略》，北京燕山出版社2002年版，第164—166页。

文公章句》）。汉儒又概括为"三纲五常"，即君臣、父子、夫妇和仁、义、礼、智、信。儒家又具有入世精神，注重社会和人事，以修身齐家治国平天下为毕生的追求目标，并为之奋斗不已。儒学的这套价值系统和出世精神，完全被焦延寿接纳吸收并运用于《易林》中。如焦延寿在所援引典语中对乱臣贼子的揭露批判，对无道之君的声声痛斥，对有失妇道的妃嫔姬妾们的深恶痛绝，对至圣先贤的高歌颂扬，都足以说明焦延寿是深受儒学思想影响的。

（二）文学色彩的影响

《左传》乃儒家经典，也可称为史家巨著，但后人亦把他当成文学作品来欣赏品味。《左传》具有极高的文学价值，古今学人对此有着共识。唐人刘知几说道："左氏之叙事也，述行师则薄领盈视，咙聒沸腾；论备火则区分在目，修饬峻整；言胜捷则收获都尽，记奔败则拔靡横前；申盟誓则慷慨有余，称谲诈则欺诬可见。"（《史通·杂说上》）这段文字是在赞美《左传》叙写战争和盟誓方面所具有的高超的文学色彩。焦延寿不可能忽视或漠视《左传》叙写战争和盟誓的文学价值，故而在《易林》中大量援引《左传》盟战方面的典语，再现了那段波澜壮阔的历史画卷。

《左传》叙事中还有大量卜筮和灾祥的记载，作者在曲折地反映先民对自身、自然及社会的感性认识的同时，也极具叙事的趣味性。书中对各种卜筮、灾祥、物兆、梦呓的记载数不胜数，如鹢退飞、蛇相斗等。正因如此，范甯批评《左传》为"其失也巫"（《春秋穀梁传序》）。从历史角度看，左氏记下了众多他理解或不理解的事情发展的偶然因素，反映了那一时代人们的认识能力所能达到的程度。但从文学角度看，这些卜筮灾祥记录，穿插在历史的叙述中，从而增加了历史事件的神秘性和新奇性，也使得某些本来枯燥的历史事件，一下子变得饶有趣味。同时，作者对这些卜筮灾祥的描绘，"极大地增强了《左传》的文学性，增加了作为文学作品给人的审美感受与愉悦，因此更富艺术魅力"①。焦延寿在《易林》中众多地方援引了《左传》中的灾祥事件，形成了所谓"灾异类"林辞，也是要借助这些卜筮灾祥记录的文学性、神秘性和奇趣性，以便吸引更多的读者。

朱自清曾经感叹道："《左传》不但是史学的权威，也是文学的权威。"②《左传》的文学成就，还充分体现在众多成功的人物形象的塑造上。君王如齐桓、晋文，妃嫔如骊姬、夏姬，大夫如赵盾、叔向，奸邪如子公、庆季。这些人物无不形象鲜明，血肉丰满，因为左丘明是满怀情感来塑造这些历史人物的，而不是对他们进行刻板无情的记录。而优秀的人物形象总是能够跨越时间的长河，不断感染、持续打动人们的心灵，而且会历久弥新。千年百纪之后的今人，不还是对齐桓晋文津津乐道；不照样对骊姬文姜嗤之以鼻。《左传》的文学色彩还体现在其所记载人物的大量引诗、赋诗中，据清人赵翼《陔余丛考》统计，《左传》援引《诗经》中的诗句达217条之多。这些诗句使得《左传》具有流动的诗韵美和朦胧的意境美，也使人感受到《左传》中的浓浓的诗的氛围。焦延寿作《易林》，本来就是将其视为诗的，"作此哀诗，以告孔忧"（《大有之贲》）。可见，《左传》的文学性、抒情性必然也深深影响了焦延寿，正如黄寿祺先生所言："学者欲得词条文律者，不可不取足于《左氏》矣。"③

（三）古文经学的兴起

在汉武帝册立五经博士时，《左传》尽管未能立于学官，但它凭借自身的崇高的思想倾向和优秀的文学价值，在西汉中后期便开始兴盛起来，且其在民间广为传诵，深受欢迎。《左传》的传承，在《汉书·儒林传》中有详细的记载，此不赘述。其时，上至北平侯张苍、京兆尹张敞，下至刘向家族妇孺童仆，皆研习之。桓谭《新论》记载道："刘子政（向）、子骏（歆）、子骏兄弟伯玉，俱是通人，尤重《左氏》，教授子孙，下至妇女，无不读诵。"王充也曾说道："刘子政玩弄《左

① 郭丹：《左传国策研究》，人民文学出版社2004年版，第114页。
② 朱自清：《经典常谈》，上海古籍出版社1999年版，第39页。
③ 黄寿祺著，黄高宪校注：《群经要略》，华东师范大学出版社2000年版，第145页。

氏》，童仆妻子皆呻吟之。"（《论衡·案书篇》）

　　西汉中叶，以董仲舒《春秋公羊传》为代表的今文经学的弊端逐渐显露，其为封建统治张目的"天人合一"的神学理论，随着时代的发展，日趋显露出荒诞不经的缺陷。于是，古文经学家力图找到一种新的更趋合理的理论来为皇家统治服务。所以，"《春秋左氏传》成为古文经学的核心经传就是这种时代与政治的产物"①。《左传》是古文经学里的优秀代表，它的兴起，标志着古文经学的同期崛起。如陈苏镇所言："与今文经学相比，以《左氏》学为核心的古文经学在复原古代礼制方面有明显的优势。"②古文经学特别注重礼制，正如王葆玹所言："古文经学家所真正关系的乃是礼学的研讨与礼的建设。"③贾逵早就认为《左氏》"皆君臣之正义，父子之纪纲"，"《左氏》义深于君父，《公羊》多任于权变"，"《左氏》崇君父，卑臣子，强干弱枝，劝善戒恶"（《后汉书·贾逵传》）。而这一切和焦延寿所具有的儒家思想全然吻合，故而焦延寿在《易林》中多方面多角度援引了《左传》典语，真实而又详尽地展示了他对礼制的尊崇。例如："伯夷叔齐，贞廉之师。以德防患，忧祸不存。"（《节之益》）古文经学作为一股不可遏制的文化潜流，在西汉中后期开始浮出水面，并逐渐成汹涌澎湃之势。而古文经学的思潮也开始在当时的学界兴起，深深影响了西汉中后期的正直的士子文人们，他们的言行著作，无不被深深地打下古文经学的烙印。焦延寿可谓是这批正直士子文人的典范，故而其在《易林》中大量援引《左传》典语，也就顺理成章了。

（四）时代特征的共鸣

　　焦氏生活于西汉中后期，此时君权旁落，宦官执政，外戚秉权，政治黑暗，礼乐不行。盛极一时的大汉王朝已日薄西山，一统天下的儒家思想，也不能遏制宦官外戚们内心深处卑污的念头。西汉宣、元帝时宦官佞臣石显、弘恭、牢

---

① 刘松来：《两汉经学与中国文学》，百花洲文艺出版社2001年版，第227页。
② 陈苏镇：《汉代政治与〈春秋〉学》，中国广播电视出版社2001年版，第366页。
③ 王葆玹：《今古文经学新论》，中国社会科学出版社1997年版，第135页。

梁、五鹿充宗等先后把持朝政，外戚豪族霍光、王凤等执掌大权，他们甚至可以随心所欲地废立皇帝，可见当时的礼制早已被破坏殆尽，名分等级更是荡然无存。对权欲的无限渴求，已让这些人彻底出卖了脆弱的灵魂。刘向、萧望之、京房（焦延寿学生）等一大批正直朝臣纷纷受其迫害，或罢官、或自杀、或弃市。礼乐文明，早已被遗弃在历史的某个阴暗的角落。而春秋时代也是君权旁落，诸侯僭越君权，而大夫家臣又把持了诸侯的政权，且"弑君三十六，亡国五十二"（《史记·太史公自序》），可谓真正礼崩乐坏的时代。所以孔子为警戒后世，始修《春秋》，微言大义，惩恶扬善，"笔则笔，削则削，子夏之徒不能赞一辞"（《史记·孔子世家》）。因而，"《春秋》之义行，则天下乱臣贼子惧焉"（《史记·孔子世家》）。而《左传》乃能解经之作，如陈苏镇所言，"是对孔子《春秋》之道的阐释"①，是尊崇君父，贬低臣子，弱枝强干，惩恶扬善。而在西汉中后期，行此《春秋》之道，挽救日趋衰败的社会政治，净化日益颓废的风气习俗，是何其必要，又何其紧迫。时代特征上的共鸣，使得焦延寿不假思索地从《左传》取材，援引典语，来揭露和批判腐朽的西汉中后期的黑暗的社会现实。焦延寿在野，其弟子京房在朝，二者遥相呼应，一用林辞旁敲侧击，含蓄蕴藉，一用谏书直抒胸臆，慷慨激昂，皆与宦官外戚们进行了顽强不屈的斗争。正因为如此，今天我们仍能感受到焦延寿的那颗穿越历史的仁者之心，生生不息，跳动不已。

---

① 陈苏镇：《汉代政治与〈春秋〉学》，中国广播电视出版社2001年版，第366页。

第三章

"盖事虽《易》，其辞则《诗》"

——《易林》的文学价值研究

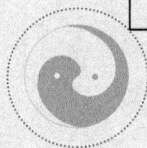

绪　言

　　《易林》不但具有易学价值、史学价值，同时还具有极高的文学价值。闻一多
曾提出独到的论断："除乐府、古诗外，汉代还有着两部非文学的文学杰作，一部
分在《史记》里，另一部分在《易林》里。"①闻一多慧眼独具，遴选出《易林》
林辞一百二十四首（部分非整首林辞），汇编为《易林琼枝》并纳入到其《中国文
学史讲稿》中。闻一多认为："《易林》是诗，它的四言韵语的形式是诗；它的
'知周乎万物'的内容尤其是诗。"②闻一多还对《易林》的易学本质及其文学价值
有着精辟而简练的概括："盖事虽《易》，其辞则《诗》。"③

---

① 闻一多：《闻一多全集》（第10册），湖北人民出版社1993年版，第61页。
② 闻一多：《闻一多全集》（第10册），湖北人民出版社1993年版，第61页。
③ 闻一多：《闻一多全集》（第10册），湖北人民出版社1993年版，第65页。

第一节 "术数短书得与于风雅之林"
——《易林》文学价值的发掘过程

　　《易林》一书的原始性质，确如钱锺书所言："《易林》之作，为占卜也。"[①]
但是，因为《易林》采用四言韵语，运用比兴手法，精于属辞比事，善用纷繁意
象，终于使其能够厕身文学之林，如钱锺书所言："术数短书得与于风雅之林。"[②]
《易林》文学价值的发掘是个漫长的过程，经历了从不被认可到获得认可，从人们
的正眼相待到青眼有加，从只言片语的评论赞赏到数十万字的诗学阐释，前前后
后长达一千多年。

　　较早发现《易林》文学价值的是唐朝的王俞，其在《易林》序中说道：

　　大凡变化象数，莫逃乎《易》。唯人之情伪最为难知。筮者尚占，忧者与
处。赣明且哲，乃留其术。俞岩耕东鄙，自前困蒙，客有枉驾蓬庐，以焦辞
数轴出示。俞尝读班史列传，及历代名臣谱系、诸家杂说之文，盛称自夫子
授《易》于商瞿，仅余十辈；延寿传经于孟喜，固是同时。当西汉元、成之
间，凌夷厥政。先生乃或出或处，辄以《易》道上干梁王，遂为郡察举，诏
补小黄令。而邑中隐伏之事，皆预知其情。得以宠异蒙迁秩，亦卒于官次。
所著《大易通变》，其卦总四千九十六题，事本弥纶，同归简易。辞假出补经
史，其意合于神明。但斋洁精专，举无不中。而言近意远，易识难详。不可

---

① 钱锺书：《管锥编》，中华书局1986年版，第539页。
② 钱锺书：《管锥编》，中华书局1986年版，第535页。

渎蒙以为辞费。后之好事知君行者，则子云之书为不朽类！①

在这篇序中，王俞介绍了焦延寿的易学传承、生平、著作等，并且看到了《易林》潜在的文学价值，如"辞假出补经史"，"言近意远，易识难详"。王俞对《易林》文学价值的认识尚处于萌芽状态，但对后世开发《易林》文学价值工作奠定了基础，从而拉开了发掘《易林》文学价值的序幕。

到了宋朝，黄伯思对《易林》各种版本进行了校勘，并对《易林》做出了评价：

> 承议郎行秘书省校书郎臣黄某所校雠中，焦延寿《易林》定著十六篇。篇中或字误以快为决，以羊为年，如此者众，校雠已定……延寿所著虽卜筮之书，出于阴阳家流，然当西汉中叶，去三代未远，文辞淡雅，颇有可观。谨第录上。②

黄伯思对《易林》的传播做出了很多的贡献，校订了不同版本之间的文字舛错，并肯定了《易林》作者为西汉中叶的焦延寿，同时给予《易林》较高的评价，"文辞淡雅，颇有可观"。

南宋时期，私家目录盛行，如晁公武之《郡斋读书志》、陈振孙《直斋书录解题》、尤袤《遂初堂书目》皆闻名于世，令人欣慰的是，晁公武之《郡斋读书志》和陈振孙《直斋书录解题》均对《易林》有所著录，并给予《易林》文学价值较高的评价。

> 《焦氏易林》十六卷。
> 右汉天水焦赣延寿传《易》于孟喜，行事见《儒林传》中，此其所著书也。费直题其前曰："六十四卦变。"又唐王俞序。其书每卦变六十四，总四

① （唐）王俞：《周易变卦·序》，学津讨原本。
② 参见《丛书集成初编》本《焦氏易林》前所附黄伯思《校定焦赣易林序》一文。

第一节　『术数短书得与于风雅之林』——《易林》文学价值的发掘过程

149

千九十六首，皆为韵语，与《左氏传》所载"凤皇于飞，和鸣锵锵"，《汉书》所载"大横庚庚，予为天王"之语绝相类，岂古之卜者，各有此等书耶？①

此著录载于晁公武《郡斋读书志》卷一《易类》中，再看陈振孙的《直斋书录解题》对《易林》的著录情况：

> 《易林》十六卷。
>
> 汉小黄令梁焦延寿赣撰。又名《大易通变》。唐会昌丙寅越五云溪王俞序。凡四千九十六卦，其辞假出于经史，其意雅通于神祇。盖一卦可以变六十四也。旧见沙随程迥所记，南渡诸人以《易林》筮国事，多奇验。求之累年，宝庆丁亥始得之莆田。皆韵语古雅，颇类《左氏》所载《繇辞》。或时援引古事，间尝筮之，亦验。颇恨多脱误。嘉熙庚子从湖守王寺丞侑借本两相校，十得八九。其中亦多重复，或诸卦数爻共一繇，莫可考也。②

晁公武、陈振孙二人均将《易林》视为占卜著作，但他们同时都发现了《易林》绝对不同于一般的占卜书，因为《易林》文辞"皆为韵语"，"皆韵语古雅"，具有文学价值，且"时援引古事"，具有很高的文献价值。

南宋时期薛季宣也对《易林》进行了校勘，不仅正其文字舛误，还给予《易林》很高的评价：

> 知人见事未可以明经学士视之，《易林》近古占书，既自可尚，缀辞引类，尤尔雅可喜。尚其辞者于汉氏西京文字，又可忽诸？③

① （宋）晁公武撰，孙猛校证：《郡斋读书志校证》，上海古籍出版社1990年版，第10—11页。
② （宋）陈振孙：《直斋书录解题》，上海古籍出版社1987年版，第374—375页。
③ （宋）薛季宣：《浪语集》，文渊阁四库全书本。

薛季宣已经认识到《易林》文辞的艺术美感和文学价值了，"缀辞引类，尤尔雅可喜"。作为"西京文字"的《易林》，其语言艺术所展示出的文学价值确实不可忽视，"这种近乎文学审美的发现，无疑比唐代王俞要深入了一步"①。

有明一代，《易林》在文学价值方面逐步受到学界的高度重视，并掀起了一股研究的高潮，成了《易林》研究史上的一个转捩点，"有明中叶，谈艺之士予以拂拭，文彩始彰，名誉大起"②。而在明代掀起这股潮流的首创者是杨慎：

> 《焦氏易林》，西京文辞也。辞皆古韵，与《毛诗》《楚辞》偕音相合。或似诗，或似乐府童谣，观者但以占卜书视之，过矣。如"夹河为昏，期至无船，摇心失望，不见所欢"，如"三骊负衡，南取芝香，秋兰芬馥，利我少姜"……其辞古雅，魏晋以后诗人莫及。且其辞，古之文人亦多用之："六目睽睽"，韩文祖之曰"万目睽睽"；"九雁列阵"，王勃滕王阁序用之；"酒为欢伯"，"白云如带"，"穴蚁封户，天将大雨"，唐诗多用之。③

杨慎可谓是从文学角度给予《易林》极高评价的第一人，指出了《易林》"辞皆古韵"，"或似诗，或似乐府童谣"，且指出《易林》用语古雅，多为后世文人所采纳，且举出了众多例子证实了这一点。

姜恩在嘉靖四年（1526）刊刻了两卷本的《焦氏易林》，并写下一篇跋文《序焦氏易林后》，曰：

> 焦氏易林演六十四卦为四千九十六卦，而辞变象占皆具，其意精而深，其文简而古。④

① 刘银昌：《盖事虽〈易〉，其辞则诗—＜焦氏易林＞文学研究》，陕西师范大学2006年博士学位论文。

② 钱锺书：《管锥编》，中华书局1986年版，第535页。

③（宋）杨慎：《升庵全集·卷五十三》，万有文库本。

④ 转引自朱彝尊：《经义考·卷六》，光绪丁酉浙江书局刊本。

继姜恩之后，王世贞也给予《易林》文学价值较高的评价：

> 延寿《易林》、伯阳《参同》，虽以数术为书，要之皆四言之懿，《三百》
> 遗法耳。①

语出王世贞《艺苑卮言》卷二。王世贞对《易林》毫无偏见，认为其是四言诗的精品，《诗三百》的继承者，他甚至还要求冯惟纳在《古诗纪》中补录《易林》："冯汝言纂取古诗，自穹古以至陈隋，无所不采，且人传其略，可谓词家之苦心，艺苑之功人矣。然远则延寿《易林》《山海经图赞》，近而周兴嗣《千文》，皆在所遗，恐当补录。"②

于慎行也和前文所举明朝诸人一样，在其所著《谷山笔麈》卷七中对《易林》的文学价值做出了公允的评价：

> 予读《焦氏易林》，其词古奥尔雅而指趣深博，有《六经》之遗，非汉以下文字。然世徒以为占卜之书，学士弗诵也。③

继杨慎摘录《易林》林辞入其著作《丹铅馀录》后，竟陵派诗人钟惺、谭元春编选《古诗归》时也甄别选录了五十三首《易林》林辞并偶有评点，将其纳入"汉诗一派"：

> 焦延寿用韵语作易占，盖仿古繇辞，如"凤皇于飞，和鸣锵锵"之类也。其语似谶，似谣，似评，似隐，似寓，似脱，异想幽情，深文急响，取其灵警奇奥，可纯乎四言者，以存汉诗一派……《易林》以理数立书，文非所重。

---

① （明）王世贞：《艺苑卮言》，丁福保主编《历代诗话续编·中》，中华书局1983年版，第976页。

② （明）王世贞：《艺苑卮言》，丁福保主编《历代诗话续编·中》，中华书局1983年版，第1067页。

③ （明）于慎行：《谷山笔麈》，中华书局1984年版，第71页。

然其笔力之高，笔意之妙，有数十百言所不能尽者，而藏裹回翔于一字一句之中，宽然有余者，其锻炼精简，未可谓无意为文也。①

钟惺、谭元春完全认识到了《易林》的文学价值，并对《易林》文辞构思的精妙，语言的简练等，给予了极高的赞颂，并将《易林》视为"汉诗一派"。竟陵派诗人对《易林》的评价可谓高屋建瓴，"明确地界定了《易林》在汉代诗坛乃至在整个中国文学史上的地位，可谓功不可没"②，从而扩大了《易林》在文学领域的影响。自此以后，文人学士们开始接受、认可《易林》，并将其视为诗歌。

继竟陵派诗人之后，清代学人对《易林》的文学价值亦有所发挥，但已难出其右。费锡璜在其《汉诗总说》中教导后人道：

> 读汉诗须读汉文汉赋，会通其意，始渐有解处。淮南、史、汉、太玄、易林、诸书，不可不读，而《楚辞》尤为汉诗祖祢。③

费锡璜对《易林》的认可度不能说不高，将其放在了与《史记》《汉书》等并列的位置，并充分肯定了《易林》与汉诗的关系以及对汉诗的影响，所以他还说道："《易林》奇古，亦汉四言韵语，因有专书，故不录。"④

最后，让我们来看一看另一位清人郑珍，其跋《易林》曰：

> 观其文奇谲光怪，景纯优为之，然朴质自然，非汉魏人不能也。⑤

---

① （明）钟惺、谭元春：《古诗归》，续修四库全书。

② 刘银昌：《盖事虽〈易〉，其辞则诗—＜焦氏易林＞文学研究》，陕西师范大学2006年博士学位论文。

③ （清）费锡璜：《汉诗总说》，王夫之等撰《清诗话》，上海古籍出版社1999年版，第945页。

④ （清）费锡璜：《汉诗总说》，王夫之等撰《清诗话》，上海古籍出版社1999年版，第948页。

⑤ 黄云眉：《古今伪书考补证》，山东人民出版社1969年版，第15页。

自唐武宗会昌六年（846）王俞在《周易变卦序》中首倡《易林》文学价值始，直至清代郑珍（1806—1864）止，前后长达千年，士林艺苑，代有其人，不停地发掘《易林》的文学价值。直至当今，终于使《易林》的文学价值灿然行于世，绽放其光芒。

20世纪以来，在发掘《易林》文学价值方面做出卓越贡献的三位学者分别是闻一多、钱锺书、陈良运。闻一多慧眼识珠，选辑《易林》林辞一百二十多首，题作《易林琼枝》，置于《乐府诗笺》和《唐诗大宗》之间。钱锺书对《易林》的文学价值大力开掘，在《管锥编》中立《焦氏易林》专题，论述了《乾》《坤》至《未济》等三十林。他还说道："卜筮之道不行，《易林》失其要用，转籍文词之末节，得以不废，如毛本傅皮而存，然虎豹之鞟、狐貉之裘，皮之得完，反赖于毛。"[1]

其实，对于20世纪的《易林》文学研究，赵敏俐先生在《20世纪汉代诗歌研究综述》一文中，曾对《易林》文学价值给予认可，并对20世纪的《易林》文学研究做出概述：

> 在汉代诗歌中，《焦氏易林》是一部很特殊的书，它本是一部据《周易》而作的占卜书，却全用四言诗的形式写出，所以也可以说是一部特殊的四言诗歌集。这部书长久以来不被人重视，尤其是研究诗歌的人更不重视。在上个世纪中，最早从文学角度对其进行评价的人是闻一多，其后，钱锺书在《管锥编》中将《焦氏易林》列为一大专题，论述了《乾》《坤》等三十"林"，涉及作品数百篇。2000年，陈良运出版了《焦氏易林诗学阐释》一书……它的出版，也显示了当代学人在汉代诗歌研究领域的拓展及其深度，是值得重视的一件事。[2]

---

① 钱锺书：《管锥编》，中华书局1986年版，第539页。
② 赵敏俐：《周汉诗歌综论》，学苑出版社2002年版，第435页。

第二节 "文辞淡雅，颇有可观"
——《易林》文学价值的具体体现

在诗歌不甚发达之西汉——"诗思最消歇的一个时代"[1]，作为一部经学别传、衍易注易之作，《易林》的文学色彩能得到横跨千年、众多学者的一致好评，说明了《易林》的文学价值确有其独到之处。就连对《易林》评价甚低的某些学人也不得不承认："的确，如'烈分雨雪，遮逼我前'，'春生桃花，季女宜家'之类的句子或全章，直比国风、小雅。"[2]其实，焦延寿在某种程度上也是将《易林》当成诗歌来看待的，林辞《大有之贲》"楚乌逢矢，不可久放。离居无群，意昧精丧。作此哀诗，以告孔忧"便是最好的例证。《易林》的文学价值主要体现在以下几方面。

一、熔"立象"与"比兴"为一炉

《易林》既是一部象数易学巨著，又是一部四言韵语诗集，其中能作为诗篇看待的林辞，善于炼字、炼句、炼意，富于浓郁的抒情色彩，且其构思立意具象可感、耐人寻味，其"立象"和比兴的艺术手法更是令人赞叹不已。"立象"语出《周易·系辞上》："圣人立象以尽意，设卦以尽情伪，系辞焉以尽其言。变而通之以尽利，鼓之舞之以尽神。"立象，简而言之即从自然界人类社会中取出各种意象

155

---

① 郑振铎：《中国俗文学史》，作家出版社1954年版，第46页。
② 钱世明：《易林通说》，华夏出版社1990年版，第3页。

以阐明渊深的易理。"比兴"乃《诗经》惯用手法，学人尽知，无须多言。《易林》"盖事虽《易》，其辞则《诗》"①，从《周易》和《诗经》中大量援引典语，同时也继承了《周易》立象和《诗经》比兴之艺术手法，并将两者很好地熔为一炉，自铸新词。闻一多在谈到《易林》艺术手法时也提及这一点：

> 神秘的语言——比兴。
>
> 《系辞》上："圣人有以见天下之赜，而拟诸其形容，象其物宜，是故谓之象。"
>
> ……后人以卦画为象，又以卦名为象，其实皆非。象者，以事物种种变相寓吉凶之辞句也。
>
> ……
>
> 手段——"易象"。
>
> 天机不可泄露。谈言微中。暗示。比喻imagery。
>
> 以生物比人——以无知识的比有知识。
>
> 人格化——personification——全个宇宙皆有知识有感情了。②

《易林》林辞确实善于立象，不但完全继承《周易》卦象，还能够发挥《周易》逸象，更能够通过变卦衍生出新的易象。当我们将这些林辞当成诗篇来欣赏时，这些易象便成了诗歌中的意象。焦延寿在《易林》中描绘了众多鲜明可感的形象，创造了丰富多彩的意象，且能将这些意象巧妙无痕地组合起来，形成了曼妙动人的诗歌意境。前文已经有所涉及，今再举数例：

> 千雀万鸠，与鹞为仇。威势不敌，虽众无益，为鹰所击。(《无妄之明夷》)
>
> 兔聚东郭，众犬俱猎。围缺不成，无所能获。(《蹇之坤》)

---

① 闻一多：《闻一多全集》(第10册)，湖北人民出版社1993年版，第65页。
② 闻一多：《闻一多全集》(第10册)，湖北人民出版社1993年版，第62—63页。

虎狼结集，相聚为保。伺啮牛羊，道绝不通。病我商人。（《大畜之复》）

第一首林辞中，焦延寿采用了大量的禽鸟意象，为我们展示了一幅惊心动魄的鹰捕雀鸠图。整首诗诗境是紧张刺激、扣人心弦的，但作者不慌不忙，让这些禽鸟意象逐个登场：你看那空中有成千上万个雀啊鸠啊的一起自由欢快地飞翔着，他们人多势众，应该能安然无恙吧，可惜他们时运不济，突然遇到了声威浩大、气势逼人的鹞和鹰，这时，雀鸠们数量再多也于事无补了。第二首林辞也是写捕猎，场景却由高空转入地面了。诗中出现的意象均为敏捷善走的野兽，描绘的是一幅情节跌宕起伏的众犬搏兔图。这首诗的诗境更为精彩起伏、精妙传神：三两只兔子被一群凶悍的猎狗疯狂地追捕着，他们诚惶诚恐胆战心惊地逃到了东郭下，猎狗们本以为这次志在必得，纷纷露出了闪光的獠牙，得意地向这顿美餐逼近，对野兔形成了包围圈。就在这时，野兔突然发现了这个包围圈有个缺口，于是以迅雷不及掩耳之势逃窜出去了，众猎狗们个个垂头丧气，真如丧家之犬了。一个极其简单的捕猎场面，在焦延寿的笔下，通过意象的组合，写得跌宕起伏，摇曳生姿。第三首林辞中的意象为大型的凶残的猛兽虎和狼，以及温顺的柔弱的牛和羊。一群虎狼集结在一起捕猎，他们运气不错，遇到了几只家畜牛羊，对立的双方力量根本不在一个层次，可谓高下立判，且这些牛羊已经被虎狼们逼上了绝境，没有了任何的退路。至此，你也许认为这场捕猎应该没有悬念了，不会再向上一首林辞那样，出现意外的结局了。但是，看完最后一句，你会发现也许你错了。这首诗境的绝妙之处就在于最后加入了一个新的意象——商人，这些家畜可能是商人用来牟利的商品，是他们用来维系自己和家人生命的口粮，他们能眼睁睁地看着这些家畜被狼吞虎咽吗？但是商人是否有能力从虎口夺食呢，我们不得而知，诗境含蓄蕴藉，引人入胜，给我们留下了一个无言的结局，让读者用自己的遐想来弥补了。

温山松柏，常茂不落。鸾凤以庇，得其欢乐。（《需之恒》）

蜩螗欢喜，草木畅茂。百果蕃生，日益富有。（《中孚之随》）

三骊负衡，南取芝香。秋兰芬馥，盈满篚筐，利我少姜。（《复之艮》）

前面三首林辞取动物为意象，再看这三首主要以植物为意象组成诗篇的林辞为我们展现的诗境之美。第一首诗中出现的意象为碧绿的茂盛的常年不凋的松柏树，以及翩翩起舞的坚贞不渝的音韵婉转的鸾凤鸟。鸾凤鸟在松柏树枝头成双成对，他们欢乐无比，一唱一和、载歌载舞、终生相伴、至死不渝。松柏象征着生民的长生不老，鸾凤则比喻爱情的生死不渝，焦延寿将两者组合在一起，对世人传递出了多么美好的祝愿和期盼，真可谓诗情洋溢，画意盎然！第二首林辞也是焦延寿为世人传递美好的祝福，为生活在穷苦坎坷之中的西汉中后期百姓点亮一盏心灯，鼓励他们不要放弃生活的希望，这也正体现了焦延寿作为一个诗人的伟大的人格魅力，因为诗人是时代的良心。这幅蒸蒸日上的日常生活图景是通过众多的意象组合而成的，这里有欢快的蜩螗，茂盛的杂草，茁壮的树木，繁杂的水果，这里更有对富庶生活的期望。焦延寿运用了听觉描写、视觉描写，勾勒出了一幅诗意浓郁的夏日丰收图景，读者也不禁被此诗的诗境所感染，升起了对美好生活的希望。第三首林辞读罢，我们眼前也会出现似锦的繁花，鼻息之间流淌着的是紫芝馥郁、秋兰飘香。光有这些香草的意象，诗意、诗境总给人感觉欠缺点什么，于是，诗人在诗篇的最后让美人粉墨登场。这是个爱花更爱美的少女，你看她采了满满一箩筐的芝兰香草，是要送给谁呢？诗中起初出现的芝兰意象，只是为最后登台的少女做下的铺垫。诗意层层展开，诗境呈现出一种婉约朦胧之美，读罢令人自然想起了"采采卷耳，不盈顷筐。嗟我怀人，置彼周行"（《诗经·周南·卷耳》）和"采三秀兮于山间，石磊磊兮葛蔓蔓"（《楚辞·九歌·山鬼》），因为这些优秀的诗篇，都有着同样优美的诗意和感人的诗境。

窟室蓬户，寒贱所处。千里望烟，散涣四方。形体灭亡，下入深渊，终不见君。（《大畜之艮》）

上文列举的林辞中的意象，多为有生命的动植物，那么再看看焦延寿是如何将没有生命的事物设立为诗歌的意象，从而组成优秀的诗篇的。这首林辞中出现的意象几乎全为无生命的事物，如满是窟窿的房屋，蓬草遮盖着的门户，这一看就是饥寒交迫卑贱鄙陋的老百姓的住处了。广阔千里的大平原，看不见一丝炊烟，纵有那么半缕升起，也早被凄风吹散四方，不见踪迹。诗中用了一系列无生命的意象，描绘了一幅没有半点生活气息和生命征兆的凄楚画卷，这便是西汉中后期民间生活的真实写照。全诗诗境哀怨凄迷，感人泪下，令人想起曹操曹植父子的名句"白骨露于野，千里无鸡鸣"（《蒿里行》，"形体灭亡，下入深渊"自然是对应"白骨露于野"，两者意思是一样的，只是表述不一罢了）和"中野何萧条，千里无人烟"（《送应氏二首》，"千里无人烟"完全可以照应"千里望烟，散涣四方"）。曹操擅长四言诗，对《易林》不可能不熟悉，曹操诗歌的创作不可能不受《易林》的影响，因为两者都是关心民瘼的伟大诗人，写出了相似的诗篇，"要在三百篇后寻找一位四言诗的继承者，曹操之前，就应该是焦赣了"[①]，从以上对比分析中就可以看出。

上述林辞立象纷繁复杂，有全取天上之飞禽者，有天上飞禽配地上植物者，有动物与人同时登场者，更有动植物、人与物共同演出的。据田胜利统计，《易林》中光动物意象就达到八十三种之多[②]，确如钱锺书所言，"《易林》工于拟象"[③]，且能"多变其象，示世事之多端殊态，以破人之隅见株守，此《易林》之所长也"[④]。

焦延寿在立象时，真可谓"流连万象之际，沉吟视听之区；写气图貌，既随物以宛转；属采附声，亦与心而徘徊"（《文心雕龙·物色》）。难能可贵的是，《易林》林辞还经常将立象和比兴融为一体，混合使用，"作为《易》象出现的具体之物有时又是比兴手法的运用，因此，《焦氏易林》中的《易》象和比兴常常形

---

① 张新科：《文化视野中的汉代文学》，中国社会科学出版社2006年版，第290页。

② 田胜利：《沟通卜筮与文学的桥梁》，《学术交流》2012年第7期。

③ 钱锺书：《管锥编》，中华书局1986年版，第549页。

④ 钱锺书：《管锥编》，中华书局1986年版，第573页。

成一种交叉的关系"①。以下所举林辞便是最好的例证：

　　　　雎鸠淑女，贤圣配耦。宜家寿福，吉庆长久。（《履之无妄》）

　　　　葛藟蒙棘，华不得实。谗佞乱政，使恩壅塞。（《师之中孚》）

　　　　泛泛柏舟，流行不休。耿耿寤寐，心怀大忧。仁不逢时，复隐穷居。
（《屯之乾》）

　　　　春桃生花，季女宜家。受福多年，男为邦君。（《否之随》）

　　　　河水小鱼，不宜劳烦。苛政苦民，君受其患。（《无妄之丰》）

　　上述林辞除最后一首外，一眼即可看出全部援引了《诗经》典语，且使用了
《诗经》之比兴手法。比兴手法，源远流长，学人再熟悉不过了，在此不再赘述。
且看上文《否之随》，这首诗中出现了春天、桃树、桃花、年轻的女子，身为一国
之君的男子，等等。作者将这些纷繁复杂的意象巧妙地串联在一起，运用比兴手
法，用春桃生花起兴，用桃花比喻年少貌美的姑娘，全诗立象、比兴混为一体、
水乳交融，难分彼此，达到了一种幻化的境界，也创造出了和谐圆满的诗境。最
后一首同样使用比兴手法且工于立象，以河水小鱼比喻小百姓，希望在上者施行
仁政，一如老子之"治大国如烹小鲜"，不要虐政害民，要不最终定会导致"君受
其患"。

二、对现实主义精神的继承

　　中国诗歌自《诗经》始便形成了一种"饥者歌其食，劳者歌其事"的精神传
承，"在诗歌创作上初步形成了现实主义的优良传统……《诗经》的现实主义精
神，对后代诗人的影响很大。"②闻一多在《易林琼枝》中谈到《易林》的内容特

---

　　① 刘银昌：《盖事虽〈易〉，其辞则诗—〈焦氏易林〉文学研究》，陕西师范大学2006年博士
学位论文。

　　② 刘大杰：《中国文学发展史（第1册）》，上海人民出版社1973年版，第55页。

点时列出了如下提纲，足资证明《易林》对中国诗歌现实主义精神的继承：

关于内容手段两特点
占辞本身性质所形成
内容——一般人的生活——写实主义。
全部生活——无英雄人物。
日常生活——无传奇意味。
以上性质阴暗者多——故近自然主义——几乎是暴露的。①

　　焦延寿之《易林》的确如此，内容为一般人的生活，采用了写实主义，即自
《诗经》以来的现实主义，这一方面从《易林》大量援引《诗经》熔铸林辞就可以
看出，据笔者统计，《易林》有500余首林辞援引《诗经》，涉及《诗经》篇目70
余首280多处，古今学人也多有指出；另一方面，从《易林》众多深刻反映现实
生活的林辞中也可以清楚地反映这一点。前文已多有胪列，今再分别举例一二。
例如，西汉中后期奸佞当道，外戚和宦官把持朝政，尾大不掉，臣强君弱，于是
《易林》中便有了以下林辞：

思初道古，哀吟无辅。阳明不制，上失其所。（《颐之乾》）
河出小鱼，不宜劳烦。苛政害民，君受其患。（《无妄之丰》）
阴雾作匿，不见白日。邪径迷道，使君乱惑。（《复之鼎》）

　　西汉中后期战事连绵，《易林》中便有了下列林辞：

持刀操肉，对酒不食。夫亡从军，少子入狱，抱膝独宿。（《无妄之
比》）

---

① 闻一多：《闻一多全集》（第10册），湖北人民出版社1993年版，第63页。

沙漠塞北，绝无水泉。君子征凶，役夫力掸。（《噬嗑之比》）

　　千岁之墟，大兵所居。不见子都，城空无家。（《比之师》）

　　腐朽的政治，不停的战争，必然给下层老百姓带来了无尽的灾难，试看《易林》林辞对此的描述：

　　阳旱炎炎，伤害禾谷。稿人无食，耕夫叹息。（《乾之睽》）

　　目不可合，忧来搔足。悚惕危惧，去其邦域。（《谦之大畜》）

　　老百姓的日子再怎么艰难也要顽强地生存下去，于是《易林》林辞便有了对西汉中后期农民耕织、商人买卖、畜牧渔猎等的反映：

　　耕石山颠，费种家贫。无聊处作，苗发不生。（《比之解》）

　　丝纻布帛，人所衣服。掺掺女手，纺绩善织。南国饶有，取之有息。（《困之中孚》）

　　东市齐鲁，南贾荆楚。羽毛齿革，为吾利宝。（《家人之蛊》）

　　畜鸡养狗，长息有储。耕田得黍，主母喜舞。（《大壮之咸》）

　　獐鹿雉兔，群聚东国。卢黄白脊，俱往追逐。九齄十得，主君有喜。（《蛊之鼎》）

　　《易林》林辞中还有大量篇幅反映男女爱情婚姻生活的，或描绘爱情的苦涩，或反映婚姻的甜蜜：

　　采唐沫乡，邀期桑中。失信不会，忧思约带。（《无妄之恒》）

　　童女无媒，不宜动摇。安其室庐，傅母何忧。（《大畜之旅》）

　　麒麟凤凰，子孙盛昌。少齐在门，利以合婚。振衣弹冠，贵人大欢。（《无妄之大壮》）

《易林》林辞不但具有反映现实的广度，同时也具备反映现实的深度。如林辞在描述百姓颠沛流离、饱受苦难的生活时，作者能够深挖造成这种局面的社会原因，那就是西汉中后期皇帝荒淫昏聩、奸邪执掌朝政、贤良报国无门、战祸连绵不绝、自然灾害频仍等原因造成的，而这一切在《易林》林辞中均有着广泛的记载，上文多有论述。正因如此，有学人将焦延寿和诗圣杜甫比较论述道：

　　如果说，杜甫因书写安史之乱前后的唐代诗史被尊为中国文学史上伟大的现实主义诗人的话，那么，这位至今未进入中国文学史的民间诗人焦延寿，实在是中国现实主义诗歌之先驱！①

三、对诗歌题材的开拓

《易林》林辞多达四千零九十六首，也即四千零九十六首小诗，这些诗歌题材广泛，后世之咏史诗、讽喻诗、边塞诗、爱情诗、咏物诗、游仙诗、寓言诗、哲理诗等，无所不包，兼而有之，真可谓是旷古烁今。其中，咏史诗、讽喻诗在上文考论《易林》援引《左传》林辞时多有涉及，边塞诗、爱情诗在阐述焦延寿反战思想时时有罗列，今不再赘举。现先就咏物诗举数例：

　　鹿食美草，逍遥求饱。趋走山间，过期乃还，肥泽且厌。（《央之大有》）
　　兔雁哑哑，以水为家。雌雄相和，心志娱乐，得其欢欲。（《师之萃》）
　　临溪蟠枝，虽恐不危，乐以笑歌。（《临之离》）
　　寄生无根，如过浮云。立本不固，斯须落去，更为枯树。（《旅之乾》）

第一首描绘鹿的逍遥自在，饮食无忧，第二首叙述兔雁的雌雄相和，得其所

---

① 陈良运：《焦氏易林诗学阐释》，百花洲文艺出版社2000年版，第305页。

欲，这其中也寄托了焦延寿的美好愿望，希望身处乱世也能像野鹿凫雁一样逍遥无虑，"得其欢欲"。三、四两首咏物诗所咏对象由动物转变为植物，第三首写溪流边的蟠桃树，"虽恐不危"，和前两首中的动物一样自得其乐。但是最后一首中的树的境遇就不一样了，因其"寄生无根"，所以"立本不固"，终至"更为枯树"。在这里焦氏是以树喻人，传达哲理：任何人如想保持长久不败，必须要根正本固，仅靠一时的攀附权贵是不可能长治久安的，西汉中后期石显等人的经历，不就是对这些咏物小诗最好的注脚吗？这是因为在焦延寿心目中，一切动植物的生存状态也就是人的生存状态，人在现实中的遭际，和动植物在自然界的际遇是何其相似。

　　骑龙乘凤，上见神公。彭祖受剌，王乔赞通。巫咸就位，拜寿无穷。（《家人之剥》）
　　恬淡无患，游戏道门。与神往来。长久以安。（《夬之旅》）
　　茹芝饵黄，饮食玉瑛。与神流通，长无忧凶。（《豫之蛊》）
　　鹤鸣九皋，避世隐居。抱朴守贞，竟不隐时。（《师之艮》）

　　上述四条林辞为游仙诗，第一条描绘出一幅天上众神在位图，第二首得道成仙，与神仙共逍遥，无忧患，第三首写神仙们的饮食，或求仙时的饮食，最后一首最为世人所熟悉，即仙人饲鹤，守道退隐，高洁清芬，不染纤尘。游仙诗可谓源远流长，最早可溯源至屈原之《离骚》《远游》，汉乐府中也不乏游仙诗之题材，如《郊祀歌》十九首、《王子乔》、《董逃行》、《善哉行》、《陇西行》等。而《易林》中亦有大量游仙诗，一方面是由于西汉中前期统治者如汉武帝等信奉神仙道家思想，上行下效，在整个社会掀起了一股潮流；另一方面是由于《易林》的原始性质决定的。《易林》乃衍易、注易之作，其原始性质和《周易》一样，用于占筮，而《周易》与道家思想有着同源关系。《周易》在原初阶段属于巫文化的范畴，由巫掌控，而"道家者流，盖出于史官"（《汉书·艺文志》）。我们知道，古代从事求神占卜等活动的人叫"巫"，而掌管天文、星象、历数、史册的人叫

"史"。这些职务最初往往由一人兼任,统称"巫史",后来尽管分化为两种职务,由不同的人掌控,但两者的因缘关系决定了"巫"和"史"在后世的发展过程中必然相互渗透,这才是《易林》具有大量游仙诗的真正原因之所在,"像西汉时问世的焦赣《易林》,杂采神仙典故、灾变之说,在思想宗旨上与道教根本追求相合拍,故能为其所用,成为道教预测的工具"①。下面再看《易林》中的寓言诗:

> 猕猴冠带,盗在非位。众犬共吠,仓狂蹶足。(《剥之随》)
> 子号索哺,母行求食。反见空巢,訾我长息。(《乾之同人》)
> 双兔俱飞,欲归稻池。经涉崔泽,为矢所射,伤我胸臆。(《屯之旅》)
> 怒非其怨,因物有迁。贪姤腐鼠,而呼鸦鸢。自令失饵,倒被困患。
> (《履之否》)

第一首是对《史记·项羽本纪》中"沐猴而冠"的改写,描绘猕猴装模作样学人穿衣戴冠,却被众良犬识破,结果被追得仓狂而逃,跌倒崴脚。画面生动形象,令人捧腹。如果说第一首是一幕喜剧,那么二、三两首则是悲剧上演了,或为幼子嗷嗷待哺,母亲出门觅食,返回却鸟去巢空,只能对天长叹;或为双宿双飞之凫鸟,不幸中箭身亡早,作者无限之伤感,均寓字里行间。最后一首援引"鹓得腐鼠",出自《庄子·秋水》,但是焦氏对其进行了加工改造,别出一番新意。鸥终于知道鹓雏不吃腐鼠,时过境迁,鸥竟然主动呼唤起鸦和鸢来了,以为它们也和鹓雏一样高洁,但这回鸥彻底错了,"美食"也被抢走了,这是因为鸥不懂得"因物有迁"啊!从这数首寓言诗可以管窥出焦氏林辞之深意。二、三两首看似写鸟,实则写人,写的是千千万生活在昏庸腐朽的西汉中后期的贫民百姓。焦延寿是将人的生活状况乃至情感和心理状况,与自然界中际遇坎坷的禽鸟的生存状况贯通起来,以鸟喻人,人鸟通感,使得这些生活化的寓言诗具有了现实的意义。一、四两首或讽刺了那些没有真才实学的奸佞之徒官居要职,或戏谑那些

---

① 詹石窗:《易学与道教思想关系研究·导论》,厦门大学出版社2001年版,第5页。

假情假意的小人不懂变通不辨忠奸，结果也只能或"仓狂蹶足"或"自令失饵"了。

最后，让我们看看《易林》中篇幅最多、成就最高的哲理诗：

> 朝露白日，四马过隙。岁短期促，时难再得。（《鼎之大壮》）
> 三虎搏狼，力不相当。如鹰格雉，一发破亡。（《兑之渐》）
> 作室山根，人以为安。一夕崩颠，破我壶飧。（《贲之明夷》）
> 取火泉源，钓鱼山巅。鱼不可得，火不肯燃。（《畜之屯》）

第一首说明了一个再浅显不过的哲理，时光易逝，不可浪费，但文辞优美，比喻贴切。第二首运用了一些列的鸟兽意象，告诫世人切莫不自量力，逞能斗狼，以弱斗强，自取灭亡。画面跌宕起伏，鸟兽博斗之场景跃然纸上，喷薄而出。第三首始于山脚建房作室，终于遭受灭顶之灾，告诫世人要有忧患意识，要审时度势，居安思危，否则不仅仅锅碗瓢盆被毁，身家性命也会不保。第四首颇有喜感，用了两个荒谬可笑的比喻，说明了为人处事一定要讲究方式方法，否则就会劳而无功，适得其反。通过短短的四则林辞可以发现，《易林》中富于哲理性的林辞，并不是平铺直叙式的说教训诫，作者往往将深刻的哲理，寄寓在具体可感的形象比喻或事物描绘中，这样做的好处是使得林辞意味隽永，耐人寻味，启人遐想，从而增加了《易林》一书的文学色彩。

《易林》哲理诗之价值，不仅在于其文学性，更在于其所蕴含于林辞之中的种种哲理。焦延寿虽官居卑职，但也深谙官场之道，从其告诫其徒京房之语"得我道以亡身者，必京生也"即可看出。焦氏同时还"爱养吏民"，混迹民间（《易林》中众多游仙诗以及表达隐逸思想的林辞如《家人之讼》中"耄老蒙钝，不见东西。少者弗慕，君不与谋。悬舆致仕，退归里居"便是明证）。所以，栾勋曾赞之道："此人不仅为官干练，而且无意升迁，充分表现出他的立身处世'世事洞明'、'人情练达'。"①焦氏可谓看透了世态炎凉，尝遍了人生百态，最后将其所见所闻所思所感化为首首林辞，以育后人，这也正是焦氏高尚无私之人格的一种体现，借用今人时评如下：

> 诗体林辞，引史据经，喻事觊切，滋趣横生……《易林》古诗，典雅隽永，摄自然生物之百态，指社会万象之真形，潜移默化，具有建德树人之功。如师之履卦云："义不胜情，以欲自蒙。见利危宠，灭其令名"；又如旅之损卦云："皋陶听理，岐伯悦喜，西登华道，东归无咎。"等辞，昭然可见焦令耿耿赤忱，劝人为善，戒莫贪利自误。珠矶警语，万古箴言。②

四、强烈的抒情性

"情"是诗歌的生命之源。自屈原始，伟大的诗人便开始"惜诵以致愍兮，发愤以抒情"（《惜诵》）。焦延寿继承了这一优秀传统，"作此哀诗，以告孔忧"（《大有之贲》），并将之完全贯彻到《易林》中。

《易林》中大量诗篇都是对西汉社会现实的反映。政治的黑暗，人民生活的痛苦，战争带来的灾难，天灾人祸纷踏而至，国家衰亡的迹象已经显露。这一切都在不断敲击着这位忧国忧民的诗人的心弦。且看《乾之大过》中"桀跖并处，人民愁苦。拥兵荷粮，战于齐鲁"，不就是对西汉中叶统治者的强烈控诉和对劳苦百姓的无比同情吗？《蒙之蒙》中"何草不黄，至末尽玄。室家分离，悲愁于心"，这是对徭役兵役给人民带来的灾难的谴责。《泰之家人》中"过时不归，道远且迷。旅人心悲，使我徘徊"，这是对羁旅之苦的无声痛斥。另外，像《大有之大过》中"枯树无枝，与子分离。饥寒莫养，独立哀悲"，是对鳏寡老者孤独贫困的忧伤。《师之噬嗑》中"采唐沫乡，要我桑中。失信不会，忧思约带"，是对男女青年婚恋难遂的惆怅。

---

① 转引自陈良运：《焦氏易林诗学阐释·自序》，百花洲文艺出版社2000年版，第13页。
② 崔新：《译注焦氏易林·自序》，中国文联出版社2008年版，第6页。

焦延寿甚至对自然界中弱小的禽鸟动物都富有无穷的同情心，如《乾之同人》中"子号索哺，母行求食。反见空巢，訾我长息"，这是对母鸟觅食归来不见幼子的哀叹。又如《乾之噬嗑》中"坚冰黄鸟，终日悲号。不见白粒，但见藜蒿，数惊鸷鸟，为我心忧"，这是对觅食不得反险遭不测的黄鸟的忧虑。这些林辞无不流淌着作者浓烈的情感。

以上抒情手法我们习惯称之为直抒胸臆，除此之外，焦延寿还运用了另一种抒情手法——拟请。拟请是指在诗中，作者模拟他人之情，抒发他人之感。这种手法有别于直抒胸臆，需要诗人深入细致地体验所拟对象的感情，再逼真地抒发出来。

拟请手法在《诗经》中已出现，但只限于少数诗篇，如《卫风·伯兮》《鄘风·桑中》等。而在《易林》中，诗人开始大量运用，使之发扬光大。如《临之艮》："望叔山北，陵隔我目。不见所得，使我心惑。"一女子等待丈夫或情人，但是对方久久不到，而高山又阻隔了视野。作者将她的忧虑困惑之情模拟得真实而又自然。《家人之随》："登虚望贫，暮食无餐。长子南戍，与我分离。"这首诗是代家中父母拟对在外戍边的长子的深切的思念之情。又如《咸之旅》："慈母望子，遥思不已。久客外野，使我心苦。"前两句拟慈母对儿子的绵长的思念，后两句拟儿子久居他乡担忧老母的凄苦之情。这种拟请手法对后世的诗文创作有着深远的影响，唐诗中的优秀诗篇便不乏拟请之作，如金昌绪之"打起黄莺儿，莫教枝上啼。啼时惊妾梦，不得到辽西"（《春怨》）；杜甫之"今夜鄜州月，闺中只独看。遥怜小儿女，未解忆长安"（《月夜》）。

无论是直抒胸臆，还是拟请之作，我们都能够明显感受到《易林》林辞中的那股浓浓的抒情性，这是也《易林》作为诗体文学所表现出来的意味之一。从焦延寿在《易林》中的内心独白"作此哀诗，以告孔忧"（《大有之贲》）也能看得出来。《易林》所著林辞，虽本为占卜之用，但其观念上自始至终都未曾与诗歌隔绝，分道扬镳，因其不仅采用了诗歌的韵语形式，而且饱含了诗歌的强烈的抒情性。

五、抽象情感的具象化

当我们读到"问君能有几多愁，恰似一江春水向东流"，"只恐吴下蚱蜢舟，载不动许多愁"等名句时，会不禁叫绝。可又有多少人知道这种抽象情感具象化的手法，在《易林》中便早有运用且比比皆是。且看《易林》是如何来表达"愁"的。《遯之渐》："端坐生患，忧来入门，使我不安。"在这里，忧愁不再是盘踞在内心的情感，而成了随意游荡之物，入谁家门，则谁遭忧。《谦之大畜》："目不可合，忧来搔足。悚惕畏惧，去其邦域。"因惊恐而夜不能寐，终至精神恍惚产生幻觉，这时便感觉忧愁变成了具体的事物，而且还来搔搔自己的脚底板。难怪钟惺在《诗归》中评"忧来搔足"为"千古忧愁人到家实境语"①。

韩愈曾说道："欢愉之辞难工，而穷苦之言易好也。"（《荆潭唱和诗序》）试看《易林》是如何展示欢愉之情的，是否能让"欢愉之辞"亦"工"呢？《颐之小过》："凋叶被霜，独敝不伤。驾入喜门，与福为婚。""喜""福"这些抽象的感情，在诗人笔下一一活化为具体的灵动的物象。它们可以是宽敞的大门，甚至是俏丽的新娘。《大过之困》："大步上车，南到喜家。送我貂裘，与福载来。""喜"这种情感观念竟然有家有室，还能送我貂裘；"福"竟然能跟诗人一同乘车归来。《睽之丰》："喜来如云，举家欢乐。众才君子，驾福盈门。"在这里"喜""福"成了诗人的亲朋好友，成群结队，热热闹闹，驾车而来。

读到这些林辞，喧嚣热闹的欢愉场景扑面而来，有着强烈的艺术感染力，无形之中我们也被诗人同化了。这时你能说这些"欢愉之辞"不"工"吗？焦延寿这种化抽象为具象的手法，真是匪夷所思，将内心无形无状、不可捉摸的情感，外化为可感可触、有迹可循之物，应该可以说是焦延寿一大发明。无论是喜怒哀乐，抑或是吉凶祸福，这些抽象的情感观念或其他概念，在焦延寿笔下都灵动活脱，情趣盎然，化为具象的人或物，"可感可触"。其他如《蒙之咸》："忧祸解除，

---

① （明）钟惺、（明）谭元春：《古诗归》，续修四库全书本。

喜至庆来。坐立欢门，与乐为邻"；《革之豚》："上福喜堂，见我欢兄"；《复之大有》："与祸驰逐，凶来入门"等，都是如此。

六、独到的炼字、炼句

《易林》语言总体上平白如话，但也有许多地方用词精练，句意深刻，展示了作者非凡的炼字、炼句的功力，诚如卞孝萱所言："《易林》中某些篇章词语简练准确传神，亦显示了其具有诗体文学的特征。"①炼字的例子如《坤之泰》："雷行相逐，无有休息。"中的"逐"字，不但写出了雷的声音，更活化出了雷的形状。即采用了现代所谓的"通感"的修辞手法，使我们仿佛看到如滚滚浪涛的雷，前后奔腾追逐。钟惺赞曰："二语尽雷之性情行径，杜诗'隐隐寻地脉'，'寻'字之妙本此。"②钱锺书对于这两句也是大加赞赏："《易林》二语，工于体物而能达难写之状……以声声相续为声声相'逐'，活泼连绵，音态不特如轮之转，抑如后浪之趁前浪，兼轮之滚滚与浪之滚滚，钟嵘所谓'几乎一字千金'，可以移品。"③

又如《归妹之豫》首二句，"逐利三年，利走如神"，"利走"二字，说明并绘出利对人的畏惧之感，逃走之状。林辞妙在不正面叙写凡人逐利不得，而是从侧面描绘如神之利对凡人的避之如恐不及。一个"神"字描绘出了利润的飘忽不定，难以获取，若是用了"兔""狐"等字，虽也能表现"利"飘忽不定，但毕竟可以捕捉，意味上就差多了。

再如《姤之损》："梦饭不饱，酒未入口。"钱锺书将此句与寒山诗"说食终不饱，说衣不免寒"作了比较，并品评道："'梦饭'之造境寓意深于'说食'，盖'说食'者自知未食或无食，而'梦饭'者自以为食或可得而食也。"④盖"说"字言实而意浅，"梦"字言虚而意深，一字之别，高下昭然。

再看《贲之旅》："猾丑假诚，前后相违。言如鳖咳，语不可知。"此林讽刺那

① 卞孝萱、王琳：《两汉文学》，安徽教育出版社2001年版，第178页。
② （明）钟惺、（明）谭元春：《古诗归》，续修四库全书本。
③ 钱锺书：《管锥编》，中华书局1979年版，第561页。
④ 钱锺书：《管锥编》，中华书局1979年版，第578页。

些奸猾之徒，他们假情假意，言行不一，在你面前说话都没有底气，焦氏用"鳖咳"来比喻他们说话时的声音、形态，真是妙绝千古，"'鳖咳'指语声之低不可闻，创新诡之象，又极嘲讽之致"①。《大过之升》有"虾蟆群坐，从天请雨"，一"坐"字便让一群蛤蟆请雨时的形态毕现，状难写之景如在眼前，"'坐'字虽可施于虫鸟……唯谓蛤蟆为'坐'，现成贴切……盖'坐'足以尽蛙之常、变、动、静各态焉"②。

其他如《大过之遯》："坐席未温，忧来叩门"，《谦之大畜》："目不可合，忧来搔足"等，都体现了焦延寿高超的炼字功力，钱锺书对此曾一一加以点评赏析，试举一例，"《易林》以'忧来搔足'达示此意，奇警得未曾有"③。

炼句的例子在林辞中也是比比皆是，例如《复之恒》："雨师驾驷，风伯吹云。秦楚争强，施不得行。"自然界平平常常的一幕风吹云散、雨未下来的情景，在焦氏笔下被写得跌宕起伏，摇曳生姿：风伯和雨师就像战国时期最为强大的秦楚两国逐鹿中原，在天空展开鏖战，战争之激烈可想而知，最后雨师战败，驾四马战车落荒而逃，雨自然就"不得行"了。后世诗词如"黑云翻墨未遮山，卷地风来忽吹散"（苏轼《六月二十七日望湖楼醉书》），"雨欲退，云不放，海欲进，江不让"（清人金堡《满江红·大风泊黄巢矶下》）后出转精，可与林辞并读共赏。

再如《未济之师》："狡兔趯趯，良犬逐咋。雄雌爱爱，为鹰所获。"林辞描绘了一对狡兔侥幸逃脱良犬之口，却不幸落入猎鹰之爪，可与司马光之《穷兔谣》相参读：

> 鹘翅崩腾来九霄，兔命迫窄无所逃。
> 秋毫就死忽背跃，鹘拳不中还飞高。
> 安知韩卢复在后，力屈但作婴儿号。

---

① 钱锺书：《管锥编》，中华书局1979年版，第568页。
② 钱锺书：《管锥编》，中华书局1979年版，第572页。
③ 钱锺书：《管锥编》，中华书局1979年版，第561页。

少年只取一快乐，谁念划根腥血毛。

　　此诗出自《司马文正公传家集》卷五，所描绘的内容几乎和焦氏林辞如出一辙，只不过在焦氏林辞中狡兔逃脱良犬而落入猎鹰之手，到了司马氏诗中变成了狡兔逃脱猎鹰而落入良犬之口罢了。相较而言，焦氏林辞更为简洁精练，司马诗什更加形象生动，难怪钱锺书评焦氏林辞道："此林十六字几如缩本郊猎图矣。"[①]

　　又如《恒之咸》："簪短带长，幽思苦穷。"簪子短了，插不住了，是因为"幽思苦穷"让头发脱落了；衣带长了，是因为"幽思苦穷"让人变瘦了。我们是否联想到了"白头搔更短，浑欲不胜簪"和"衣带渐宽终不悔，为伊消的人憔悴"？《师之噬嗑》："失信不会，忧思约带。"《大过之遯》："坐席未温，忧来叩门。"都是将难以描摹的情感形象化、拟人化，化抽象为具象，妙笔生花，引人遐思。我们是否遐思起贺方回的"试问闲愁都几许？一川烟草，满城风絮，梅子黄时雨"和李清照的"此情无计可消除，才下眉头，却上心头"？《泰之观》："忍丑少羞，无面有头。"形容人的害羞，是否和李白的"低头向暗壁，千唤不一回"有异曲同工之妙？像这种言简意赅、形象传神的句子，在《易林》中随处可见。

　　《易林》的文学价值远远不止上文所概括的几点，如语言的平实幽默，不避俚俗，取口语入诗，钱锺书曾评之曰："异想佳喻，俯拾即是，每可比《善哉行》瑟调。"[②]俗语如"谈何容易"（《解之蒙》："朽舆疲驷，不任衔佩。君子服之，谈何容易"）一语至今仍在广为使用。它如用韵之质朴古奥，句式之灵活多变等，限于篇幅，不再展开。

①　钱锺书：《管锥编》，中华书局1979年版，第580页。
②　钱锺书：《管锥编》，中华书局1979年版，第538页。

第三节 《易林》对后世文学的影响

《易林》不仅具有丰富的文学价值，且自其问世后便对后世文学产生了深远的影响，而这一点也正是《易林》文学价值之所在。闻一多在《易林琼枝》中列出了拟对《易林》开展研究的提纲：

> 汉诗中二大成绩
> 《乐府》。
> 《易林》——唐宋诗的滥觞。
> 整个文学史二大杰作——皆非纯文学
> 《史记》。
> 《易林》。[①]

从闻一多的这份惜未完成的提纲中，完全可以看出《易林》对唐宋诗的影响以及在整个文学史上的突出地位。其实，《易林》对后世文学的影响，并不仅仅局限于"唐宋诗的滥觞"上，其表现是多方面的。

173

[①] 闻一多：《闻一多全集》（第10册），湖北人民出版社1993年版，第64页。

一、后世文人对《易林》的征引化用

《易林》的文学价值还表现在其林辞语言或意象乃至意境多为后世文人所借用、化用乃至直接引用。如杨慎所言，"古之文人亦多用之"，"唐诗多用之"，故有闻一多之语："《易林》——唐宋诗的滥觞。"这样的例子也是不胜枚举，例如曹植之《野田黄雀行》：

> 不见篱间雀，见鹞自投罗？
>
> 罗家得雀喜，少年见雀悲。
>
> 拔剑捎罗网，黄雀得飞飞。
>
> 飞飞摩苍天，来下谢少年。

试看《易林》林辞"雀行求食，出门见鹞。颠蹶上下，几无所处"（《大有之萃》）和"雀行求粒，误入网罳。赖仁君子，复说归室"（《益之革》）。可以说曹植的《野田黄雀行》就是将《易林》这两首林辞糅为一体，改写而成，或者至少可以说曹植笔下的黄雀形象是受到《易林》林辞启发的。陈良运谓"曹植……写少年救雀则是焦氏所未及的"[①]，其实焦氏在林辞中已经暗示了这一点，只是没有明确救雀人的年龄罢了，"赖仁君子，复说归室"。再如汉乐府有一首《十五从军征》：

> 十五从军征，八十始得归。
>
> 道逢乡里人："家中有阿谁？"
>
> ……
>
> 舂谷持作饭，采葵持作羹。

---

① 陈良运：《焦氏易林诗学阐释》，百花洲文艺出版社2000年版，第467页。

羹饭一时熟，不知贻阿谁。

此诗与《易林》林辞"持刃操肉，对酒不食。夫亡从军，少子入狱，抱膝独宿"（《坤之既济》）所描绘的情景何其相似，只是一为五言古什，一为四字韵语；主人翁一为鳏夫、一为寡妇而已。

再如《枯鱼过河泣》中"枯鱼过河泣，何时悔复及。作书与鲂鳏，相教慎出入"，可以与《易林》林辞"龟厌江海，陆行不止。自令枯槁，失其都市，忧悔无咎"（《节之泰》）对照阅读，尽管两首诗意象不一，而故事情节却是一致的，"寥寥二十字而首尾完具之故事也"①，其所寓之哲理却也不无二致。再如魏晋乐府《陇头歌辞》："西上陇阪，羊肠九回。寒不能语，舌卷入喉"，诗中所描绘的行人的孤独飘零，山路的险峻难行，北地的刺骨严寒，以及思念家乡的悲痛情绪，和《易林》林辞"龙马上山，绝无水泉。喉焦唇干，舌不能言"（《乾之讼》）意境何其相似！

《易林》中还有众多林辞之语言、意象乃至意境被《古诗十九首》所化用，例如，林辞"失信不会，忧思若带"（《师之噬嗑》），在《古诗十九首·行行重行行》中已经被化用为"相去日已远，衣带日已缓"，且能很好地对应起来，"相去日已远"是因为恋人的"失信不会"，"衣带日已缓"则是对"忧思若带"的借用改写；"日入望车，不见子家"（《讼之坤》）、"终日至暮，百两不来"（《师之同人》），两首分散的林辞之句，在《古诗十九首·冉冉孤竹生》中已经被化为完整的诗句"思君令人老，轩车来何迟"，且很好地糅合了两首林辞的意境，将其融为一体，毫无支离破碎之感；"夹河为婚，期至无船。摇心失望，不见所欢"（《兑之屯》），整首林辞的意境已经被转化为《古诗十九首·迢迢牵牛星》中的"盈盈一水间，脉脉不得语"，后者更为精练上口，虽为人所耳熟能详，但前者更为通脱显露，描写也更为细致传神，且在意境上，相较于后者而言，有开创之功，实不可没。

---

① 钱锺书：《管锥编》，中华书局1979年版，第538页。

像这样化用、借用、引用《易林》言辞、意象、意境的例子还有很多，闻一多已经在《易林琼枝》中一一列出，上起自汉末曹操，中间经左延年、王建，下止于苏轼、黄庭坚、范成大等人①。可以毫不夸张地说，《易林》中的这些形象化的诗句，为后世的五言诗作者们，提供了丰富的形象素材和意境源泉。

二、后世文人用《易林》来注解诗文

《易林》对后世文学的影响还表现在后世文人运用《易林》来给诗文作注方面。唐代李善在给《文选》作注中就多次征引了《易林》林辞，如班固《东都赋》中有一句"于是发鲸鱼，铿华钟。登玉辂，乘时龙。凤盖棽丽，和銮玲珑。天官景从，寝威盛容。"（《文选·卷一·京都上》）李贤在注中曰："蔡邕《独断》：百官小吏曰天官。焦赣《易林》曰：龙渴求饮，黑云景从。"②"龙渴求饮，黑云景从"出自《易林·同人之蛊》："龙渴求饮，黑云影从。河伯捧觞，跪进酒浆，流潦滂滂。"李善是用来注"乘时龙"和"景从"的。《文选·卷二一·游仙》有一首何劭的《游仙诗》："青青陵上松，亭亭高山柏。光色冬夏茂，根柢无凋落。"李贤注之道："焦赣《易林》曰：温山松柏，常茂不凋落。"③语出《易林·鼎之泰》："温山松柏，常茂不落。凤凰以庇，得其欢乐。"李贤因何劭原诗有"无凋落"一语，而误引《易林》林辞"不落"为"不凋落"。我们也可以看出何劭此诗有模仿因袭焦延寿《易林》林辞的痕迹，只是一详一简而已。李贤还在注陶渊明《归去来兮辞》"策扶老以流憩，时矫首而遐观"时，援引了《易林》"鸠杖扶老，衣食百口"（《文选·卷四五·辞》）④。

唐朝章怀太子李贤在给《后汉书·张衡列传》作注时，在遇到张衡文章《应间》篇中"鼋鸣而鳖应"一语时，也征引了《易林》林辞，曰：

① 闻一多：《闻一多全集·文学史编》（第10册），湖北人民出版社1993年版，第65—66页。
② （南朝梁）萧统编、（唐）李善注：《文选》，中华书局1977年版，第32页。
③ （南朝梁）萧统编、（唐）李善注：《文选》，中华书局1977年版，第306页。
④ （南朝梁）萧统编、（唐）李善注：《文选》，中华书局1977年版，第636页。

喻君臣相感也。焦赣《易林》曰："鼋鸣岐野，鳖应于泉"①

宋人在注解诗文时援引《易林》的情况也不乏其人。黄庭坚的诗歌作品最善于运用典故并常常化用前人诗句，所谓"点铁成金"，《易林》林辞也有被黄庭坚化用为诗句者，这在宋人给黄庭坚诗句作注时就已经言明。例如宋人任渊在《山谷诗集注》中注解黄庭坚之《次韵王荆公题西太乙宫壁二首》"风急啼乌未了，雨来战蚁方酣"一语时，便说道："焦赣《易林》曰：蚁封穴户，大雨将至。"②语出《易林·震之蹇》："蚁封穴户，大雨将集。鹊起数鸣，牝鸡叹室。相彘雄父，未到在道。"在注解黄诗《谢答闻善二兄九绝句》"身入醉乡无畔岸，心与欢伯为友朋"时，任渊曰："焦赣《易林》《坎卦之兑》曰：酒为欢伯，除忧来乐。"③辞源于《易林·坎之兑》："酒为欢伯，除忧来乐。福喜入门，与君相索，使我有得。"

唐宋学人利用《易林》来注解诗文，特别是诗歌，说明那时的人对《易林》性质的认识已经发生了变化，他们已经认识到《易林》的文学价值，《易林》中的确有"文辞淡雅，颇有可观"的林辞，可供诗人在诗歌创作时进行利用或借鉴，可供注家在注解诗文时更好地进行阐释和发挥。这股潮流从未间断，明末清初仇兆鳌在给杜诗作注时便大量征引了《易林》林辞。例如：

　　蜀王将此镜，送死置空山。（《石镜》）

仇兆鳌注之道："《易林》：悲哀哭泣，送死离乡。"④语出《易林·大壮之噬嗑》："蛇失其公，戴麻当丧。哀悲哭泣，送死离乡。"仇兆鳌引时将"哀悲"误作"悲哀"。

---

① （南朝宋）范晔撰，（唐）李贤注：《后汉书》，中华书局1965年版，第1905页。

② （宋）黄庭坚著，（宋）任渊、史容、史季温注：《山谷诗集注》，上海古籍出版社2003年版，第86页。

③ （宋）黄庭坚著，（宋）任渊、史容、史季温注：《山谷诗集注》，上海古籍出版社2003年版，第385页。

④ （唐）杜甫著，（清）仇兆鳌注：《杜诗详注》，中华书局1979年版，第807页。

拾遗平昔居，大屋尚修椽。（《陈拾遗故宅》）

《杜诗详注》注曰:"《易林》：大屋之下，朝多君子。"[1]出自《易林·鼎之否》："大屋之下，朝多君子。德施溥育，宋受其福。"

苦心岂免容蝼蚁，香叶终经宿鸾凤。（《古柏行》）

仇兆鳌则曰:"《焦氏易林》：枝叶盛茂，鸾凤以庇。"[2]源于《易林·大过之需》："大树之子，百条共母。当夏六月，枝叶盛茂。鸾凤以庇，召伯避暑。翩翩偃仰，各得其所。"

万方频送喜，无乃圣躬劳。（《收京三首·其三》）

《杜诗详注》注之曰:"《易林》：讴歌送喜。"[3]语出《易林·小畜之旅》："阳火不灾，二耕庆来。降福送喜，鼓瑟歌讴。"据笔者统计，仇兆鳌在注杜甫诗歌时征引《易林》林辞共计18次之多，一方面说明了杜甫在创作诗歌时的确受到了《易林》的影响，如杜诗中的某些词语和《易林》林辞极其相似，如"此行非不济，良友昔相于"（《赠李八秘书别三十韵》），仇兆鳌在注中援引了《易林》林辞"患解尤除，良友相于"[4]，再如上文之"讴歌送喜"，等等。另一方面也说明了自杜甫至仇兆鳌，都是将《易林》当成古诗来看待的，其林辞确实具有一定的文学价值，方能历经千年之久，终不至于为人所遗忘，被人用来作诗、注诗，直至当代亦然。例如，钱锺书在其《宋诗选注》中依然用到了《易林》林辞来注解宋诗。唐庚《春归》中有一句"无计驱愁得，还推到酒边"，钱锺书在注中援引了《易林》林辞并广征博引，以说明《易林》林辞对后世文人所产生的深远影响：

① （唐）杜甫著，（清）仇兆鳌注：《杜诗详注》，中华书局1979年版，第948页。
② （唐）杜甫著，（清）仇兆鳌注：《杜诗详注》，中华书局1979年版，第1360页。
③ （唐）杜甫著，（清）仇兆鳌注：《杜诗详注》，中华书局1979年版，第424页。
④ （唐）杜甫著，（清）仇兆鳌注：《杜诗详注》，中华书局1979年版，第1459页。

六朝时庚信有一篇《愁赋》（见叶廷珪《海录碎事》卷九下，倪潘注《庚开府全集》和严可均辑《全后周文》都没有收），里面说："闭户欲推愁，愁终不肯去；深藏欲避愁，愁已知人处。"这篇赋似乎从汉代《焦氏易林》所谓"忧来搔（亦作摇）足""忧来叩门"等等（卷四《谦之大畜》、卷七《大过之遁》、卷十二《萃之睽》、卷十五《兑之解》）奇语推演出来，在宋代很流行。唐庚以外，像王安石、黄庭坚、黄叔达、沈与求、陈师道、晁说之、陈与义、贺铸、韩驹、曾几、朱翌、薛季宣、姜夔等等都用到它或引申它。①

钱锺书真不愧谓"文化昆仑"，在这段话后面还列举了周邦彦、辛弃疾、周密、刘辰翁等十多人的作品，与上文共计有二十多位诗人、词人及其作品，这正充分证明了《易林》林辞对后人文人的影响，不愧为"唐宋诗的滥觞"，而这也正是《易林》的文学价值之所在。

三、后世诗人对《易林》的模仿创作

自杨慎、竟陵派诸诗人高度赞赏《易林》的文学价值后，文人们便开始认可了《易林》，将其真正当作诗歌来看待，更有甚者竟主动模仿《易林》进行诗歌创作，"竟陵之言既大行，《易林》亦成词章家观摩胎息之编……《易林》几与《三百篇》并为四言诗矩矱焉"②。例如，明朝诗人胡一桂便对《易林》进行了模仿，创作了大量四言诗。清代胡文学便有《甬上耆旧诗》，在其二十九卷中便收录了胡一桂的四言诗，前有胡一桂小传一篇，曰：

> 胡处士一桂，字百药，万历中诗人，隐居不仕。余初见《甬东诗括》载百药诗九首，风华高绮，自然可爱。为录存八首，意中欿然，思得尽百药诗，

---

① 钱锺书：《宋诗选注》，人民文学出版社1979年版，第108页。
② 钱锺书：《管锥编》，中华书局1979年版，第536页。

遍览久之，复从友人闻蕊泉（闻性道，字蕊泉，主纂康熙《鄞县志》）所得其四言诗一卷，奇文奥义，识学兼造，当是焦延寿一流，为后来词人所绝无者，读之惊赏弥日，其思得尽百药诗文益甚……今百药犹得存此一卷诗，使后世与焦赣易辞并读。①

今试举胡一桂诗两首，看是否如上文引文所评，"奇文奥义，识学兼造，当是焦延寿一流"，看是否真能"与焦赣易辞并读"：

> 玄龟食蟒，伈僳时坐；飞鼠断猿，豈齿胆破。
>
> 狼虱啮鹤，仔侬折剉；青要食虎，利遰不货。
>
> 在气非形，以小制大。②

胡氏此诗意象纷繁，但旨在说明一个道理：小不能胜大，弱不能胜强，否则将自取灭亡。而这种取象方法，这个道理，焦延寿早在《易林》中多次名言之："千雀万鸠，与鹞为仇。威势不敌，虽众无益，为鹰所击"（《无妄之明夷》），"小畜。眵鸡无距，与鹊格斗。翅折目盲，为鸠所伤"（《旅之小畜》），"三虎搏狼，力不相当。如摧腐枯，一击破亡"（《离之晋》）。尤其是《易林》之"力不相当"，真可以续胡氏之"以小制大"，两者确可并读。再看胡一桂诗一首：

> 酉且酒乳漱，天乳哺侑；亡殷牛饮，败楚虎酬。
>
> 成礼将德，百拜三授。赏为欢伯，惩则祸首。③

---

① 宁波市鄞州区政协文史资料委员会整理：《甬上耆旧诗》，宁波出版社2010年版，第818页。

② 宁波市鄞州区政协文史资料委员会整理：《甬上耆旧诗》，宁波出版社2010年版，第819页。

③ 宁波市鄞州区政协文史资料委员会整理：《甬上耆旧诗》，宁波出版社2010年版，第819页。

胡氏此诗借豪饮来畅谈历史兴亡，颇有气势，"赏为欢伯"一语明显是模仿《易林》林辞"酒为欢伯"，来自《坎之兑》："酒为欢伯，除忧来乐。福喜入门，与君相索，使我有得。"从胡氏两首小诗中可以看出其作诗有意模仿《易林》，无论是四言句式，还是取意用象上，都和《易林》如出一辙。其他诗人如董其昌、林古度、倪元璐等人都有模仿因袭《易林》的诗作，钱锺书在《管锥编》中已有列举，此不赘述。

四、《易林》对后世小说、对联等俗文学的影响

其实，《易林》的文学色彩不仅仅影响到汉代的古诗以及后来的五言诗乃至唐宋诗等雅文学。《易林》以其高尚的艺术人格，独特的艺术风格，精妙的艺术技巧，一直影响到时代更加靠后的小说、对联等俗文学。

郑振铎在《中国俗文学史》开宗明义道：

> 何谓"俗文学"？"俗文学"就是通俗的文学，就是民间的文学，也就是大众的文学。换一句话，所谓俗文学就是不登大雅之堂，不为学士大夫所重视，而流行于民间，成为大众所嗜好，所喜悦的东西……差不多除诗与散文之外，凡重要的文体，像小说、戏曲、变文、弹词之类，都要归到"俗文学"的范围里去……"俗文学"不仅成了中国文学史主要的成分，且也成了中国文学史的中心。[①]

俗文学"成了中国文学史的中心"，《易林》如果影响到了俗文学，则说明《易林》的文学价值是不容置疑的。事实的确如此，《易林》真真切切影响到了俗文学之中的小说和对联。清人李汝珍在《镜花缘》第八十六回"念亲情孝女挥泪眼，谈本性侍儿解人颐"中就明确提及《易林》：

---

① 郑振铎：《中国俗文学史》，东方出版社1996年版，第1页。

紫芝道:"他的笑话虽好,不知可能飞个双声叠韵?"兰芝道:"如飞的合式,诸位才女自然都要赏鉴一杯。"玉儿道:"我就照师才女'公姑'二字飞《焦氏易林》'一巢九子,同公共母'。双声叠韵俱全,敬诸位才女一杯。"紫芝道:"都已赏脸饮了,说笑话罢。设或是个老的,罚你一杯。"[1]

《易林》的文学价值,还能体现在对联这种不属于雅文学但能雅俗共赏的文体上。闻一多早在《易林琼枝》中就写下了一个关于《易林》在后世地位及其影响的提纲:

> 后世的地位:楹联。[2]

因为《易林》语言淡雅隽永,灵警奇奥,故清人有征引其林辞编入对联的传统。徐时栋《烟屿楼笔记》卷八曰:

> 集《易林》者多矣。各出己意,夐夐生新。余集数联云:"饮福千锺,日受其喜;当夏六月,风吹我乡。""登高上山,云过吾面;举杯饮酒,客入其门。""小窗多明,为我鼓瑟;芳花当齿,使君延年。""龙马上山,升摧超等;凤皇来舍,坐立欢门。""春桃萌生,时雨嘉降;秋兰芬馥,飞风送迎。"

上述对联,除"芳花当齿""升摧超等""凤皇来舍""时雨嘉降"外,全部来自于《易林》林辞。这些对联对仗工整,音韵铿锵,极具美感,充分体现了《易林》的文学价值。除徐时栋外,清人吴恭亨著有《对联话》,卷十二《杂缀二》亦载有《易林》林辞:"赵菁衫自署门联,集《易林》云:'进士为官,折腰不媚;

---

① (清)李汝珍:《镜花缘》,上海古籍出版社2005年版,第402页。
② 闻一多:《闻一多全集》(第10册),湖北人民出版社1993年版,第64页。

贵人有疾，在目无瞳。'亦自新颖。"①另外，还有两本专门集《易林》林辞为对联的著作，一为无名氏编著，上海扫叶山房1917年刊本《易林集联》；另一为清人徐珂编著，上海商务印书馆1927年版《易林分类集联》。

对联是中华民族的独有的文化瑰宝，对仗工整，平仄协调，是一字一音的中文语言独特的艺术形式，"是由六朝的骈赋和唐代的格律诗脱胎而来的，是在中国特殊的文化背景下产生和发展的，是一种纯粹中国特色的文学样式"②。对联语言文字的平行对称，与《周易》中"太极生两仪"，即把世界万事万物分为相互对称的阴阳两半，在思维本质上是相通的，所以说对联的哲学渊源即是《周易》阴阳对立统一的思想。《周易·系辞上》："一阴一阳之谓道。"《周易·序卦传》："有天地然后有万物，有万物然后有男女，有男女然后有夫妇，有夫妇然后有父子，有父子然后有君臣，有君臣然后有上下，有上下然后礼义有所措。"《易林》又是衍易之作，注易之作，自有对立统一思想蕴含于其中，故而能被后人集为对联，可谓理所当然之事。对联雅俗共赏，流传面广，"作为中国文学形式之一种，它们对《焦氏易林》的接受，亦可看作《易林》文学影响的扩大"③。

五、《易林》对后世《易》类著作文学色彩的影响

《周易·系辞下》有一段阐释《易》之义旨的话道：

> 夫《易》，彰往而察来，而微显阐幽，开而当名，辨物正言断辞，则备矣。其称名也小，其取类也大。其旨远，其辞文，其言曲而中，其事肆而隐。因贰以济民行，以明失得之报。

这段话说的是《周易》义旨，同时，"其称名也小，其取类也大。其旨远，其

---

① （清）吴恭亨撰，喻岳衡点校：《对联话》，岳麓书社1984年版，第328页。
② 刘德辉：《论对联的文体性质》，《湖南社会科学》2005年第2期。
③ 刘银昌：《盖事虽〈易〉，其辞则诗——＜易氏易林＞文学研究》，陕西师范大学2006年博士学位论文。

辞文，其言曲而中，其事肆而隐"，也完全可以看作是后世诗歌这种文体的义旨所在，所以闻一多说："这不比古今许多诗的定义来得更中肯点吗？"[①]《周易》可以具备诗之特质，事实的确如此，《周易》中部分卦爻辞早已被当作诗歌来研读，如《屯·六二》："屯如，邅如，乘马班如。匪寇，婚媾。"上六："乘马班如，泣血涟如。"《中孚·九二》："鸣鹤在阴，其子和之。我有好爵，吾与尔靡之。"六三"得敌，或鼓，或罢，或泣，或歌。"这些卦爻辞所具备的诗质、诗美早已成为学界定论，且很好地被《易林》所继承并发扬光大，影响后世。"《易》所表现的都是极其平凡的生活形态，所以它的艺术技巧很低，自从《易林》出现，《易》的文学色彩就显得灿然可观了。"[②]《易林》乃衍易之作，解易、注易之作，西汉易学仅存的硕果之一，它的横空出世，的确影响并带动了后世《易》类著作的文学色彩，使得它们"灿然可观"。

后世易学著作受《易林》影响的当首推扬雄之《太玄》，前文已经提到《太玄》与《易林》之诸多关系，此不赘述，且《太玄》造语新奇，妙喻跌出，如《太玄·文》："次六：鸿文无范，恣于川。"《太玄》亦有一定的文学色彩，"汉人依傍《易经》之作，尚有杨雄《太玄经》；雄老于文学，惨淡经营，而伟词新喻如'赤舌烧城'、'童牛角马'、'垂涕累鼻'、'割鼻食口'、'啮骨折齿'、'海上群飞'等，屈指可尽，相形而见绌也。"[③]《太玄》问世后，东汉文人多有模仿，竞相言"玄"，如张衡有《思玄》，蔡邕作《玄表》，潘勖创《玄达》，"于开东汉学术玄远旨趣的同时，亦开东汉文风中崇尚自然的思想情趣和达观玄览的艺术境界"[④]。同时，《太玄》也开启了魏晋文学崇尚玄言、畅谈玄理，因玄而传达旨趣的先河。

前文提及的郭璞《易洞林》便是明显受《易林》影响而变得文学色彩"灿然可观"之作。《晋书·郭璞传》记载道："璞好经术，博学有高才，而讷于言论，词赋为中兴之冠。好古文奇字，妙于阴阳算历。"郭璞精于卜筮，其易学渊源和焦延寿也有着很大的关系，"（璞）又抄京、费诸家要最，更撰《新林》十篇，《卜

① 闻一多：《闻一多全集》（第10册），湖北人民出版社1993年版，第61页。
② 郑临川述评：《闻一多论古典文学》，重庆出版社1984年版，第34—35页。
③ 钱锺书：《管锥编》，中华书局1986年版，第536页。
④ 许结：《汉代文学思想史》，人民出版社2010年版，第214页。

韵》一篇"，"禳灾转祸，通致无方，虽京房、管格不能过也"（《晋书·郭璞传》）。可见郭璞是学习过京房易的，而京房又为得焦延寿之道的高徒，故可以断定郭璞必然对焦延寿易学有着精深的研究，其易学渊源必有焦氏易学在内，事实也的确如此，通过《易洞林》中的林辞就完全可以看出来。例如：

朱雀西北，白虎东走。奸猾衔璧，敌人束手。占行得此，是谓无咎。（《同人之革》）

虎在山石，马过其左。駮为功曹，猾为主者。垂耳而潜，不敢来下。爰升虚邑，遂释魏野。（《随之升》）

《艮》体连《乾》，其物壮巨。山潜之畜，匪兕匪虎。身与鬼并，精见二午。法当为禽，两翼不许。遂被一创，还其本墅。按卦名之，是为驴鼠。（《遁之蛊》）

水不下涧，云不登天，泥沉致口，官守不坚。（虞世南《北堂书钞》引《易洞林》）

小狐迄济，垂尾累衰。初虽偷安，终靡所依。（《既济》）[①]

从上述《易洞林》林辞中不难看出《易林》的影子和郭璞对其模仿的痕迹，如第一首可参看《易林·大有之大有》："白虎张牙，征伐东莱。朱雀前驱，赞道说辞。敌人请服，衔璧前趋。"再如第二首，可对照《易林·大有之讼》中"虎卧山隅，鹿过后胸。弓矢设张，猾为功曹，伏不敢起，遂至平原，得我美草。""词赋为中兴之冠"的郭璞，在《易洞林》林辞中也有借用、化用《易林》林辞之处，甚至有直接引用《易林》林辞之处，如"駮为功曹，猾为主者"。在四言句式、布局结构、立意用象方面都对《易林》有所借鉴，从而推动了卜筮之作向文学之林的迈进。郭璞《易洞林》的文学色彩及其所受《易林》的影响，学界已有定论：

---

① （晋）郭璞：《易洞林》，根据《玉函山房辑佚书》七十八卷整理。

综观郭璞占卜林辞，或因象设辞，或把《易》辞加以改造、润色。它们多俗语、口语，明白晓畅且押韵，读起来朗朗上口，易于记诵。其句式或四言，或七言，或八言，整齐划一，颇似一首首诗歌或民谣，具有一定的文学鉴赏价值。郭璞林辞，从某种角度说，也是对焦氏《易林》林辞的仿效和发展。①

宋代著名的"红杏尚书"宋祁也曾著有三卷易学著作——《笔记》，四库馆臣在《四库全书总目提要》中夸赞其下卷《杂说》曰："造语奇隽，多似焦赣《易林》、谭峭《化书》"。试举数例，看是否如四库馆臣所言。

枭不凭夜，弗能自怪。政必先镈，奸人投诉。
父否母然，子无适从。政产二门，下乃告勤。
金鼓既震，卒腾于阵。爵赐已明，士勇于廷。
重轻不同，衡献其公。曲直相欺，绳出其私。
造父亡辔，马颠于跬。庸人厉策，马为尽力。
去山弗栖，虎丧其威。爪牙弗具，失所为虎。
赝贾乱尘，癏农败田。谗夫挠邦，害马污群。
种禾不耰，而怼其秋，与食为仇。

宋祁之《笔记·杂说》多为四言四句之韵语作品，文章风格类似《易林》，说理奇警，如"赝贾乱尘，癏农败田。谗夫挠邦，害马污群"，意蕴悠长，如"种禾不耰，而怼其秋，与食为仇"。遣词造句与《易林》极为相似，如"与食为仇"一语，可参看《易林》中"与利为仇""与市为仇""与鹬为仇""与璆为仇""与我为仇"等句，确实可当"奇隽"一语之评。

———
① 连镇标：《郭璞研究》，上海三联书店2002年版，第196页。

第四章

"《易林》之言，皆与史合"

——《易林》的史学价值研究

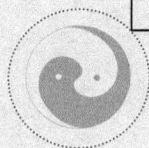

绪　言

余嘉锡先生曾提出非常有见地的论断："《易林》之言，皆与史合。"①的确如此，《易林》不但具有极高的文学价值，同时，因为《易林》林辞众多，包罗万象，一方面广泛援引先秦经史子集如《周易》《左传》《诗经》《史记》《老子》《楚辞》等之内容，另一方面深入采集西汉中前期自然社会、政治经济、军事外交、民生风俗之史料，从而使得《易林》也具备了极高的史学价值。《易林》用四千零九十六首包罗万象的林辞，记述了西汉中后期的社会现实和平民百姓的思想情感，对后世易学、文学、史学的发展都有卓越的贡献。

《易林》作为易学史上一部重要的解易之作、衍易之作，何来史学价值？其实，在中国学术史上易学和史学联系还是非常紧密的。《周易》里面就有很多对战国以前史料的记载，如顾颉刚从《周易》中考证出了"王亥丧牛于有易""高宗伐鬼方""帝乙归妹""箕子明夷"等史实②；闻一多的《周易义证类纂》《周易杂记》更是用《周易》来做社会史史料学研究。与焦延寿同时代的大史学家司马迁所著之《史记》，也有明显的易学思想，其"通古今之变"的思想就是源于《周易》的变通思想。到了南宋甚至出现了一支重要的易学流派——"援史证易"派，以李光和杨万里为代表，其著作分别为《读易详说》和《诚斋易传》。他们在书中援引大量的历代史实，以历史人物的成败得失或历史事件的正反面教训来参证《周易》

---

① 余嘉锡：《四库提要辨证》，中华书局1980年版，第755页。
② 参见顾颉刚：《古史辨》，上海古籍出版社1982年版，第5—27页。

经传的易理和旨趣。这一学派治易有一特点，即影射现实、衍申易理，如有学者所言：

    这一特点，显然是基于李光、杨万里对所处的南宋社会最高统治阶层偏安江南、昏庸无能、不图统一大业的政治现状的极度不满所致，因而激起他们援古讽今，借衍申《周易》义理以抨击社会现实的愤懑之情。①

"援史证易"派李光、杨万里诸人所处的时代和焦延寿生活的时代有很多相似之处，君主昏聩、奸佞当道、民不聊生，而其治易方法和焦延寿借用林辞来讽喻现实也是如出一辙。到了现代，将易学、史学结合起来治学的还不乏其人，胡朴安及其《周易古史观》便是例证。在胡氏著作中，本《周易·序卦》之说，《乾》《坤》两卦为绪论，《屯》至《离》为草昧时代至商朝末年的历史，《咸》至《小过》为周朝初年文、武、成王时代的历史，《既济》《未济》两卦为余论。吕绍刚曾评价胡氏著作曰："把《周易》六十四卦作为史书加以全面、系统地解释，形成完整的《周易》古史体系，胡书是第一部。"②至此，我们有理由相信《易林》将易学和史学结合起来并具有史学价值，事实也的确如此。

① 张善文：《象数与义理》，辽宁教育出版社1993年版，第282页。
② 胡朴安：《周易古史观·导读》，上海古籍出版社2005年版，第1页。

第一节　《易林》的史学思想
——对中国史学传统的继承

　　史学的生命寄托在史学思想、史学理论与史学方法之中。没有史学思想、史学理论与史学方法，所谓的史学，必将徒具躯壳，而无一丝生命。中外史学界极其流行一种论调，认为中国史学只是一种编纂，而无思想可言。[①]例如，"历史意识（historical mindedness；historical consciousness）乃西方独有的东西，故史学史必须追溯到希腊与犹太之根，无论印度或中国皆属'无史'（ahistorical）"[②]。就连具有开明思想的爱德华·卡尔也只认为中国拥有的只是丰富史料性的历史。还有西方史学家认为中国的《春秋》，属于公家的日记，《尚书》则是奇幻的政府档案，两者仅是"真实历史的原料"（materials for a true history）。想让西方史学家承认中国像西方一样有真历史，难于登天。"历史是偶发时间的混合，不可理解，或是壁纸形式，一再重复"。中国的历史就是如此，其背后的史学，岂有思想可言？研究中国历史的西方汉学家尽管承认中国史书之丰富，但也认为中国的历史"只不过是机械地用剪刀与糨糊剪贴而成，对史料的取舍缺乏批判的眼光"[③]。如果极力贬抑中国历史为"剪贴式的史书"（scissors-and-paste historical method），则其史学自是一种编纂而丝毫涉及不到思想了。[④]

　　史学是思想下的产物，没有思想，就没有史学。英国著名史学家柯林·武德

---

① 吴怀祺：《中国史学思想史·后记》，安徽人民出版社1996年版，第392页。
② 转引自汪荣祖：《史学九章》，生活·读书·新知三联书店2006年版，第89页。
③ 转引自汪荣祖：《史学九章》，生活·读书·新知三联书店2006年版，第101页。
④ 参见汪荣祖：《史学九章》，生活·读书·新知三联书店2006年版，第89—105页。

提出："历史学家所要寻求的正是这些思想过程，一切历史都是思想史。"①中国发展两千余年的史学，其呈现出的思想，脉络分明，清晰可见。任何一位出色的史学家，皆有其特殊的史学思想；时代趋势，学术潮流，所影响于史学思想者，难以细分缕数；跨越时代，形成巨流的史学思想，亦斑斑可考。以德国历史学家兰克为代表的实证主义历史学派于1824年所提出的"呈现往事真相"一语，震撼了西方史学界，但是在中国此语对于治史者来说可谓人尽皆知。"书法不隐""秉笔直书""实录直书""有是事而如是事"，都是"呈现往事真相"，就连偶用"曲笔"的"春秋笔法"也不例外。

一、对"春秋笔法"的继承

"春秋笔法"，也叫"春秋书法"或"微言大义"，作为中国历史叙述的一个传统，来源于据传为孔子所修的《春秋》。经学家认为它每用一字，必寓褒贬，即在文章的记叙之中表现出作者鲜明的思想倾向，而不是通过议论性文辞来加以表达。后来用以称那种曲折而意含褒贬的文笔为"春秋笔法"。

左丘明探幽发微，首先对这种笔法做出精当的解释："《春秋》之称，微而显，志而晦，婉而成章，尽而不污，惩恶而劝善，非贤人谁能修之?"(《左传·成公十四年》) 杜预注解这一段话道："辞微而义显……约言以记事……屈曲其辞，有所辟讳，以示大顺，而成篇章……直言其事，尽其事实，无所污曲……善名必书，恶名不灭，所以为惩劝。"②钱锺书在《管锥编》中是这样解释"春秋笔法"的："'微''晦''不污'，意义邻近，犹'显''志''成章''尽'也。'微'之与'显'，'志'之与'晦'，'婉'之与'成章'，均相反以相成，不同而能和。不隐不讳而如实得当，周详而无加饰，斯所谓'尽而不污'。"③通过古今

① (英)柯林武德：《历史的观念》，何北武、张文杰译，商务印书馆1997年版，第302—303页。
② (周)左丘明撰，(晋)杜预注，(唐)孔颖达等正义：《春秋左传正义》，北京大学出版社1999年版，第765页。
③钱锺书：《管锥编》，生活·读书·新知三联书店2007年版，第269页。

学者的研究得出，"春秋笔法"即是要修史者既能够详尽而又真实地记录历史上的人物、事件，又能够含蓄而又曲折地表达出对历史人物、事件的政治理想和褒贬爱憎。

例如，《春秋》载僖公十七年："夏，灭项。"仅仅三个字而已，但就运用了"春秋笔法"。杜预在注中曾说道："项国，今汝阴项县。公在会，别遣师灭项，不言师，讳之。"[1]鲁僖公在十七年不知道因为什么原因，偷偷摸摸地派兵灭了项国，而此时鲁僖公人还在外地，未曾归国。这是不光彩的事情，故孔子在修作为鲁国国史的《春秋》时只用三个字一笔带过，杜预才会有"不言师，讳之"之语，是为"屈曲其辞，有所辟讳"。"秋，夫人姜氏会齐侯于卞。"（《春秋·僖公十七年》）是说在僖公十七年秋天，鲁僖公夫人声姜会齐桓公于卞城，是因为自己的丈夫被齐桓公扣留，不得已上演了一幕"美女救英雄"的闹剧。声姜之举于礼不合，但合于情，故孔子在记载此事时未加一字贬斥之辞，是为杜预所言："直言其事，尽其事实，无所污曲"，"善名必书，恶名不灭，所以为惩劝"。孔颖达在正义中的话，也很好地说明了孔子修《春秋》时所用的"春秋笔法"：

> 妇人送迎不出门，见兄弟不逾阈，今出会齐侯无讥文者，凡夫人之行得礼、失礼直书其事，善恶自明，故于文悉无褒贬。此时公为齐人所止，夫人会以释之，纵使违礼，不合贬责。[2]

《左传》为《春秋》三传之一，且"左丘明好恶与圣人同，亲见夫子"（《汉书·刘歆传》），左丘明将圣人的"春秋笔法"继承了下来并在《左传》中发挥得淋漓尽致。例如，《春秋》隐公元年载有"郑伯克段于鄢"一语，《左传》对此做了详尽的解释，将"春秋笔法"展露无遗："段不弟，故不言'弟'；如二君，故曰'克'；称'郑伯'，讥失教也；谓之郑志，不言出奔，难之也。"（《左传·隐公十

---

① （周）左丘明撰，（晋）杜预注，（唐）孔颖达等正义：《春秋左传正义》，北京大学出版社1999年版，第388页。
② （周）左丘明撰，（晋）杜预注，（唐）孔颖达等正义：《春秋左传正义》，北京大学出版社1999年版，第388页。

七年》）"郑伯克段于鄢"故事的结局是郑伯驱逐了亲弟弟鄢叔，并与亲生母亲反目成仇，立下毒誓"不及黄泉，无相见也"。后在颍考叔的帮助下，母子二人在流着黄泉的地底下见面了，并最终"遂为母子如初"。这里的"初"字耐人寻味，母子二人到底和好到何种程度，左丘明未做任何交代，但通读完整个故事后我们知道，"初"即先前郑伯之母偏心寡情、郑伯虚伪奸诈的时候，母子之间没有任何亲情、只有你死我活的争斗的时候，"初"并不真的是"其乐融融""其乐泄泄"，而是"表现了郑国统治阶级内部的互相倾轧以及郑庄公的阴险毒辣和虚伪"[①]。这便是"微而显，志而晦，婉而成章，尽而不污，惩恶而劝善"的"春秋笔法"。

再如上文所举，《春秋》僖公十七年经文："夏，灭项。"《左传》延伸为："师灭项。淮之会，公有诸侯之事，未归，而取项。齐人以为讨，而止公"（《左传·僖公十七年》）。明明是鲁僖公被齐桓公扣押，而左丘明却用了"止公"二字，这便是明显的"春秋笔法"，杜预在注中倒是点明了这一点，"内讳执，皆言止"[②]。

"春秋笔法"，如当代学人所言，"就修辞原则而言，又可分为二类；一为直书其事，'尽而不污'者是也；一为微婉隐晦，'微而显''志而晦''婉而成章'者是也。微婉隐晦又可分为二类：出于避讳者，'婉而成章'是也；非出于避讳者，'微而显''志而晦'是也"[③]。"春秋笔法"的这些修辞原则在《易林》中均有所体现。

（一）"直书其事"

下面让我们通过《易林》中具体的林辞，来看看《易林》是如何表现上文所述的"春秋笔法"的具体原则。

> 牵尾不前，逆理失臣。卫朔以奔。（《比之恒》）
>
> 齐景惑疑，为孺子牛。嫡庶不明，贼篡为患。（《履之蛊》）

① 王力：《古代汉语》，中华书局1962年版，第8页。
② （周）左丘明撰，（晋）杜预注，（唐）孔颖达等正义：《春秋左传正义》，北京大学出版社1999年版，第389页。
③ 李洲良：《春秋笔法的内涵外延与本质特征》，《文学评论》2006年第1期。

陈鱼观社，艮荒踰距。为民开绪，亡其祖考。（《大壮之涣》）

上述林辞所引典故前文有考，此不赘述。这些林辞可谓"直书其事"，不避君亲权贵。卫惠公朔虽贵为国君，但是向卫宣公进谗言，害死了两位兄长，篡夺了王位，但最终还是没有好结局。焦延寿在林辞中不避君亲，直接指出其"逆理失臣"。齐景公临死前置嫡子于不顾，要立庶子荼为国君，可谓老糊涂也，终至家庭内讧，兄弟相残，最终也害死了他所疼爱的孺子——荼。焦延寿在林辞中直接指出了齐景公的年老"惑疑""嫡庶不明"。鲁隐公如棠"陈鱼"，鲁庄公去齐"观社"，两人贵为国君，但所作所为，公然违背礼仪，故焦延寿毫不留情地对二人进行了强烈谴责——"艮荒踰距"，不避君亲，直书其事。

栾子作殃，伯氏诛伤。州吁奔楚，失其宠光。（《大畜之同人》）
三奸相扰，桀跖为友。上下骚离，隔绝天道。（《履之随》）

晋国大夫栾书犯上作乱，弑厉公；残害忠良，诛伯宗，可谓"作殃"、作孽。汉元帝时三位著名的奸佞——石显、牢梁、五鹿充宗，沆瀣一气、狼狈为奸，上蛊惑君主、中残害忠良、下压榨百姓，致使整个国家"上下骚离，隔绝天道"。这些人均为权贵，有的如栾书已经作古，但有的如"三奸"就与焦延寿同时代。焦延寿对他们的恶行劣迹秉笔直书，不惧权贵，充分显示了《易林》一书所具备的"直书其事"的史学思想。

（二）"微婉隐晦"

"微婉隐晦"，如上文所言，为了避讳，就变成了"婉而成章"，即在为尊者讳时婉曲用笔，对尊者如国君等人的过错，不是直接给予揭发，而是迂回曲折地叙述出来，给尊者留些情面。这些"春秋笔法"的具体原则在《易林》中均有所体现，例如：

蔡侯适楚，留连江滨。踰日历月，思其后君。（《泰之恒》）

兵征大宛，北出玉关。与胡寇战，平城道西，七日绝粮，身几不全。（《屯之屯》）

龙马上山，绝无水泉。喉焦唇干，舌不能言。（《乾之讼》）

　　蔡侯目光短浅、心胸狭隘，因爱惜一块玉佩和一件裘衣，而招致楚国子常长达三年之久的软禁。林辞中无一字一语对蔡侯的直接揭发，其招致软禁，有国难归，在焦延寿林辞中也是写的含蓄蕴藉——"留连江滨"。

　　第二首林辞写汉高祖刘邦经历的一场著名的大败仗，也是汉朝初年军事、外交上的一大耻辱，但是从林辞中看不出焦延寿对刘邦的不满和批判，看出的反而是对这位亲征匈奴的开国之君的赞誉和景仰，因为林辞中"征""寇"等字已经流露了作者的情感取向。"征"，《说文解字》释曰："征，正也。"①"寇"者，"暴也"②。"七日绝粮，身几不全"也成了对刘邦英勇无畏的献身精神的写照。

　　第三首是写汉武帝为得到西域汗血宝马而派兵远征的历史。汉武帝为了满足一己私欲，不惜派出数万大军远征西域。异域恶劣的自然环境、气候，让大军伤亡惨重，"喉焦唇干，舌不能言"仅仅是一斑半点而已。但是我们从林辞中还是看不出焦延寿对汉武帝直接的谴责和批判，甚至不留意的话，很难发现林辞与汉武帝有关。

　　当"微婉隐晦"不是为尊者、贤者避讳时，如前文所言，就成了"微而显""志而晦"，即在叙述历史事实时，含蓄地寄寓了作者的褒贬爱憎。《易林》中对此也有着很好的体现，例如：

有鸟来飞，集于宫树。鸣声可恶，主将出去。（《屯之夬》）

开市作喜，建造利事。平准货宝，海内殷富。（《升之大壮》）

　　① （汉）许慎：《说文解字》，江苏古籍出版社2001年版，第39页。
　　② （汉）许慎：《说文解字》，江苏古籍出版社2001年版，第68页。

第一首林辞叙述的是荒淫腐朽的昌邑王刘贺见鹈鹕仍然不知反省的史实。昌邑王刘贺因机缘巧合得以荣登大宝，成为皇帝，在位时间虽短，可是坏事干尽，不到一月即被赶下龙椅，赶出皇宫，一贬再贬，为海昏侯。在这首林辞中，焦延寿还是没有谴责怒斥刘贺，只是娓娓道来，甚至还尊称刘贺为"主"，可谓给足刘贺的情面，因为刘贺毕竟当过汉朝的皇帝，是为汉废帝。林辞的这种叙写历史的原则，显然属于"微婉隐晦"中的"志而晦"。

第二首写汉武帝政绩显明，重用贤臣桑弘羊，令其推行平准业务，致使"海内殷富"。林辞表面上没有歌颂汉武帝的政绩功业，但从"海内殷富"一语中，还是能够感受到焦延寿对汉武帝在经济方面为国家作出贡献的赞誉之情，这便是"微婉隐晦"中的"微而显"。

上述林辞在记录历史史实的同时，作者均未对事件中的人物做出任何评价，而是让人物自己说话。作者虽未对这些历史人物做出任何的直接的褒贬，但通过字面意思，还是能够感受到作者含蓄蕴藉的爱憎之情，使"春秋笔法"之"微婉隐晦"得以实现。

二、对"书法不隐"袭用

《易林》不但能够"直书其事""微婉隐晦"，更能够在记载前朝史事时无需避讳，平实直露，爱憎分明，这便是另一种史学思想——"书法不隐"。

"书法不隐"是中国古代史官修史的另一个优秀的、重要的传统，源于《左传·宣公二年》"赵盾弑其君"一事。昏聩的晋灵公设宴欲除掉当时晋国正卿赵盾，后赵盾侥幸得逃。赵盾的从弟赵穿率众劫杀晋灵公，赵盾听到晋灵公被杀的消息后，没有逃出国境即被赵穿迎还。晋太史董狐记载此事道"赵盾弑其君"，在朝廷上宣示，并对赵盾说道："子为正卿，亡不越竟，反不讨贼，非子而谁？"后来孔子听说这件事后，对晋太史董狐大加赞赏："董狐，古之良史也，书法不隐。"

"书法不隐"相较于"春秋笔法"更进一层，其要求在秉笔直书、实事求是记载历史史实的基础上，对人物、事件的性质要有明确的看法和态度，而不是再让历史人物、事件本身说话，修史者要表达出褒贬爱憎，"笔端常带情感"。孔子对董狐的赞赏，正说明了孔子对"书法不隐"的认可。其实，孔子在修《春秋》时，因为要"为尊者讳，为亲者讳，为贤者讳"（《春秋公羊传·闵公元年》），故有时不得不采用"曲笔"一法，对部分史实进行遮蔽或放大，"'为亲贤讳'之一主观的目的，遂不惜颠倒事实以就之……其他记载之不实、不尽、不均，类此者尚难悉数。故汉代今文经师谓《春秋》乃经而非史，吾侪不得不宗信之"[①]。孔子的这种"曲笔"也有难言之隐，有学者已经指出：

> 孔子非鲁国史官，他以私人身份修订《春秋》并非如董狐"书法不隐"那样以求记史真实为终极目的。孔子要在《春秋》中寄寓他的王道理想，寄寓他的善恶褒贬，《春秋》以求"善"为终极目的，不是以求"真"为终极目的，所以孔子才会有这样的感叹："知我者其惟《春秋》乎！罪我者其惟《春秋》乎！"[②]

《易林》在记载前朝往事时，大量林辞不仅实事求是，秉笔直书，还做到了爱憎分明，褒贬立见，可以说充分发扬了中国史官的优良传统——"书法不隐"。例如：

> 孟巳巳丑，哀呼尼父。明德讫终，乱害滋起。（《睽之恒》）
>
> 黄帝神明，八子圣聪。俱受大福，天下康平。（《豫之无妄》）
>
> 重耳恭敬，遇谗出处。北奔戎狄，经涉齐楚。以秦代怀，诛杀子圉，身为伯主。（《坎之屯》）
>
> 设罟捕鱼，反得屠诸。员困竭忠，伍氏夷诛。（《渐之睽》）
>
> 平国不君，夏氏作乱。乌号窃发，灵公殒命。（《临之晋》）
>
> 左指右麾，邪淫侈靡。执节无良，灵君以亡。（《丰之噬嗑》）

---

① 梁启超：《中国历史研究法》，上海人民出版社2014年版，第34页。

② 李洲良：《春秋笔法的内涵外延与本质特征》，《文学评论》2006年第1期。

骊姬谗嬉，与二嬖谋。谮杀公子，贼害忠孝。申生以缢，重耳奔逃。（《比之履》）

楚灵暴虐，罢及民力。祸起乾溪，弃疾作毒。扶伏奔逃，身死亥室。（《需之泰》）

在上述林辞中，焦延寿的褒贬之辞溢于言表，对至圣先贤、明君忠臣则大加褒奖，不吝溢美之词，如"明德""雅言""神明""圣聪""恭敏""竭忠"，等等；对昏君乱臣、蛇蝎妃嫔则严加鞭笞，不惜贬斥之辞，如"惑疑""不君""邪淫佚靡""谗嬉""谮杀""贼害""暴虐""作毒"，等等。在这些林辞中，焦延寿饱含情感，爱憎分明，古人是非善恶，一览便知。这些具有史学价值的林辞，一如《易林》中的其他林辞，"充满浓郁的感情，或是作者本人喜、怒、哀、怨之情的直抒，或是所描述人物和拟人化的鸟兽草木种种情感的表露，真切动人，读者可与之发生感情的共鸣"①。这是因为身在汉代的焦延寿，无须为前人避讳，没有时人著录其同时代历史的顾虑，但须对后人负责，借古讽今，古为今用，故在记录前朝史实的时候自然而然地流露出了强烈的个人情感，以期对其时代起到惩前毖后、惩恶扬善的作用，而这一点前文多有述及。

三、对"通变"思想的借用

《易林》史学思想还体现在其对"通变"思想的借鉴和运用上。"通变"思想可谓是继孔子"春秋笔法"和春秋史官"书法不隐"的史学思想后又一著名的史学思想。而司马迁也是把自己当作是继孔子后五百年才出现的大修史者，可谓第二位圣人，其在《史记·太史公自序》中就含蓄地说道："先人有言：'自周公卒五百岁而有孔子。孔子卒后至于今五百岁，有能绍明世，正易传，继春秋，本诗书礼乐之际？'意在斯乎！意在斯乎！小子何敢让焉。"而"通变"的史学思想，

---

① 陈良运：《焦氏易林诗学阐释·前言》，百花洲文艺出版社2000年版，第5页。

源于其《报任安书》：

> 网罗天下放失旧闻，略考其行事，综其终始，稽其成败兴坏之纪，上计
> 轩辕，下至于兹，为十表，本纪十二，书八章，世家三十，列传七十，凡百
> 三十篇。亦欲以究天人之际，通古今之变，成一家之言。

司马迁的这种史学思想的确大气磅礴，在他看来，修史不仅仅是要惩恶扬善，不再是要秉笔直书，也不局限于给予褒贬，而是要穷尽天道与人事之间的关系，通晓自古至今变化的缘由，形成一家的学说。这便是"通变"的史学思想，这种史学思想，与"春秋笔法""书法不隐"相较而言，确如有学者所评价："与《春秋》的"辨是非"、明"道义"、"惩恶劝善"之义相比，其气魄之大，见闻之广，思虑之深，当知史学肇端于司马迁不为虚言。"①

"通变"思想的提出，在史学思想史上意义重大而且影响深远，它不仅要求修史者真实地记录历史上纷繁复杂的变迁，如朝代的更迭、时事的兴衰，还要在历史变迁的背后，站在历史的最高点，找到促使这种"古今之变"形成的缘由。在司马迁看来，这种促成"古今之变"的真正缘由是什么呢？司马迁在《史记·太史公自序》给出了答案：

> 《春秋》之中，弑君三十六，亡国五十二，诸侯奔走不得保其社稷者不可
> 胜数。察其所以，皆失其本已。故《易》曰"失之毫厘，差以千里"。故曰
> "臣弑君，子弑父，非一旦一夕之故也，其渐久矣"。

造成"古今之变"的真正缘由即是"失本"，"渐"就是造成这种"失本"的根源所在，"渐"可谓历史的表面现象，单个事件，"变"乃是历史的内在规律，整体变迁。单个的"渐"累积在一起，达到一定程度便会出现"变"，而其"通古

---

① 李洲良：《春秋笔法的内涵外延与本质特征》，《文学评论》2006年第1期。

今之变"的目的就是要找出"变"中之"渐"。历史长河中单个事件的"渐"，容易被人看出，朝代更迭、国家灭亡，或归因于昏君执政，或咎责于奸佞当道，但如若纵观整个人类历史的变迁，非"失本"则无法解释，因为"在司马迁心中，'渐'与'本'有着密切联系。春秋诸侯不能保其社稷，原因就在'皆失其本'"①。而"本"又是什么呢？司马迁还是在《史记·太史公自序》中做出了回答："夫不通礼义之旨，至于君不君，臣不臣，父不父，子不子……故《春秋》者，礼义之大宗也。"可见，"失本"即是"不通礼义之旨"，那么，"本"即是"礼义"，或曰"礼"。司马迁还在《史记·礼书》中对此做了进一步阐明："礼由人起。人生有欲，欲而不得则不能无忿，忿而无度量则争，争则乱。先王恶其乱，故制礼义以养人欲，给人以求，使欲不穷于物，物不屈于欲，二者相待而长，是礼之所起也。"

至此，我们明白了史学思想之"通变"思想的核心，即认识到历史变迁是由于执政者失礼所造成的，作为稍后于司马迁时代的焦延寿，对此也有着深刻的认识，《易林》记载前朝史实的林辞，也完全继承了《史记》的"通变"思想，并有着淋漓尽致的体现，例如：

> 齐鲁永国，仁圣辅德。造礼雅言，定公以安。（《坎之否》）
> 颜渊闵骞，以礼自闲。君子所居，祸灾不存。（《无妄之睽》）
> 伯夷叔齐，贞廉之师。以德防患，忧祸不存。（《节之益》）
> 天厌周德，命我南国。以礼靖民，兵革休息。（《无妄之否》）
> 管鲍相知，至德不离。三言相桓，齐国以安。（《临之同人》）
> 躬礼履仁，尚德止讼。宗邑以安，三百无患。（《大畜之需》）
> 迎福开户，喜随我后。康伯恺悌，治民以礼。（《升之涣》）

"齐鲁永国"前文已述，是因为有制礼作乐且行礼守礼的圣人孔子相辅助。

---

① 张小平：《孔子、司马迁史学思想的传承及启示》，《安徽史学》1997年第2期。

"颜渊闵骞"，乃孔子的得意门生，和夫子一样坚持礼义，严守师法，故后世有"孔颜乐处"一说，汉、宋以来的儒学大师都把它奉为最高的人格理想与道德境界。孔子师徒在礼仪方面做出了卓绝的贡献，"孔子是春秋晚年的礼学大师。原来古代有一种'儒者'，就是靠勷助典礼和传授仪文为生活的人。孔子便是这类人中的特出人物"①。

"伯夷叔齐"兄弟相让王位，且义不食周粟而饿死，德高志洁，信守礼义，故被司马迁放在《史记》七十列传的第一篇，并援引夫子的话"岁寒，然后知松柏之后凋"，对其二人大加赞赏。

"天厌周德"出自《左传·隐公十一年》："夫许，大岳之胤也，天而既厌周德矣，吾岂能与许争乎？"鲁隐公十一年七月，鲁、齐、郑联合起来攻克了许国，并将许地交与郑国托管，于是郑庄公对守许地的臣子作了两次训诫，要求他们怀柔许民，勿暴虐百姓。郑庄公在处理许国的问题上是以礼作为原则的，"以礼靖民"，故得到了左丘明的赞许，"郑庄公于是乎有礼。礼，经国家，定社稷，序民人，利后嗣者也。许无刑而伐之，服而舍之，度德而处之，量力而行之，相时而动，无累后人，可谓知礼矣"（《左传·隐公十一年》）。郑庄公一生功勋卓著，战绩辉煌，自有其过人的政治、军事才能，但跟他在对外交往中能坚守礼义也是分不开的，因为"表现等级尊卑的礼是维护这个社会形态的核心思想和制度，较之两国之间一时性的矛盾要更为重要"②。

《临之同人》源自《史记·管晏列传》："管仲夷吾者，颍上人也。少时常与鲍叔牙游，鲍叔知其贤……已而鲍叔事公子小白，管仲事公子纠。及小白立，为桓公，公子纠死，管仲囚焉。鲍叔遂进管仲……管仲既任政相齐，以区区之齐在海滨，通货积财，富国强兵，与俗同好恶。故其称曰：'仓廪实而知礼节，衣食足而知荣辱，上服度则六亲固。'"三言盖指管仲的三句话。《大畜之需》则是讲管仲以礼治国，国泰民安。丁晏在《易林注》中注解此林曰："齐管仲夺伯氏骈邑三

────

① 童书业：《春秋史》，上海古籍出版社2003年版，第255页。
② 王若明：《先秦文学讲疏》，黑龙江教育出版社2014年版，第133页。

百，没齿无怨。"①

《升之涣》中的"康伯"，尚秉和注之曰："《史记》'卫康叔卒，子康伯立。'康伯，名王孙牟，《左传》所称王孙牟父是也。按：《左传》'牟父与伯禽吕伋并事康王，必有贤德。'特其事，今皆亡耳。"②

上述林辞均说明了国家的安定繁荣，离不开执政者或圣贤们提倡礼治，坚守礼义。而与其相反的是，如果当权者不讲礼义，抛弃礼治，则必定会身败名裂乃至国破家亡。人与人之间不讲礼义则会同类相残，国与国之间不讲礼义则会引燃战火。例如：

涉伯殉名，弃礼诛身。不得其道，成子奔燕。（《履之无妄》）

陈鱼观社，艮荒蹦距。为民开绪，亡其祖考。（《大壮之涣》）

礼坏乐崩，成子傲慢。欲求致理，力疲心烂。阴请不当。为简生殃。（《剥之离》）

戎狄蹲踞，无礼贪叨。非吾族类，君子攸去。（《无妄之渐》）

二桃三口，莫适所与。为孺子牛，田氏生咎。（《姤之震》）

五乌六鸱，相对蹲跂。礼让不兴，虞芮争讼。（《大壮之归妹》）

"二桃三口"出自《晏子春秋·谏下二》，公孙接、田开疆、古冶子皆勇而无礼，"晏子过而趋，三子者不起"，于是晏子馈之二桃，使计功而食。三人二桃，公孙接、田开疆各言功持桃，古冶子后言，二人惭，自杀，古冶子亦自杀，所谓二桃杀三士也。晏子之所以能以二桃杀三士，根源还是在于其三人的无礼，如晏子所言"无长幼之礼"。

"虞芮争讼"源自《史记·周本记》，昔虞芮二国争田不决，欲讼于西伯，及入周，发现耕者皆让畔，民俗皆让长，乃惭而还。是因为"礼让不兴"才导致"虞芮争讼"，如兴礼行让，则国与国之间定会团结互爱，象西伯所治境内一样礼

① （清）丁晏：《易林注·卷一》，光绪十六年广雅书局校刻本。
② 尚秉和：《焦氏易林注》，中国大百科全书出版社2005年版，第824页。

义盛行，民风淳朴，这也正是西周能够兴盛并最终消灭殷商的真正原因之所在，这也正是历史"古今之变"之"本"。

《易林》的"通变"思想产生的原因是多方面的。首先，作为孔子嫡传的易学第十代传人，对《周易》"三义"之变易当了如指掌，《周易·系辞下》有言："《易》穷则变，变则通，通则久。"作为现存的西汉第一部易学专著《易林》中反映"通变"思想的林辞比比皆是，《易林》的另一个名称——《大易通变》，即是对"通变"思想最好的概括和体现。其次，司马迁的《史记》在焦延寿生活的时代，已经流传开来并影响巨大，《易林》对《史记》多有援引，故《易林》中继承并发扬了《史记》之"通变"思想便不足为奇了。最后，《易林》的"通变"思想还与当时的时代思潮有着密切关系。西汉中前期的统治者们如汉武帝、董仲舒等颇多生机活力，颇有求新之心，不惧谈变。汉武帝曾于元朔元年十二月下诏书道："朕闻天地不变，不成施化；阴阳不变，物不畅茂。《易》曰：'通其变，使民不倦。'《诗》云：'九变复贯，知言之选。'朕嘉唐、虞而乐殷、周，据旧以鉴新。"（《汉书·武帝纪第六》）这是何等气魄！董仲舒也提到："为政而不行，甚者必变而更化之。"（《汉书·礼乐志第二》）就连那些中下层的"贤良文学"们也要求社会因时随世而变革："明者因时而变，智者随世而制。"（《盐铁论·忧边第十二》）焦延寿生活在这样的一个时代，其在《易林》中展现"通变"思想，"既是当时社会危机的必然反映，又是对《易传》、董仲舒及睦弘、盖宽饶等改制、革新主张的继承和发展，对后来的京房、谷永等人沾溉颇多"[1]。同时，焦延寿"对社会发展变化的态度十分积极，认为发展变化是前进、新生，这也符合那个时代的精神"[2]。

---

① 张涛：《秦汉易学思想研究》，中华书局2005年版，第133页。
② 方尔加：《〈焦氏易林〉之管见》，《周易研究》2004年第2期。

第二节 《易林》的史料价值
——对西汉历史真相的实录

应该承认，《易林》虽然形式上为占筮之辞，却具有很高的史料价值，蕴涵着丰富的思想内容。《易林》取材之广泛，几乎涉及古往今来自然、社会、政治、经济、军事、外交、风俗、民情等的方方面面，对西汉一朝社会现实的反应尤为明显，可以毫不夸张地说，西汉一朝的社会生产状况、民族阶级矛盾、百姓生活、民风习俗、思维方法、价值观念等，在《易林》中均有所体现。

不可否认，《易林》中有众多林辞具有写实价值，如"兵征大宛，北出玉关。与胡寇战，平城道西，七日绝粮，身几不全"（《屯之屯》）。但林辞中更多的是一般性的描绘，如"招殃来螫，害我邦国。病伤手足，不得安息"（《乾之坤》），或宽泛性的论述，如"李梅冬实，国多盗贼。扰乱并作，君不得息"（《屯之师》），另外还有大幅林辞为引经据典之作，如"悬貆素餐，居非其官。失舆剥庐，休坐从居"（《乾之震》）。好在《易林》林辞达四千零九十六林，还是有众多林辞记载了西汉的史料，为后世保存了西汉的史实。《易林》所反映之时代，中央已经设置了乐府，广采民间歌谣，这些歌谣尚能"感于哀乐，缘事而发"，且所言多与史合。[1]本节所选林辞力求为西汉史料，能反映西汉史实，去除了那些不能确信为西汉史料的一般性的描绘和宽泛性的论述。

---

[1] 参见萧涤非：《汉魏六朝乐府文学史》，人民文学出版社1984年版，第71页。

一、对西汉政治的真实记录

《易林》反映西汉史实的林辞中，浊政、战乱、天灾人祸等类林辞分量最多。这些众多的反映人民困苦的现实主义诗篇，是焦延寿身在民间，广泛接触百姓、深切同情民瘼，加工提炼而成的惊心动魄画面和激情洋溢的话语。而从这些林辞中也的确能够感受到身居下层的焦延寿对民众疾苦的深切同情。

（一）对秦朝动荡起伏的政局的再现

秦朝末年，政局动荡，昏君佞臣当道，民不聊生，人心思反，或以一己之力刺杀秦始皇，或聚众人揭竿推翻暴政，而这些大事在《易林》中均有记载。

> 舞阳渐离，击筑善歌。慕丹之义，为燕助轲。阴谋不遂，瞋目死亡，功名何施。（《中孚之困》）
>
> 太子扶苏，出于远郊。佞幸成邪，改命生忧。慈母之恩，无路致之。（《大畜之夬》）
>
> 以鹿为马，欺误其主。闻言不信，三日为咎。黄龙三子，中乐不殆。（《咸之同人》）
>
> 隙大墙坏，蠹众木折。狼虎为政，天降罪罚。高弑望夷，胡亥以毙。（《乾之大壮》）
>
> 老慵多却，弊政为贼。阿房骊山，子婴失国。（《中孚之姤》）

秦朝历史非常短暂，从统一六国到灭亡，只有15年国祚，且统治期间政治黑暗，民不聊生，与西汉中后期较为相似，故将记录秦朝历史的林辞单独举出加以考察。第一首写在秦朝暴政的压迫下，有志之士如荆轲、秦舞阳等人纷纷铤而走险，谋杀始皇，惜功未成而身殉国。第二首言太子扶苏远出守边，李斯、赵高等人竟然篡改始皇玺书，杀死扶苏。第三、四首写胡亥宠幸佞臣赵高，终至被弑身亡的事例。最后一首写秦始皇统治期间虐政害民，大兴土木，终至孺子婴被项羽所屠而国亦灭亡的史实。

焦延寿记录下秦朝历史的林辞，是有其深刻的用意的。"以史为鉴，可以知兴替"。用其自己的话说，就是"追古伤今"（《颐之损》："庭燎夜明，追古伤今。阳弱不制，阴雄生庚"）。就是要告诫当下的统治者们，应以秦始皇、胡亥、赵高等人为镜鉴，不要再让"佞幸成邪"，不要再让"狼虎为政""弊政为贼"，要有忧患意识，要懂得"隙大墙坏，蠹众木折"的道理。统治者要想避免重蹈亡秦的覆辙就应居安思危，要有忧患意识，见微知著，早作准备。焦延寿是有着明确的历史意识的作家，其所作记录暴秦历史的林辞，完全是出于其深厚的爱国爱民的儒家思想，出于其对西汉中后期执政者的痛恨和对老百姓的热爱，出于其"在历史的烘托之下感受当下的氛围，在当下氛围的衬托之下把握历史的脉搏"[1]。

> 转作骊山，大失人心。刘季发怒，命灭子婴。（《蛊之贲》）
> 长城骊山，生民大残。涉叔发难，唐叔为患。（《夬之噬嗑》）
> 甲戌己庚，随时转行。不失其心，唐季发愤，擒灭子婴。（《随之剥》）
> 西戎为疾，幽君去室。陈子发难，项伯成就。（《姤之明夷》）

上述四条林辞是对陈胜、吴广起义和刘邦、项羽揭竿而起反抗暴秦的复述。季，刘邦字；涉，陈胜字；叔，吴广字。唐叔、唐季，亦指刘邦，汉为唐尧之后，刘向在《高祖颂》中说道："汉帝本系，出自唐帝。"班固《汉书·叙传》也有言："皇矣汉祖，纂尧之绪。""项伯成就"，元本《易林注》曰："项伯尝以身翼蔽沛公，卒成汉业。"第一、二条林辞言秦役民筑长城、修陵墓，民不堪命，终至陈、吴揭竿而起，刘邦推翻暴秦帝制。刘邦乃汉朝开国之君，建立了不朽的功业，但《易林》对其也没有多少诿辞，因为焦延寿认识到刘邦之所以能够取代秦朝，是因为暴秦的统治已经"大失人心"，致使"生民大残"，刘邦亦能知人善用，故能取

第二节 《易林》的史料价值——对西汉历史真相的实录

207

---

① 季广茂：《隐喻视野中的诗性传统》，高等教育出版社1998年版，第76页。

而代之。

（二）对西汉君王将相的行径的实录

西汉开国初年，政坛上出现了一批优秀的贤臣良将，如张良、韩信、陈平等人，巩固了西汉的政权。而当西汉政治日趋稳固后，一批昏聩腐朽的君主王侯们也做出了许多愚蠢堕落的事。这些人和事在《易林》中均有所记录，例如：

> 大蛇当路，使季畏惧。汤火之灾，切直我肤。赖其天幸，归于室庐。（《屯之井》《损之比》）
> 依东墙隅，志下心劳。楚亭晨食，韩子低头。（《同人之震》《贲之剥》）
> 张陈嘉谟，赞成汉都。主欢民喜，其乐休休。（《节之否》）

第一条写刘邦斩蛇起义事，第二条述韩信从人寄食事。第三条林辞"张陈"，指张良、陈平，"谟"通"谋"，两人均为汉初之贤臣良相，一助刘邦定都于长安，一平叛诸吕之乱，使汉都长安得以稳定。[①]刘邦、韩信、张良、陈平等这些开国的君臣为汉代的基业做出了不朽的贡献，这与焦延寿在世时的昏君执政、佞臣当道，形成了鲜明的反差，焦延寿记载这些历史故实，其目的再明显不过了，还是"追古伤今"。

> 有鸟来飞，集于宫树。鸣声可恶，主将出去。（《屯之夬》）

林辞记载的是昭帝时荒淫无道的昌邑王见鹈鹕而不知醒悟的事迹。"昭帝时有鹈鹕或曰秃鹙，集昌邑王殿下，王使人射杀之。刘向以为，水鸟色青，青祥也，时，王驰骋无度，慢侮大臣，不敬至尊、有服妖之象，故青祥见也。野鸟入处，宫室将空。王不悟，卒以亡。"（《汉书·五行志中之下》）昌邑王刘贺，是为汉

---

① 参见芮执俭：《易林注译》，敦煌文艺出版社2001年版，第916页。

废帝，本为昌邑王刘髆之子，是个纨绔子弟，不学无术。汉昭帝病死后，无子嗣位，霍光等大臣遂迎立其为皇帝。刘贺带着一干人等进京即位后，天天跟这班乌合之众饮酒作乐，淫戏无度，即位27天内，就干下1127件荒唐可耻之事，将皇宫闹得乌烟瘴气、鸡犬不宁。《汉书·霍光金日磾传》有载："受玺以来二十七日，使者旁午，持节诏诸官署征发，凡千一百二十七事。"

> 彭离济东，迁废上庸。狠戾无节，失其宠功。（《升之夬》）

林辞复述的是骄悍无赖的济东王刘彭离的斑斑劣迹。刘彭离虽贵为济东王，其实质上却是个无赖之徒，并大搞骇人之举，"彭离骄悍，昏暮私与其奴亡命少年数十人行剽，杀人取财物以为好。所杀发觉者百余人，国皆知之，莫敢夜行。所杀者子上书告言，有司请诛，武帝弗忍，废为庶人，徙上庸，国除，为大河郡"（《汉书·文三王传》）。一个地方诸侯王本已过着锦衣玉食的生活，可能是物质生活过于安逸，精神生活过于空虚，致使其心理变态，聚集一帮亡命之徒，竟然爱好杀人劫物并乐此不疲，至人尽皆知，真是闻所未闻。焦延寿对这等泼皮无赖、凶残歹毒之徒的揭露和批判是不遗余力的，"狠戾无节"一语便是明证。"狠"字，《说文解字》曰："吠斗声，从犬。"[①] "戾"者，"曲也，从犬出户下"[②]。焦延寿用"狠""戾"二字，是完全将济东王刘彭离当成斗犬一样凶残歹毒的毫无人性的畜生来看待的。

> 开市作喜，建造利事。平准货宝，海内殷富。（《升之大壮》）

林辞描绘的是武帝元封元年桑弘羊在京师长安专设机构，执行平准业务，调控物价，防止富商大贾从中牟取巨利。平准业务稳定了国家经济，推动了社会的发展。《史记·平准书》记载了桑弘羊提出的建议："置平准于京师，都受天下委

---

① （汉）许慎：《说文解字》，江苏古籍出版社2001年版，第204页。
② （汉）许慎：《说文解字》，江苏古籍出版社2001年版，第205页。

输。召工官治车诸器，皆仰给大农。大农之诸官尽笼天下之货物，贵即卖之，贱则买之。如此，富商大贾无所牟大利，则反本，而万物不得腾涌。故抑天下物，名曰平准。"

五利四福，俱田高邑。黍稷盛茂，多获高稻。（《离之丰》）

林辞展示的是武帝妄想长生不老、得道成仙而大封方士栾大的史实。"五利"，指汉武帝封栾大为"五利将军"；"四福"，指栾大所佩四大金印。武帝元鼎二年"是时上方忧河决，而黄金不就，乃拜大为五利将军。居月余，得四金印，佩天士将军、地士将军、大通将军、天道将军印"（《史记·孝武本纪》）。不仅如此，后来武帝还"以二千户封地士将军大为乐通侯"。司马贞在《史记索隐》中曰："乐通在临淮高平县也"，故栾大的封邑"俱田高邑"。汉武帝给人的感觉是富有雄才大略、功业显赫的一代君主，但焦延寿在这则林辞中为我们还原了汉武帝的本来面目。汉武帝不过是个糊涂老朽、贪生怕死、迷恋荣华富贵、妄想长生不老的凡人而已。为了实现一己私欲，不惜牺牲自己最疼爱的女儿，将其许配给栾大，更是将国家的官爵和封邑拱手送人，送给一个将自己玩弄于股掌的方士。透过林辞，可以看出焦延寿对汉武帝的揭露和批判、嘲讽和谴责是深刻的、辛辣的。

桑之将落，陨其黄叶。失势倾倒，如无所立。（《剥之震》）

林辞叙述的是元帝、成帝更迭之际发生的历史大事件，即元帝所宠幸的佞臣石显在成帝继位之初即遭诛杀一事。事见《汉书·五行志中之下》："元帝永兴元年三月，陨霜杀桑；九月二日，陨霜杀稼，天下大饥。是时，中书令石显用事专权，与《春秋》定公时陨霜同应。成帝即位，显坐作威福诛。"

新作初陵，烂陷难登。三驹摧车，蹶顿伤颐。（《明夷之咸》《归妹之巽》）

此首林辞记载的是成帝建始二年"闰月以渭城延陵亭部为初陵"一事，见载于《汉书·成帝纪》，一个刚继位的皇帝就开始劳民伤财、疲极民力，着手替自己修建陵寝，确实不可思议。汉成帝难道忘了秦始皇修建骊山陵墓而加速暴秦灭亡的历史了吗？汉朝的君王们早已将暴秦覆亡的历史教训统统抛在脑后了。焦延寿在林辞中虽然没有直接谴责汉成帝，但字里行间还是自然流露了作者的情感。连三匹马驹拉车搬运石材泥土都难免摔倒受伤，那么力气比马驹小得多的那些服劳役的百姓们，他们的伤亡可想而知。作者对汉成帝愚昧腐朽的揭露和批判，还是显而易见的。

上述林辞仅仅是从《易林》四千零九十六林中选取的一小部分而已，所记载的也是秦汉历史上的一些大事情，涉及的人物不是君主至尊，便是王侯将相。管中窥豹，可见一斑。从这些林辞中能明显感受到，焦延寿对西汉中前期的这些执政者的批判要远远多于歌颂，就连具有雄才大略的汉武帝也不例外。在《易林》中，汉武帝只是个只知道追求个人利益的愚蠢的狭隘的求仙者而已，希望此生能够得道成仙，毫无人情味（汉武帝在《史记·孝武本纪》中说道："吾诚得如黄帝，吾视去妻子如脱鵕耳"）。汉成帝也不过是个自私褊狭的信封鬼神者罢了，希望来世还能继续享受荣华富贵。其他如昌邑王、济东王之流简直是荒淫无道、凶残歹毒，《易林》一书对其批判和谴责可谓毫不留情、入木三分。

（三）对西汉中后期污浊暴虐的时政的写照

上述林辞均为对秦汉（主要是西汉）历史真实的记录，有凭可证，有据可查，《史记》《汉书》均有记载。《易林》反映汉代的历史事件，"有明标人、时、地、事的，上至汉高祖，下至成帝前期，还有不具前三要素只出'事'的，也可与汉史上此时期某些事件对应"①。某些林辞尽管没有明言"人、时、地"，但明眼人一眼即可看出其确为西汉中后期之"事"，因为这些林辞就是对西汉中后期统治日

---

① 陈良运：《焦氏易林诗学阐释》，百花洲文艺出版社2000年版，第501页。

趋衰败、执政者日益腐朽、老百姓日益困苦的政治的真实反映。例如：

> 草木黄落，岁暮无室。虐政为贼，大人失福。（《寒大壮》）
>
> 下扰上烦，蠹政为患，岁饥无年。（《解之损》）
>
> 赋敛重数，政为民贼。杼轴空虚，去其家室。（《否之丰》）
>
> 居如转丸，危不得安。东西不宁，动生忧患。（《泰之寒》）
>
> 季世多忧，乱国淫游。殃祸立至，民无以休。（《解之旅》）
>
> 庇庐不明，使孔德妨。女孽乱国，虐政伤仁。（《困之蒙》）
>
> 裸裎逐狐，为人观笑。牝鸡司晨，主作乱根。（《大有之咸》）
>
> 放衔垂辔，奔马不制。弃法作奸，君失其位。（《寒之姤》）
>
> 辩变黑白，巧言乱国。大人失福，君子迷惑。（《随之夬》）
>
> 悬貆素餐，居非其官。失舆剥庐，休坐徒居。（《乾之震》）
>
> 悬貆素飡，食非其任。失望远民，实劳我心。（《谦之坎》）
>
> 城坏压境，数为齐病。侵伐不休，君臣扰乱。上下屈竭，士民乏财。
> （《夬之坎》）

上述林辞，或描绘西汉中后期朝政腐败，岌岌可危；或叙述劳役不休，人民困苦；或刻画奸佞当权，仁道闭塞；或控诉后宫篡权，外戚乱政，这和西汉中后期的政治现实何其相似。西汉一朝自汉武帝死后便长期君弱臣强，先是霍光家族长期操纵朝政，大权在握，甚至可以扶植或废黜皇帝，霍光的妻子又毒杀了宣帝的原配许皇后，想将自己的女儿扶正成皇后，好世代独揽大权。汉元帝一朝更是宦官掌权，佞臣当道。"坐法腐刑"的石显，"巧慧习事，能深得人主微指"，深受元帝宠幸。后石显又勾结弘恭、牢梁、五鹿充宗等人"结成党友，附倚者皆得宠位"，这些人在元帝一朝只手遮天、权倾朝野，以至于当时民间有这样的歌谣："牢邪石邪，五鹿客邪！印何累累，绶若若邪。"（《汉书·佞幸传》）"女孽乱国""牝鸡司晨""君失其位""巧言乱国""居非其官"等林辞不正是对西汉这段历史真实的反映吗？

焦延寿在复述西汉中后期社会政治时没有明确交代"人、时、地",而在记载西汉中前期乃至秦朝历史时,甚至直呼"刘季",其实原因也很简单。焦延寿在世时,恰逢大佞臣石显等人把持朝政,陷害忠良。连汉元帝的老师,当朝宰相萧望之都没能幸免于难,就更不用说贾捐之、张猛、陈咸等人了,当然也包括焦延寿的爱徒京房在内。这一次次血的教训促使了焦延寿在记录当时的历史事件时,只能采用含蓄隐晦、模棱两可的言语,于是才有了上述没有直言"人、时、地"的林辞。

　　《易林》除对当时的社会黑暗进行颇为深刻的揭露之外,焦延寿还进一步指出,如果国君无道,朝廷腐朽,还将导致国家灭亡,宗庙绝祀:"无道之君,鬼哭其门。命与下国,绝不得食"(《大过之否》);"贼仁伤德,天怒不福。斩刘宗社,失其土宇"(《大过之井》)。而这也正如在张涛所言:"焦延寿社会政治理想的基础仍是维护宗法等级制度和君主专制政权。"①透过上述反映西汉社会政治的林辞,可以看出焦延寿的政治思想,如前文所述,最主要的还是儒家的仁政思想。

二、对西汉战争的深恶痛绝

　　《易林》所记载的西汉史实,除反映政治外,在林辞总量中占据重要位置的当属那些记录西汉战争、外交类林辞和反映西汉灾害、怪异类林辞。而在这些描述历史史实的林辞背后,自然流露出了作者深沉的儒家仁政思想和明显的政治倾向。

(一)对西汉战争的据实笔录

　　西汉时期,我国西部有西域三十六国,北部有实力雄厚、民风彪悍的匈奴,东部有依附于大汉朝廷的朝鲜,东南有闽越、东越、南越等小国家。西汉朝廷对西域、东南诸国多有征伐,同时也不乏和平的外交来往,如张骞两次出使西域,加强了与西域诸国的交往。汉族和匈奴之间或战或和、和而又战,如西汉甫一创

---

① 张涛:《秦汉易学思想研究》,中华书局2005年版,第134页。

立，刘邦便率兵亲征匈奴，发生了著名的"平城之围"，后以和亲政策才得以解围，武帝时国力强盛，对匈奴由守转攻，卫青、霍去病等大破匈奴，至元帝时国力衰败，对匈奴不得不再次采取和亲政策以保边境安定。除西域、匈奴外，汉朝还积极向东部、南部扩土拓疆，武帝时吞灭了南越，迫使东越内迁，同时使朝鲜臣服朝廷。西汉王朝对外发动了一些扩张的战争，同时也不乏和平交往，《易林》中有大量林辞记载了西汉一朝真实的战争、交往情况，如：

> 兵征大宛，北出玉关。与胡寇战，平城道西，七日绝粮，身几不全。
> （《屯之屯》）
> 龙马上山，绝无水泉。喉焦唇干，舌不能言。（《乾之讼》）

大宛，西域三十六国之一，盛产一种汗血宝马，公元前104年汉武帝为获得这种宝马，派贰师将军李广利率数万人出征大宛，"伐宛再反，凡四岁而得罢焉"，"还至敦煌，士不过什一二"，最终战胜大宛，"汉军取其善马数十匹"（《史记·大宛列传》）。龙马，即指汗血宝马，汉宣帝时，使臣至大宛，"得其名马象龙而还"（《汉书·冯奉世传》）。武帝得宝马后还作了《西极天马之歌》："天马徕，自西极，涉流沙，九夷服……天马徕，历无草，径千里，循东道……天马徕，龙之媒，游阊阖，观玉台。""君王得偿所愿了，但军士为此却付出了巨大的代价，生还者十分之一二而已，"喉焦唇干，舌不能言"便是对战争艰辛场面的生动描绘。

第一条林辞还记载了汉高祖时"平城之围"。汉高祖七年，刘邦亲率三十万大军北击匈奴，在平城（今山西大同市东北）东南被匈奴冒顿单于四十万骑兵围困七日，"至平城，匈奴果出奇兵围高帝白登，七日然后得解"（《史记·刘敬叔孙通列传》）。亦有一首汉诗《平城歌》可印证此事："平城之下亦诚苦，七日不食，不能彀弩。"

> 众神集聚，相与议语。南国虐乱，百姓愁苦。兴师征讨，更立贤主。

（《屯之节》）

南国，指南粤国，虐乱，指汉武帝时，南粤统治集团内部执掌实权的吕嘉一派杀南粤王及汉使。于是公元前112年汉武帝派遣将军路博德、杨仆等率兵十多万人，自湘、赣、黔、桂分道出击，第二年征服南粤国[1]，"今吕嘉、建德等反，自立晏如，令罪人及江淮以南楼船十万师往讨之"（《史记·南越列传》）。汉诗《东光》对这次战争有着更具诗意的记载："东光乎？仓梧何不乎？仓梧多腐粟，无益诸军粮。诸军游荡子，早行多悲伤。"《易林》林辞对这场战争的描绘，落脚点在百姓所受的灾难上面，而《东光》则将笔触延伸至军中战士罹患的不幸上来了，"多腐粟""多悲伤"，语短情长，"反映从征南越军士悲怨之情……末二句直言悲伤之因，怠战之情自见"[2]。

征不以理，伐乃无名。纵获臣子，伯功不成。（《节之无妄》）

此林记载了西汉将领陈汤率众征伐西域小国康居并斩杀康居王子一事。康居远离长安万里之遥，乃居于西亚的一个小国家。汉宣帝时，匈奴内乱，五单于争权夺位，汉朝拥立呼韩邪单于，致使郅支单于不满并杀了汉使，远逃康居避难。汉元帝继位后，派陈汤、甘延寿率兵追杀郅支单于。至康居境内，陈汤不听甘延寿劝阻，未获朝廷授权，"征不以理，伐乃无名"，为了建立"奇功"而斩杀郅支单于，并对康居大肆烧杀掳掠，杀害了康居王子。回朝后，陈汤巧言惑众，不但没有受到朝廷处罚，反而获封关内侯。后成帝继位，事实真相浮出水面，陈汤"下狱，当死"，后经谷永等人说情，免于一死，"出汤夺爵为士伍"（《汉书·陈汤传》）。陈汤徇一己之私，破坏了国家的安定团结，最终咎由自取，故曰"纵获臣子，伯功不成"。

《易林》中记录西汉朝廷对外战争的林辞还有很多，例如：

① 参见陈良运：《焦氏易林诗学阐释》，百花洲文艺出版社2000年版，第35—36页。
② 郑文：《汉诗选笺》，上海古籍出版社1986年版，第12页。

云龙集会，征讨西戎。招边定众，谁敢当锋？（《节之讼》）

毡裘膻国，文礼不饬。跨马控弦，伐我都邑。（《豫之需》）

牧为代守，飨食甘赐。得吏士意，战大破胡，长安国家。（《履之升》）

鸣条之灾，北奔犬胡。左衽为长，国号匈奴。（《屯之无妄》）

北虏匈奴，数侵边境。左衽为长，国犹未庆。（《节之复》）

西汉朝廷不但有对外战争，如前所述，也有对外的和平交往，如著名的"昭君出塞"一事：

昭君守国，诸夏蒙德。异类既同，宗我王室。（《萃之临》）

长城既立，四夷宾服。交和结好，昭君是福。（《萃之益》）

这两首林辞引起了诸多争论，顾炎武、胡适、余嘉锡等人认为昭君出塞事在焦延寿身后，但目前学界一致认为焦延寿活到了昭君出塞的年代，例如，"费直乃西汉易学家（《汉书》有传），其序称延寿为王莽时人，不可置疑（《四库提要总目》认为此序非费直所作，乃后人伪托。此说无明据，不可信）马氏（笔者按：指马国翰）据《汉书》及费直说断其为汉宣帝至王莽时人，较为合乎情理"[1]。又如，"据《汉书》所载焦延寿之师孟喜及其弟子京房活动的年月推算，焦延寿生活年代大约在汉昭帝、宣帝、元帝、成帝四朝，即公元前86年—前7年，或稍前，或稍后"[2]。故可认定"昭君出塞"为焦延寿亲见，那么，这两首林辞在咏昭君的众多文学作品中便具有独特的价值，因为这两首诗是现存最早的咏昭君的作品，且焦延寿在这两条林辞中，最早将昭君个人与国家命运维系在一起，对昭君牺牲个人利益、维护国家团结的精神是大加赞赏的。

---

① 刘玉建：《两汉象数易学研究》，广西教育出版社1996年版，第165页。
② 连镇标：《焦延寿易学渊源考》，《周易研究》1996年第1期。

道路辟除，南至东辽。卫子善辞，使国无忧。（《屯之兑》）

此条林辞记载了朝鲜开国君主与汉朝交往的一些情况，事件《史记·朝鲜列传》：

"朝鲜王满者，故燕人也。自始全燕时尝略属真番、朝鲜，为置吏，筑郸塞。秦灭燕，属辽东外徼。汉兴，为其远难守，复修辽东故塞，至浿水为界，属燕……会孝惠、高后时天下初定，辽东太守即约满为外臣，保塞外蛮夷，无使盗边。"通过林辞可以看到朝鲜和汉族睦邻友好的关系由来已久。

安息康居，异国穹庐，非吾习俗，使我心忧。（《蒙之屯》）
绝域异路，多所畏恶，使我惊惧，思吾故处。（《渐之无妄》）
乌孙氏女，深目黑丑，嗜欲不同，过时无偶。（《噬嗑之萃》）

此三首林辞可以与汉武帝时刘细君的《悲愁诗》参照阅读："吾家嫁我兮天一方，远托异国兮乌孙王。穹庐为室兮旃为墙，以肉为食兮酪为浆。居常土思兮心内伤，愿为黄鹄兮归故乡。"刘细君是汉室宗亲，西汉江都王刘建之女，乃汉武帝和亲政策的牺牲者，事载《汉书·西域传》："汉元封中，遣江都王建女细君为公主，以妻焉。"元鼎二年，汉武帝为抗击匈奴，派遣刘细君出使乌孙国，与其国王猎骄靡成亲，刘细君只身独处绝域异国，其习俗、人情均完全不同于汉族，如后来还被逼嫁给乌孙国王之孙军须靡，加之语言不通，整日忧思愁苦，心怀故土，故有了"远托异国之地，内心愁苦之情，于六句中表达毕至"[①]的《悲愁诗》。焦延寿的三首林辞可以看作是对细君和亲这一历史的真实反映，且焦氏也用诗歌的语言记载了这一史事，让后人了解了汉族对外交往的一些情况，增进了对周边民族的认识，林辞语言简易质朴，没有细君之作形象鲜明、感受力强，但是，"焦氏

---

① 郑文：《汉诗选笺》，上海古籍出版社1986年版，第112页。

虽描写甚简，但为诗歌添此题材，实有开拓之功"①。《易林》中还有大量的林辞记载了汉族和周边民族之间友好交往的关系，如：

　　区脱康居，慕义入朝。湛露之欢，三爵毕恩。复归野庐，与母相扶。（《屯之鼎》）

　　仁德利洽，恩及异域。泽被殊方，福庆隐伏。作蚕不织，寒无所得。（《家人之泰》）

　　旃裘苦盖，慕德献服。边鄙不聋，以安王国。（《贲之益》）

通过对外战争和友好交往，汉人开阔了视野，增长了许多见识，他们看到了异域完全不同于汉族的一些民风习俗，而这些在林辞中亦多有反映，可以说《易林》在民族交往史上也保存了不少珍贵的史料，例如：

　　积水不温，北陆苦寒，露宿多风，君子伤心。（《睽之旅》）
　　金城朔方，外国多羊，履霜不时，去复为忧。（《睽之无妄》）
　　异国他土，出良骏马，去如奔虻，害不能伤。（《解之晋》）
　　异国殊俗，情不相得，金木为仇，酋长善杀。（《家人之未济》）

《易林》中除了记载西汉一朝对外战争与交往的林辞外，值得注意的是，《易林》还存在着数目惊人的没有明确标明"人、时、地"的对外战争、交往的林辞，然而其中绝大部分又是对战争的控诉，对和平的渴望，对统治阶层贪欲的谴责，对士兵百姓罹难的同情，例如，林辞或描绘战争带来的灾难，如《比之师》："千岁之墟，大国所屠。不见子都，城空无家"，《同人之鼎》："两虎争斗，血流漂杵。城郭空虚，蒿藜塞道。"或表达对和平的渴望，如《蛊之损》："弩弛弓藏，良犬不行。内无怨女，征夫在堂。"《艮之坎》："销金厌兵，雷车不行，民安其乡。"或疼

---

① 陈良运：《"云林集会，征讨西戎"——〈焦氏易林〉中的西汉边塞诗》，《文史知识》1999年第12期。

陈战争对幸福生活的破坏，如《家人之随》："登虚望贫，暮食无飧。长子南戍，与我生分。"《师之坎》："国乱不安，兵革为患。掠我妻子，家中饥寒。"或谴责战争对普通百姓的摧残，如《乾之大过》："桀跖并处，人民劳苦。拥兵荷粮，战于齐鲁。"《小畜之蹇》："秋花冬萼，数被严霜。甲兵当庭，万物不生。雄犬夜鸣，民扰大惊。"这些林辞具有极高的史料价值，让后人能够认清西汉一朝的历史，林辞"暴露统治者鱼肉百姓的罪恶，暴露政局的黑暗腐败，暴露整个西汉朝廷外强中干……确实是中国最早的暴露文学，这对后人研究那个时期的历史，有极大的认识价值和史料价值"[1]。同时，从这些林辞中可以直观地感受到焦延寿对战争的无比痛恨和无情谴责，可以清晰地聆听到焦延寿反战的心声。

（二）《易林》反战思想的成因

焦延寿之《易林》为什么会具有如此强烈的反战思想呢？笔者认为主要有以下几方面的原因。

1. 对西汉中前期战争灾难的切身感受

西汉初期至焦氏生活时代的战祸不断的历史和现实，促使其对战争给人民带来的灾难有着透彻的认识和体悟。汉高祖时便有燕王荼、淮南王布、陈豨等的谋反；文帝又与匈奴征战；景帝时又有吴、楚、齐、赵等王的谋反；武帝时战争连年，烽火不熄，东征朝鲜、高丽，西讨匈奴、大宛，不惮杀身之祸的夏侯胜早就言道："武帝虽有攘四夷、广土斥境之功，然多杀士众，竭民财用，奢泰亡度，天下虚耗，百姓流离，物故者半。蝗虫四起，赤地数千里，或人民相食，畜积至今未复。"（《汉书·夏侯胜传》）诚如钱穆所言："汉武穷兵黩武，敝中国以事四夷，计其所得，若不偿于所失。"[2]

昭帝、宣帝时还与匈奴征战不休，林辞"沙漠塞北，绝无水泉。君子征凶，役夫力殚"（《噬嗑之比》），"鸣条之灾，北奔大胡。左衽为长，国号匈奴。主君

---

① 陈良运：《焦氏易林诗学阐释》，百花洲文艺出版社2000年版，第593页。
② 钱穆：《秦汉史》，生活·读书·新知三联书店2004年版，第203页。

旄头，立尊单于"（《屯之无妄》），不正是对这些战争历史的真实再现吗？而以"柔仁好儒"著称的元帝在位时，也没有停止过对外战争，"当此之时，汉朝的西域副校尉陈汤，征伐西域诸国之兵、车师戊己校尉屯田吏士军共四万余人，与西域都护甘延寿远征康居，斩郅至单于，传其首于京师"①。林辞"征不以理，伐乃无名。纵获臣子，伯功不成"（《节之无妄》）便是对这次由汉朝发动的"征不以理，伐乃无名"的侵略战争的概括，同时也表明了焦延寿明确的反战思想，对于无休止的对外开疆拓土的战争，他明显持反对态度，尤其是反对那些毫无正义可言的侵略战争。

战争首先导致大量士卒的死亡，"孝昭承奢侈余敝，师旅之后，海内虚耗，户口减半"（《汉书·昭帝纪》）。为了备战，西汉政府不得不增加百姓赋税，"其时人民有算赋……又有口赋……又有赀算……其往来傜戍者，道中衣装悉自备，汉民负担之重，盖前此所未有也"②。林辞"赋敛重数，政为民贼。杼轴空尽，家去其室"（《否之丰》《晋之复》）便是最好的例证。

战争还破坏了社会生产，消耗了国民财富，"屈力中原，内虚于家。百姓之费，十去其六；公家之费……十去其七"（《孙子兵法·作战篇》）。林辞"城坏压境，数为齐病。侵伐不休，君臣扰乱。上下屈竭，士民乏财"（《夬之坎》）不正是对这种社会现象真实的写照吗？同时，战争给人民带来了无尽的灾难，正如林辞"甲兵当庭，万物不生"（《小畜之蹇》），"倚锋据戟，伤我胸臆，耗折不息"（《坎之蒙》）等所述。

汉朝中前期的战争，或因统治者争权夺利而发，或因汉天子征伐无辜而起，"斗狠黩武之英雄，无论在何时代，恒不为舆论所誉许"③，但最终受苦受难的还是普通百姓。"当此之时，寇贼并起，军旅数发，父战死于前，子斗伤于后，女子乘亭鄣，孤儿号于道，老母寡妇饮泣巷哭，遥设虚祭，想魂乎万里之外。"（《汉书·贾捐之传》）这便是西汉中前期战争所造成的血淋淋的社会现实，对这一切，

① 翦伯赞：《秦汉史》，北京大学出版社1983年版，第296页。
② 柳诒徵：《中国文化史》，上海古籍出版社2001年版，第346页。
③ 梁启超：《先秦政治思想史》，东方出版社1996年版，第204页。

焦氏定当有着清醒的认识和深刻的体悟，于是他的反战思想的产生也就理所当然了，林辞"折锋载殳，舆马放休。狩军依营，天下安宁"（《蒙之恒》）不就是最好的明证吗？

2. 先秦诸子反战传统的赓续发扬

先秦时期我国著名的思想家们，无论是儒家孔孟，还是道家老庄，抑或是墨家等人，无不反对战争、崇尚和平。孔子极力主张仁政，早就提倡治理天下要"克己复礼，天下归仁"（《论语·颜渊》），要"道之以德，齐之以礼"（《论语·为证》），并坚决反对用战争来征服对手，"远人不服，则修文德以来之"（《论语·季氏》），朱熹在注中很好地阐发了夫子的本意，"内治修，然后远人服。有不服，则修德以来之，亦不当勤兵于远"[1]。当"有志于战伐之事"的卫灵公问阵于孔子时，夫子对曰"俎豆之事，则尝闻之矣；军旅之事，未之学也"（《论语·卫灵公》），次日便愤然离去。孔子于战争之看法，于此可见一斑。孟子更是直截了当地以"仲尼之徒，无道桓、文之事者"（《孟子·梁惠王章句上》），回答了齐宣王询问争霸之事，并大声痛斥诸如争权夺地的非正义之战，"争地之战，杀人盈野；争城以战，杀人盈城，此所谓率土地而食人肉，罪不容于死"（《孟子·离娄上》）。

主张无为而治的老子早就明确表示对战争的态度："夫惟不争，故天下莫能与之争"，"兵者不祥之器，非君子之器，不得已而用之"，并指出了战争的恶果——"师之所处，荆棘生焉。大军之后，必有凶年"（《老子》），这和焦氏林辞所言"甲兵当庭，万物不生"（《小畜之蹇》）可谓不谋而合。庄子思想和老子思想一脉相承，不但反无义的对战争，甚至对正义的战争也持反对态度。他认为中华人文始祖黄帝都不能称为至德，因其"与蚩尤战于涿鹿之野，流血百里"。他对尧、舜、汤、武等人发起的正义战争都一概抹杀，"自是之后，以强凌弱，以众暴寡。汤、武以来，皆乱人之徒也"（《庄子·杂篇》）。

---

① （宋）朱熹：《四书集注》，岳麓书社1988年版，第249页。

出身贫贱、起于草莽的墨家墨翟等人，虽为著名的思想家、军事家，但却更是高举"非攻"之大旗，始终代表老百姓的利益和愿望，呼号于天下，游说于诸侯，为了和平大业而"摩顶放踵"，甚至"赴汤蹈火"，死而后已。墨翟曾大声疾呼道："大不攻小也，强不侮弱也，众不贼寡也，诈不欺愚也，贵不傲贱也，富不骄贫也，壮不夺老也。是以天下之庶国，莫以水火毒药兵刃以相害也。"（《墨子·天志·下》）墨翟也曾凭一己之力阻止了一场又一场战争，如阻止楚国攻打宋国等。墨子一生，正如孙卓彩所言："无论从他的思想理论体系分析，还是从他的社会实践活动考察，他都是反战的。"[①]

就连成书于秦统一中国前夕的《吕氏春秋》中也没有对战争进行歌颂，相反，书中流露出的反倒是对战争的责难，如"当今之世，巧谋并行，诈术递用，攻战不休，亡国辱主愈众，所事者末也"（《吕氏春秋·先己》），"世主多盛其欢乐……轻用民死以行其忿……加以死虏共无辜之国以索地，诛不辜之民以求利"（《吕氏春秋·听言》）。诚如任继愈所言，"表现了作者不满意相互攻战的状态和君王的暴虐，向往统一与安定的局面。"[②]先秦其他诸子除兵家、法家外也多反对战争，此不再一一赘述。

身处西汉中后期的焦延寿，因官卑位贱，虽不能像墨子一样亲身阻止当时的战争，但其反战思想从未消停并在《易林》中多处得以体现，如上文所引《蒙之恒》。焦氏乃儒家出身，从小研习儒业，对孔孟反战思想当完全接纳并身体力行。加之西汉前期，道家黄老思想盛行，故焦氏对老庄的反战思想当也有所吸收并化为《易林》中反战之林辞。可以说焦氏反战思想，是对先前诸子反战思想的赓续并在《易林》中予以发扬光大。

3. 时代思潮的吸纳传承

早在西汉草创之际，著名的思想家陆贾便痛斥战争，反对以暴制暴，主张以《诗》《书》治天下。面对刘邦的当面斥骂，陆贾义正词严地回答道："居马上得

---

① 孙卓彩：《墨子战争观论略》，《学术论坛》2004年第2期。
② 任继愈：《中国哲学发展史（秦汉）》，人民出版社1985年版，第9页。

之，宁可以马上治之乎？且汤、武逆取而以顺守之，文武并用，长久之术也。"（《史记·郦生陆贾列传》）他还描绘出了一幅没有战争、百姓祥和的图卷："邮无夜行之卒，乡无夜召之征。犬不夜吠，鸡不夜鸣。耆老甘味于堂，丁男耕耘于野。"（《新语·至德》）

汉朝安定之后，多为与周边民族之对外战争。至汉昭帝时，因武帝穷兵黩武，民生凋敝、国力日衰，反战的呼声日趋高涨。终于在昭帝始元六年（前81），随着盐铁会议的召开，这种呼声以集体的名义爆发了。在盐铁会议上，出身和焦延寿极其相似的贤良文学们纷纷以儒家经义为依据，大力主张"古者贵以德而贱用兵"，极力反对当时"废道德而任兵革，兴师而伐之，屯戍而备之"（《盐铁论·本义》）的战争策略。他们称颂孔子"远人不服，则修德以来之"的思想，主张对周边民族"蓄仁义以风之，广德行以怀之"，从而使"近者亲服而远者悦服"（《盐铁论·本义》）。贤良文学们还主张恢复与匈奴的和亲政策，认为汉族与匈奴本为一家，"四海之内，皆为兄弟也"（《盐铁论·和亲》）。他们还衷心期望西汉与匈奴"两主好合，内外交通，天下安宁，世世无患"（《盐铁论·结和》）。贤良文学的主张在当时及以后均产生了不小的影响，乃至于"最高统治集团受到贤良文学思想倾向的影响，注意发展与周边各族的和平友好关系"[1]。

昭帝、宣帝时的一些良将贤臣们也纷纷向往和平，反对战争。昭帝始元六年（前81）匈奴进军乌桓，霍光欲乘机攻击匈奴，便问赵充国，赵充国明确回答道："蛮夷自相攻击，而发兵要之，招寇生事，非计也。"（《汉书·匈奴传》）戎马一生的良将赵充国也开始向往和平。宣帝五凤年间，匈奴大乱，五位单于争立帝位，许多人建议乘乱举兵平灭匈奴，宣帝派人征求萧望之的意见。萧望之援引春秋时晋士匄帅师侵齐，闻齐侯卒，引师而还的旧例，不但坚决反对出兵匈奴，还认为应以仁义安抚四夷，"宜遣使者吊问，辅其微弱，救其灾患，四夷闻之，咸贵中国之仁义。如遂蒙恩得复其位，必称臣服从，此德之盛也"（《汉书·萧望之传》）。宣帝采纳了他的建议，以后又派兵帮助呼韩邪单于重新统一了匈奴，使汉匈两国

① 张涛：《经学与汉代社会》，河北人民出版社2001年版，第211页。

结束了百余年的征伐而重归于好。这其中，贤臣萧望之可谓功不可没。与此同时，赵充国对西羌的叛乱，也不是诉诸武力，而是采取了和平的方式加以解决，终使汉羌双方化干戈为玉帛。

元帝即位不久，南海珠厓地区的民众纷纷造反，元帝欲派大兵前去镇压。此时，一代名臣贾谊之曾孙贾捐之上书《弃珠厓议》，力谏元帝不要对珠厓用兵，"民众久困，连年流离，离其城郭，相枕席于道路。人情莫亲父母，莫乐夫妇，至嫁妻卖子，法不能禁，义不能止，此社稷之忧也。今陛下不忍悁悁之忿，欲驱士众挤之大海之中，快心幽冥之地，非所以救助饥馑，保全元元也"（《汉书·贾捐之传》）。元帝最终还是采纳了贾捐之的建议，使人民免遭战火的摧残。贾捐之生活之时代与焦延寿相差无几，其反战思想代表了那个时代的广大民众的呼声，焦延寿当听得亲亲切切并铭记在心。

可以说焦延寿生活之昭、宣、元帝时代，对前朝战争的苦难记忆均还历历在目，反对战争、向往和平已经成了一股不可遏制的浪潮，下至贤良文学，上至良将贤臣均纵身其中并身体力行之。焦延寿乃儒生出身，后身为循吏，也是深受这一时代思潮的熏陶和影响，故《易林》的思想倾向大致接近西汉的贤良文学，焦延寿和贤良文学一样倾慕仁政，谴责暴政，反对不义之战，呼吁人间和平。

的确，反对战争，呼吁和平这一时代思潮奔涌向前，并终于促成了元帝时著名的和亲政策——昭君出塞，《易林》林辞"长城既立，四夷宾服。交和结好，昭君是福"（《萃之益》）记录了这一历史并显露了焦氏向往和平的心声。通过焦延寿对这一政策的赞颂，可以清晰地感受到反对战争、呼吁和平这一时代思潮在其内心身处的澎湃流淌并在《易林》中尽情流露。

焦延寿自始至终反对侵略之战，渴望实现民族和解、边境安宁乃至天下太平。的确如此，林辞"销锋铸耜，休牛放马。甲兵解散，夫妇相保"（《晋之晋》），"白日杨光，火为正王。销金厌兵，雷车避藏。阴雨不行，民安其乡"（《蹇之夬》）便是最好的例证，这和杜甫的宏愿"安得壮士挽天河，尽洗甲兵长不用"（《洗兵马》）何其相似，这和当代和平爱好者所号召的"化剑为犁"如出一辙！而今日距焦延寿生活之时代，历史的长河业已悄无声息却又来去匆匆地流淌了两千多年，战争犹如这条长河中翻滚不息的浪花，很少停歇，给中华民族带来了无比深重的灾难。时至今日，环顾寰宇，局部地区依然是战火连绵，霸权主义依然存在于少数超级大国，军国主义思想也有死灰复燃的迹象，世界和平这一美好愿望还远未实现。焦延寿在《易林》中流露出的反对战争、呼吁和平的思想，对于身处和平年代的国人，对于渴望和平的世人，应不无学习和借鉴之意义。

三、对西汉灾异的如实再现

《易林》所载反映西汉一朝史实的林辞中，除政治、战争、外交之外，反映西汉一朝所发生的灾害、怪异之事，占据了很大的分量。

（一）对西汉自然现象和现实社会的灾异写照

> 狗冠鸡步，君失其所。出门抵山，行者忧难。水灌我园，高陆为泉。
> （《坎之需》）

"狗冠"，据《汉书·五行志》所载："昌邑王见大白狗冠方山冠而无尾，未几，废。"《京房易传》曰："君不正，臣欲篡，厥妖狗冠，出朝门。"故此灾异是暗示昌邑王刘贺多行不义，即将倒台。"鸡步"，《京房易传》道："有始无终，厥妖雄鸡自啮断其尾。"又云："鸡知时，知时者当死。""鸡步"，即班固所谓"鸡祸"，《汉书·五行志》记载了多次"牝鸡雄鸣""鸡生角""雌鸡化为雄"等怪异之事，以灾异验证政治之腐朽。

> 豕生鱼鲂，鼠舞庭堂。雄佞施毒，上下昏荒，君失其邦。（《蒙之比》）

"豕生鱼鲂"，谓猪生出鱼鲂来，一看便知是怪异之事。"鼠舞庭堂"，确有其事：汉昭帝元凤元年（前80）九月的一天，宫内举办筵席，"燕有黄鼠衔其尾，舞王宫端门中，王往视之，鼠舞如故。王使史以酒脯祠，鼠舞不休，一日一夜死"

（《汉书·五行志》）。班固在记载此事时还引用了京房的话说道："诛不原情，厥妖鼠舞门。"

> 兴役不休，与民争时。牛生五趾，行危为忧。（《否之艮》）

"牛生五趾"，据《汉书·五行志》所载，"秦孝文王五年，斿胸衍，有献五足牛者，刘向以为近牛祸"。后至汉景帝时，"孝王骄奢，起苑方三百里，宫馆阁道相连三十余里。纳于邪臣羊胜之计，欲求为汉嗣，刺杀议臣爰盎，事发，负斧归死。既退归国，犹有恨心，内则思虑霿乱，外则土功过制，故牛祸作。足而出于背，下奸上之象也。犹不能自解，发疾暴死，又凶短之极也。"班固还不忘引用《京房易传》曰："兴徭役，夺民时，厥妖牛，生五足。"

> 国马生角，阴孽萌作。变易常服，君失于宅。（《咸之蒙》）

《汉书·五行志》："文帝十二年，有马生角于吴，角在耳前，上乡……刘向以为马不当生角，犹吴不当举兵向上也。是时，吴王濞封有四郡五十余城，内怀骄恣，变见于外，天戒早矣。王不寤，后卒举兵，诛灭。"此灾异是因为吴王刘濞要谋反所致。班固依然援引京房《易传》曰："臣易上，政不顺，厥妖马生角，兹谓贤士不足。"又曰："天子亲伐，马生角。"又《史记索隐》有载："丹求归，秦王曰：'乌头白，马生角，乃许耳。'丹乃仰天叹，乌头即白，马亦生角。"林辞皆反常之事，故曰"变易常服"。

> 阴配阳争，卧木反立。君子攸行，丧其官职。（《渐之未济》）

汉昭帝元凤三年春，上林苑有柳树枯僵自起生，故曰"卧木反立"。时眭孟推《春秋》之意，以为"石柳皆阴类，下民之象，泰山者岱宗之岳，王者易姓告代之处。今大石自立，僵柳复起，非人力所为，此当有从匹夫为天子者。枯社木复生，故废之家公孙氏当复兴者也"（《汉书·眭两夏侯京翼李传》）。后眭孟被霍光所诛，故"丧其官职"。

上述林辞乃为明确记载发生在西汉一朝的怪异之事，皆有可靠的文献出处可考，可当作西汉史料来研读，《易林》中其他没有明言时代背景的怪异之事的林辞亦比比皆是，例如：

裸裎逐狐，为人观笑。牝鸡司晨，主作乱根。（《大有之咸》）

南山大獲，盗我媚妾。怯不敢逐，退而独宿。（《坤之剥》）

鹤盗我珠，逃于东隅。求之郭墟，不见所居。（《坤之益》）

李梅冬实，国多盗贼。扰乱并作，君不得息。（《屯之师》）

三牛生狗，以戌为母。荆夷上侵，姬伯出走。（《需之讼》）

鸦鸣庭中，以戎宎凶。重门击柝，备不速客。（《师之颐》）

群虎入邑，求索肉食。大人卫守，君不失国。（《履之丰》）

郁映不明，为阴所伤。众雾集聚，共夺日光。（《噬嗑之艮》）

狐嘈向城，三旦悲鸣，邑主大惊。（《困之兑》）

在《易林》中，灾异类林反映更多的还是自然灾害，水灾、火灾、虫灾、旱灾、霜灾、雪灾、雹灾等，可谓层出不穷，随处可见，例如：

山没邱浮，陆为水鱼。燕雀无巢，民无室庐。（《坎之困》）

河水孔穴，坏败我室。水深无岸，鱼鳖倾倒。（《需之观》）

火烈不去，必殖僵仆。燔我衣裾，祸不可悔。（《师之明夷》）

上政骚扰，螟虫并起。害我嘉谷，年岁无稷。（《解之既济》）

螟虫为贼，害我五谷。箪笥空虚，家无所食。（《坤之革》）

久旱三年，草木不生。粢盛空乏，无以供灵。（《需之需》）

黍稷苗稻，垂秀方造。中旱不雨，伤风枯槁。（《需之艮》）

早霜晚雪，伤害禾麦。损功弃力，饥无所食。（《需之咸》）

喜怒不时，霜雪为灾。稼穑无功，后稷饥寒。（《观之大畜》）

阳春枯槁，夏多水潦。霜雹俱作，伤我禾黍，年岁困苦。（《解之颐》）

白云如带，往往来处。飞风送迎，大雹将下。击我禾稼，僵死不起。

（《坎之渐》）

这些林辞所反映的灾害情况，与西汉一朝的社会现状能很好地吻合、对应。西汉一朝开始系统地记载发生过的自然灾害，翻开《史记》《汉书》，自然灾害被有条不紊地记录了下来，为后人研究其时的灾害情况提供了准确的可资参考的材料。陈业新认为汉代是我国历史上的一个灾害群发时期，据其统计，两汉共发生旱灾112次，在所有自然灾害中居于第一位，霜灾10次，雹灾37次，雪灾18次，寒冻灾17次，虫灾65次。①

（二）《易林》灾异思想的根源

《易林》灾异类林辞在准确记载西汉一朝自然现象和社会现实的背后，流露出的是焦延寿浓重的灾异思想，是其对时代思潮的吸纳，是其受特定政治氛围所迫，同时还与其学术的传承和特殊的身份有关。

1. 时代思潮导致的巨大影响

焦延寿生活的时代，应自武帝末期至成帝以前，而灾异思想在这一时期的社会思潮中占据了重要地位，"汉代灾异说蔚为大观，言灾异者众多，影响也最大。"②灾异思想并非在西汉中叶横空出世，其根源由来已久，商周时代便已萌芽。《尚书·洪范》中有言："庶征：曰雨，曰旸，曰燠，曰寒，曰风……曰休征：曰肃，时寒若；曰乂，时旸若；曰晰，时燠若；曰谋，时寒若；曰圣，时风若。曰咎征：曰狂，恒雨若；曰僭，恒旸若；曰豫，恒燠若；曰急，恒寒若；曰蒙，恒风若。"君主的严肃庄重将迎来及时雨，而其轻薄狂妄则招致连绵淫雨……正如冯

---

① 陈业新：《灾害与两汉社会研究》，上海人民出版社2004年版，第10—46页。

② 刘光本：《中国古代灾异说之流变》，《青岛海洋大学学报》2001年第2期。

友兰所言："作者还告诉我们人类世界和自然世界是互相关联；君主方面的恶行就导致自然界异常现象的出现。"①《礼记·月令》中记载了一年中每个月君主应该做和不该做的事，如果君主违背了这一原则，自然界将会出现异常现象。例如，"孟春行夏令，则雨水不时，草木早落，国将有恐。行秋令，则其民大疫……行冬令，则水潦为败……"《礼记·月令》中的灾异思想还不成熟，诚如顾颉刚所言："这个灾异说的系统是建立于时令反常上的"，"他们立说的宗旨，只是希望'天人合一'。"②

战国时期以阴阳五行、五德终始而闻名的邹衍，提出了"类同相召，气同则合，声比则应"的观点（《吕氏春秋·应同》），认为自然界与人类社会之间有着某种感应，朝代的迭兴必然表现为某种祥瑞的出现。邹衍尽管没有提到灾异，但灾异和祥瑞是一对连体婴儿，密不可分。经过邹衍的发展，"自从有了阴阳家之后，天象和人事经过一番系统的整理，比商、周时代的灾异观念精密多了"③。

经历了先秦的萌发阶段，灾异思想在汉代终于大放光芒。陆贾首倡其说，"恶政生恶气，恶气生灾异"，"治道失于下，则天文变于上。恶政流于民，则螟虫生于野"（《新语·明诚》）。可以明显看出这便是《易林》灾异思想的来源之一，如前文所引《易林》林辞《解之既济》，再如《离之萃》："苛政日作，螟食华叶。割下啖下，民被其贼，秋无所得。"这些林辞便是对陆贾所言最直截了当的注释了。而在陆贾和焦延寿之间的董仲舒却不能被遗漏，因为正如任继愈对陆贾的评价，"把政治现象与自然现象偶然的相继出现而没有内在联系的事件，牵强附会在一起，而陷于神秘主义。这一观点，被后来的唯心主义者董仲舒加以利用和夸大，形成了完整的天人感应的学说"④。董仲舒是西汉说灾异而影响最大的思想家。他认为："凡灾异之本，尽生于国家之失。国家之失，乃始萌芽，而天出灾异以谴告之。谴告之而不知变，乃见怪异以惊骇之。惊骇之尚不知畏恐，其殃咎乃至。"（《春秋繁露·必仁且智》）董氏认为灾异是上天对人主的告诫，如人主迷途知

① 冯友兰：《中国哲学简史》，涂又光译，北京大学出版社1996年版，第116页。
② 顾颉刚：《汉代学术史略》，东方出版社1996年版，第27页。
③ 顾颉刚：《秦汉的方士与儒生》，北京出版社2012年版，第31—32页。
④ 任继愈：《中国哲学史》，人民出版社1973年版，第40页。

返，在政治上采取补救措施，"省徭役，薄赋敛，出仓谷，振困穷"（《春秋繁露·五行变救》），则会太平无事；如人主仍不悔改则会遭殃得咎。董氏"使《春秋》学说完全和阴阳五行家的阴阳五德终始的神学唯心主义结合起来"[1]，用灾异来预警政治，可称之为"灾异——政治"说。董氏使灾异思想趋于成熟并影响深远，诚如葛兆光所言："此后相当多的儒者及官僚都在运用这种以阴阳五行为骨架、天人感应为中心、灾异祥瑞与现实政治相贯通的理论。"[2]集儒者、官僚、方士身份于一体的焦延寿，更是深受董氏影响，自然而然地在《易林》中发为灾异思想。焦氏灾异思想又不尽同于董氏"灾异——政治"说，可以说是对董氏的创新。焦延寿在《易林》中着重想表示的是政治的腐朽导致了灾异的产生，腐朽的程度又决定灾异的大小。政治和灾异是因果关系，可称之为"浊政——灾异"说。

2. "上有所好"造就的政治氛围

西汉时期可以说是自始至终、自上而下都受灾异思想笼罩。西汉历代帝王都对灾异深信不疑，汉初的几位帝王包括武帝对祥瑞更加看重。查《汉书·帝纪》可以发现这一时期各种祥瑞如灵芝、凤凰、神鸟等时有出现，灾异则相对少于焦延寿生活的西汉中后期。祥瑞灾异本是一对连体婴儿，不可分割。《周易·系辞》便有言："天垂象，见吉凶。"《中庸》中更是明言道："国家将兴，必有祯祥；国家将亡，必有妖孽。"喜好祥瑞的汉初帝王则没有理由拒绝灾异，他们在笑纳祥瑞观念的同时也即接受了灾异思想。在某种意义上可以说祥瑞也是灾异的一种表现。灾异包括各种天灾如地震、水灾、火灾、蝗灾等，也包括各种反常事物及现象，所以马端临说道："物之反常者异也，其祥则为凤凰、麒麟、甘露、醴泉、庆云、芝草；其妖则山崩、川竭、水涌、地震、豕祸、鱼孽，妖祥不同，然皆反常而罕见者，均谓之异可也。"[3]不论是祥瑞时现的汉初，还是灾异频出的西汉中后期，帝王们对灾异思想均是深信不疑的，"汉自武帝颇好方术，天下怀协道艺之士，莫

---

① 任继愈：《中国哲学史》，人民出版社1973年版，第71页。

② 葛兆光：《中国思想史》，复旦大学出版社2001年版，第284页。

③ （宋）马端临：《文献通考》，中华书局1986年版，第9页。

不负策抵掌，顺风而届焉"(《后汉书·方术传》)，且这种风气一直沿袭至东汉。司马光也曾说武帝"信惑神怪，巡游无度"(《资治通鉴·武帝纪》)。西汉君主对灾异思想的深信不疑还表现在每当灾异出现时，君主多要自责，认为灾异是上天对自己的警示或惩戒。君主自然而然地成了天变灾异的负责者，正如顾颉刚所言："古代的国王和诸侯都兼了教主的职务，负有以一己代替全国人民的灾患的大责任"，"到了汉代，由于战国时自由批评的反动，对于神的信仰增高，这种思想又复盛极一时"[①]。对灾异负责的直接表现形式便是君主们纷纷颁布"罪己诏"，首见于文帝二年，"朕闻之，天生民，为之置君以养治之。人主不德，布政不均，则天示之灾以戒不治"(《汉书·文帝纪》)。"乃者九月壬申地震，朕甚惧焉。有能箴朕过失，及贤良方正直言极谏之士以匡朕之不逮，毋讳有司"，"朕不明六艺，郁于大道，是以阴阳风雨未时"(《汉书·宣帝纪》)，"间者阴阳不调，黎民饥寒，无以保治，惟德浅薄，不足以充入旧贯之居"，"乃者火灾降于孝武园馆，朕战栗恐惧。不烛变异，咎在朕躬"，"间者阴阳错谬，风雨不时。朕之不德"(《汉书·元帝纪》)。

由于西汉帝王对灾异思想的深信不疑及直接或间接的推动，致使整个西汉王朝都深受灾异思想钳制，从而形成了浓郁的政治氛围，并深深影响到了生活在这种氛围中的每一个人。焦延寿便生活在灾异思想发展至极的西汉中后期，故其受到这种影响不言自明，其《易林》中灾异思想的出现也就不难理解了。

3. 严守师法决定的学术传承

另外，焦延寿在《易林》中畅谈灾异，还与西汉时期严守师法的学术传承有关。孟喜是西汉著名的易学家，"卦气说"的创始人。而"卦气说"中便有重要的一条"六日七分说"，《新唐书·历志》中载唐朝僧一行之《卦议》一书，其中有引。"六日七分说"，如张善文所言："取六十四卦中的《坎》《离》《震》《兑》为四正卦，主四时；余六十卦，卦主六日七分，爻主三百六十五日四分之一"[②]。焦

231

---

① 顾颉刚：《汉代学术史略》，东方出版社1996年版，第23—24页。
② 张善文：《象数与义理》，辽宁教育出版社1993年版，第95页。

延寿六十四卦直日用事已不可考，但古人为说严守师法，亦当本于孟喜之"六日七分说"，这种分卦直日的学说又被焦氏的高足京房加以继承并创新。

《汉书·儒林传》又称孟喜"好自称誉，得《易》家候阴阳灾变书"，可见孟喜当说灾变，并传给焦延寿。考孟喜之作，《汉书·艺文志》载《灾异孟氏京氏》六十六篇，可证孟喜和京房俱说灾异，均倡灾异思想，那么在孟喜、京房这一学派灾异思想的传承过程中起重要过渡作用的焦延寿，在"前汉重师法，后汉重家法"[①]的西汉学术传承中，没有理由不说灾异，《易林》也就没有理由不呈现出浓郁的灾异思想了。

其实，从焦、京师徒学术传承中也可以断定焦延寿必说灾异。京房是西汉大谈灾异而声名显赫的当朝官员，他用灾异作为谏书来上规元帝、下斥五鹿充宗、石显等奸佞，并最终招致弃市。《隋书·经籍志》载其著作有《周易逆刺占灾异》《周易飞候》等，其在著作中也大谈灾异，如"野兽入邑，及至朝廷，若道上官府门，有大害，君亡。"（《周易飞候》）正是在这种意义上，葛兆光说道，"孟喜、焦延寿、京房的易学即所谓'象数之学'就是'候阴阳灾变书'"[②]。京房之学说受于焦延寿，京房大谈灾异，可见焦氏也定当畅说灾异，并表现在《易林》中。

朱伯崑在谈到孟、焦、京学派特点时所说的话，可以作为定论："其一，以奇偶之数和八卦所象征的物象解说《周易》经传文；其二，以卦气说解释《周易》原理；其三，利用《周易》讲阴阳灾变。"[③]

4. 儒生、方士、循吏身份的价值体现

《易林》中浓郁的灾异思想还与焦延寿融儒生、方士入循吏的特殊身份有关。《易林》在历代《艺文志》《经籍志》中多被列入历数、五行、蓍龟类，可见焦氏向来是被视为方士的。但焦氏还是个儒生，"赣贫贱，以好学得幸梁王，王共（供）其资用，令极意学。既成，为郡吏察举，补小黄令"（《汉书·京房传》）。

---

① （清）皮锡瑞著，周予同注释：《经学历史》，中华书局1959年版，第136页。
② 葛兆光：《中国思想史》，复旦大学出版社2001年版，第284页。
③ 朱伯崑：《易学哲学史》（上册），北京大学出版社1986年版，第108页。

焦延寿因好学而得到梁敬王的宠爱并资助其学业，可见焦氏为儒生无疑。焦氏学成之后担任了中下级官吏，因为在当时"政府中的许多高官和许多中下级官吏都是受过教育的精英，而选择他们担任官职的依据，是儒家的选贤择能、学而优则仕的原则"[①]。焦延寿"爱养吏民，化行县中"（《汉书·京房传》），是名典型的中下层循吏，并且是融儒生、方士于一体的循吏。这种儒生、方士、官吏三位一体的现象自武帝时便已出现，杨幼炯曾指出："惟此时之儒家已失其原来之意义。彼辈自以为发挥儒家之微言大义，求'通经致用'，而其实在思想方面，往往与方士混合，相信'天人相与'之说，而专谈阴阳、占验、灾异"。[②]

焦延寿虽身为循吏，但始终不失儒生气质，生活在君王昏聩、奸佞当权的时代，始终心忧黎庶、关心国事，《易林》中大量具有民本思想的林辞便是明证。西汉自董仲舒始，朝中大臣便不断用阴阳灾异来作为进谏君王的新武器，诚如张涛所言："有些精明的士人在目睹或体验了直谏带来的悲剧之后，改变进言的方式，大谈经学中的阴阳灾异之说，试图借助上天的威力来约束君主。"[③]这些士人可谓前赴后继，"汉兴，推阴阳言灾异者，孝武时有董仲舒、夏侯始昌；昭、宣则眭孟、夏侯胜；元、成则京房、翼奉、刘向、谷永；哀、平则李寻、田终术。此其纳说时君著明者也"（《汉书·李寻传》）。推阴阳、演灾异已经成为一种时代思潮，任何旨在维护社会整体利益的士人都不可能置身度外。这些士人心怀国家万民，其立说的目的是希望"君主会因为天降灾异而有所收敛，这样，知识阶层就能够又一次代天立言，拥有一些与政治抗衡、对君主制约的权力"[④]。而作为知识阶层的一员，作为饱读经书的儒生（焦延寿在《易林》中大量援引儒家经典便是明证），作为精通象数易学的方士（《汉书·京房传》载其"以风雨温寒为候，各有占验"可以证明），作为极具责任感、心怀老百姓的循吏，焦延寿传承了士人们这一传统。焦延寿身在地方，不能直接进谏君主，于是便在《易林》中大谈灾异，以《易林》为谏书，希望能唤醒君王，施行仁政，以期实现自我的人生价值，从

① 陈启云：《中国古代思想文化的历史论析》，北京大学出版社2001年版，第275页。

② 杨幼炯：《中国政治思想史》，上海书店出版社1984年版，第167页。

③ 张涛：《经学与汉代社会》，河北人民出版社2001年版，第317页。

④ 葛兆光：《中国思想史》，复旦大学出版社2001年版，第269页。

而使《易林》到处闪烁着灾异思想的光芒。

《易林》中灾异思想形成的原因是复杂多样的。焦氏灾异思想形成后也产生了很大的影响，近则影响到因得其道而亡身的京房，远则波及大谈阴阳灾异、术数方技之类的谶纬之学，如朱彝尊所言："赣深明典奥谶录图纬，能精征天意，传道与京君明（房）。则是纬谶远本于谯（焦）氏、京氏也。"[①]

《易林》中的林辞，不仅仅反映了西汉中后期的内政外交、战争灾异，其"知周乎万物"的林辞对西汉中后期的农事工商、民俗风情等均有记载。例如，"螟虫为贼，害我稼穑。尽禾殚麦，秋无所得"（《同人之节》）反映了农业中虫灾的巨大危害；"大都之居，无物不具，抱布贸丝，所求必得"（《解之乾》）描绘了西汉时商业的富庶繁荣；"刚柔相呼，二姓为家。霜降既同，惠我以仁"（《中孚之坎》）说明了西汉继承了先秦同姓不婚及霜降后成亲的遗俗；"乌孙氏女，深目黑丑。嗜欲不同，过时无偶"（《噬嗑之萃》）则为后人展示了一幅完全不同于汉民族的异域风情画。

当我们回首观照《易林》的史学思想和史料价值时，也可以发现其中明显存在一些不足之处，如《易林》中有着众多的林辞是对先秦两汉龟占蓍筮的记载，是对汉代祯祥灾异的实录，而且焦延寿对此是深信不疑、奉为圭臬的。对此我们可以理解，因为任何人都是生活在特定的时代，都难免受其时代所局限。我们可以说焦延寿愚昧迷信，而在西汉，信奉占卜，讲求灾异，是天经地义之事，"是汉人的信条，是他们思想行事的核心，我们要了解汉代的学术史和思想史就必须先明白这个方式"[②]。

时至当今，科学精神早已遍布各种学科，理想光芒也照射到人间万物，社会思想在不断更新变化，人的道德伦理观念也是日新月异。在这样一个全新的时代，在这样一个文明的社会，如果人们还信奉《易林》中的占卜观念、灾异思想，那是大错特错了。这也是学人在研究《易林》时所应该扬弃的方面。

---

① （清）朱彝尊：《经义考》，光绪丁酉浙江书局刊本。
② 顾颉刚：《秦汉的方士与儒生》，上海古籍出版社1978年版，第5页。

"能注《易》者，莫过于《易林》"

——《易林》的易学价值研究

绪　言

　　《易林》乃西汉留存下来的第一部衍易著作，实为西汉易学史上乃至整个易学史上作用重大、影响深远的一部易学巨著，其易学价值至为巨大。尚秉和先生曾明言道："《易林》虽不明解《易》，然能注《易》者，莫过于《易林》。"[①]焦延寿易学上承孟喜、下启京房，其易学思想至关重要，在象数易学的传承中发挥了重要作用。

[①] 尚秉和：《焦氏易林注·例言》，中国大百科全书出版社2005年版，第3页。

第一节　传先秦之逸象

　　《系辞》有云："易者，象也；象也者，像此者也。"又曰："八卦成列，象在其中矣。"《系辞》还认为八卦是伏羲"仰则观象于天，俯则观法于地，观鸟兽之文与地之宜，近取诸身，远取诸物"的产物。可以说《周易》六十四卦、三百八十六爻均是象的产物，而不知易象，则不能通晓《周易》文辞，不能通晓《周易》文辞则无从把握《周易》义理。象，抑或象数，是《周易》的外在表现，义理是《周易》的内在旨归，不从象数入手，则《周易》之义理无所依傍，故《易传》特列《说卦》一篇，专门阐述易象。《说卦》所列易象，多达一百多种，遗憾的是，这些易象及用法，有些在东汉以后就已经失传，致使东汉以后人对《周易》经传文本不能很好地通晓领会。于是，自东汉始，易学家们纷纷挖空心思，为了更好地解释《周易》，他们各自创造出一系列烦琐复杂的卦变方法，如荀爽之"升降说"，虞翻之"之正说""《乾》《坤》变《坎》《离》说"，生硬地改变某卦、某爻，成为其他一卦或数卦，以便取得变卦之后的新的易象，这样才能牵强附会地解释《周易》经传中某些文辞。诚如王树枏所言，"东汉以后，马、郑、荀、虞诸人，家各为说，其取象也，往往经再三变而后成其象，支离迂曲，皆不免叩盘扪烛之讥，王辅嗣出，以清谈诂《易》，而汉学益微。宋儒承之，专言易理，举一切象数而空之，易道晦茫。"[1]

---

[1] 转引自尚秉和：《焦氏易诂·王序》，中国大百科全书出版社2005年版，第1页。

其实,《周易》之诸多易象以及易象的用法在西汉并没有失传,这些易象及用象方法被完整地保存在《易林》中。因为"西汉释《易》之书,无如《易林》之完善,凡《易林》之辞,无一字不从象生,且无一象不本之于《易》"①。

王树枏说道:"盖《易》无一爻非象,而《易林》则无一字一句不以《易》之象为象。"②可以说《易林》完全继承了《周易》诸多逸象,并且拓宽了《周易》用象的方法。

逸象,即是除《易传》所载八卦的八种基本象征形象及一些不成系统的杂象外,东汉易学家又从易辞或前人对卦象的分析中,找出很多《说卦》篇没有讲到的象征形象。记载并解说《周易》卦象的著作,最早的莫过于《左传》。而《左传》中有一些逸象在东汉已亡佚,后遂导致杜预注《左传》时已不能解,后人对此更是茫然,以致越注越误。令人宽慰的是,《易林》对《左传》中的逸象几乎都加以继承并有所创新。下文将通过具体卦象一一证明之。

《左传》中《震》有旗、射等逸象,见鲁僖公十五年晋献公筮嫁伯姬于秦一事中:

> 初,晋献公筮嫁伯姬于秦,遇《归妹》三之《睽》三。史苏占之曰:不吉。其繇曰:'士刲羊,亦无盂也。女承筐,亦无贶也。西邻责言,不可偿也。《归妹》之《睽》,犹无相也。'《震》之《离》,亦《离》之《震》,为雷为火,为嬴败姬,车说其輹,火焚其旗,不利行师,败于宗丘。(《左传·僖公十五年》)

《归妹》上卦为《震》,《震》为旗,下互卦为《离》,《离》为火,《震》在《离》上,故"火焚其旗"。尚秉和也说道:"盖旗之翻动飞舞,惟《震》能象之。"③再看成公十六年,晋与楚战,晋公筮得一卦,"其卦遇《复》䷗,曰南国

① 尚秉和:《焦氏易林注·叙》,中国大百科全书出版社2005年版,第1页。
② 转引自尚秉和:《焦氏易诂·王序》,中国大百科全书出版社2005年版,第2页。
③ 尚秉和:《周易尚氏学》,中华书局1980年版,第348页。

蠹，射其元王，中厥目"。《复》卦下卦为《震》，《震》有射的逸象，故有"射其元王"。《震》卦的旗、射逸象，在《易林》中皆有明证：

　　干旄旌旗，执帜在郊。虽有宝珠，无路致之。（《师之随》）
　　双凫俱飞，欲归稻池。经涉崔泽，为矢所射。伤我胸臆。（《屯之旅》）

　　《师之随》中《随》☳、《屯之旅》中《屯》☳两卦的下卦皆为《震》，故林辞中有旗、射等逸象。

　　《巽》卦在《左传》中有姜、陨落等逸象，如庄公二十二年陈厉公生子敬仲时，周王朝的史官为其占得一卦，遇《观》☷之《否》☰，并断定"如在异国，必姜姓也"。《观》卦上卦为《巽》，《巽》为姜，故"必姜姓也"。又如襄公二十五年崔杼娶棠姜前筮得一卦，遇《困》☱之《大过》☰，陈文子曰"夫从风，风陨，不可取也"。之卦《大过》下卦为《巽》，《巽》为陨落，故有"风陨"之意。《易林》中《巽》卦亦有姜、陨落等逸象，如：

　　东邻嫁女，为王妃后。庄公筑馆，以尊主母。归于京师，季姜悦喜。
（《屯之观》）
　　采薪得麟，大命殒颠。豪雄争名，天下四分。（《豫之未济》）

　　第一条之卦《观》卦上卦为《巽》，《巽》为姜，故有"季姜"。第二条本卦《豫》卦上卦为《震》，伏《震》为《巽》，因《巽》为陨落，故而"陨颠"。

　　《坎》卦在《左传》中有夫的逸象，见上文崔杼筮例。"夫从风"，是以《困》卦下卦《坎》为夫的逸象。同例多见于《易林》，如《观之讼》"谗夫在堂"，以《讼》卦下卦《坎》为夫象；《无妄之比》"夫亡从军"，以《比》卦上卦《坎》为夫象。

　　其他如《艮》为鸟，《震》为君，《乾》位南等，都为《左传》所本而不见于东汉后著作，正如王树枏所言，"焦氏皆守西京之旧说，与东汉诸儒之言象者，大有悬殊"①。焦延寿受易于孟喜，而孟喜上承田生且独得西汉大师不传之秘。《易林》所载逸象，东汉诸儒未见，故《易林》之象，与后世悬殊。

汉代乃至后世，唯有《易林》能对《左传》逸象加以继承并展示给后人，而《左传》所载逸象，实乃先秦《周易》之逸象，关于这一点，尚秉和有言："左丘明亲见圣人，其用象当可信。如坎夫、震武，并见于内外传。"②后代幸赖《易林》，让我们能够在纷繁复杂的易象世界中一睹《左传》易象，也即先秦《周易》的逸象。

《易林》传先秦之逸象，如乾南坤北、离东坎西、乾一兑二、离三震四、乾日兑月、离星震辰、震射震孕、震姬震旗、震车震輹、震飞震翼，等等。尚秉和对此有着精到的研究并成果卓著，汇聚于其专著《焦氏易诂》与《焦氏易林注》中。尚秉和从《易林》中觅得当今易学失传之逸象一百二十多条，用其印证《周易》，无一不合。《周易·说卦》以乾为金，不知艮坚亦为金；以离为斧，不知兑决物、折物，方为斧；以离为龟，不知艮刚在上，亦为贝、为龟；后儒以离为矢，不知坎方为矢、为匕、为穿、为棘。坤为臣、为邑，巽为床，不知艮亦为臣、为邑、为床。

---

① 转引自尚秉和：《焦氏易诂·王序》，中国大百科全书出版社2005年版，第1页。
② 尚秉和：《焦氏易诂·凡例》，中国大百科全书出版社2005年版，第7页。

第二节　拓用象之范围

易象变迁，自八卦问世后之焦延寿创造《易林》，经历了四个阶段：首先是伏羲"仰观俯察"草创八卦卦象；其次是周文王开创《易经》卦爻辞所用的卦象；接着是孔子及其弟子们整理、归纳的历代传承的卦象，在《周易·说卦》中有着详尽的记载；最后为焦延寿在《易林》中所使用的体系庞大、用法复杂的卦象。

《周易》卦象象征形象及其用法，在先秦时代还较为简单。如八卦的基本象征形象乾天坤地、震雷艮山等，《说卦》所记载的八卦杂象和逸象如乾健、乾为马、首、父、圆、玉、金、寒、大赤、木果等；八卦的方位之象如"帝出乎震，齐乎巽，相见乎离，致役乎坤，说言乎兑，战乎乾，劳乎坎，成言乎艮"，贵贱之象如"天尊地卑，乾坤定矣。卑高以陈，贵贱位矣"，等等。随着时代的发展及社会现实的需求，为了应对纷繁复杂的现实变迁，焦延寿在创造《易林》时，大大拓宽了《周易》易象的用象范围，将八卦六爻变成了一个无所不能的魔法，翻来覆去，居然从不同的需要和不同的角度，变换使用不同的易象，在林辞中大量使用了伏象、覆象、互体之象，乃至大象、半象等，"至于易林爻辞，无一字不从象生，不从数出，且对象、覆象、大象、半象，往来杂用，妙义环生，与周易之象辞、爻辞，合若符契"①。

大象，又叫作"大体之象"，指的是六十四重卦中的某一卦自下而上初二爻、

---

① 转引自尚秉和：《焦氏易诂·叙》，中国大百科全书出版社2005年版，第3页。

三四爻、五六爻分别两两相同，这样如将分别代表地、人、天的初二、三四、五六爻两两合并成一爻，这一重卦就变成了八经卦卦中的某一卦了。例如，《中孚》䷪卦初二、三四、五六爻两两合并成一爻，便成了《离》䷝，这时，易学家将《中孚》䷪称为"大离"，以区别于八经卦中的《离》䷝。

伏象指两卦卦画完全相反，如《乾》卦的伏象是《坤》卦；伏《离》便成了《坎》。伏象又叫做"旁通之象"。覆象指两卦的卦画互相颠倒，如《震》卦的覆象是《艮》卦；覆《兑》便成了《巽》。伏象、覆象是相对于八经卦而言，而互体之象则相对于八经卦两两重合而成的六十四重卦而言。六十四重卦中每卦的下三爻和上三爻分别叫下卦和上卦，如果在取象时把二、三、四爻和三、四、五爻单独取出来作为两个单卦来分析卦象，这两个单卦就被称为"互卦"，又叫"互体"，分别叫作"下互卦"和"上互卦"，它们所具有的卦象就叫"互体之象"。如《咸》䷞的互体乃《巽》《乾》两卦。

《易林》中用大象、伏象的例子，如：

北陆闭蛰，隐伏不出。目盲耳聋，道路不通。（《屯之中孚》）

《中孚》䷪的伏象为《小过》䷽，"伏象"又可称为"旁通""通"，故尚秉和注之曰"通《小过》"[1]。《小过》又是大坎之象，坎为北陆，陆者，道路也。坎为冬、为隐伏不出，故曰"闭"，所谓闭塞成冬，冬藏之谓也。《中孚》上卦为巽卦，巽为虫，亦为伏故曰"闭蛰""隐伏""不出"。《中孚》为大离之象，离为目，目睛涨大，故曰"目盲"。《中孚》伏象为《小过》，《小过》乃大坎之象，坎为耳，中空塞实，故曰"耳聋"。《中孚》的下互卦和上互卦分别为震卦和艮卦，艮、震均为道路，因坎塞，故"道路不通"。

在这条林辞中，焦延寿用到了大象、伏象、互体之象，可以充分看出焦延寿是多么善于用象，难怪钱锺书先生曾说"《易林》工于拟象"，还说："多变其象，

① 尚秉和：《焦氏易林注》，中国大百科全书出版社2005年版，第59页。

示世事之多端殊态，以破人之隅见株守，此《易林》之所长也。"[1]

前人认为《易林》每一字一句都缘易象而生，也许言过其实。但《易林》用象的确是进入化境，如互卦的运用即是如此。例如林辞：

> 甲乙丙丁，俱归我庭。三丑六子，入门见母。（《益之贲》）

在《益之贲》中，本卦《益》卦☶下卦为震，之卦《贲》卦☶下卦为离。在后天八卦中，震为东，东方于干支对应甲乙，于五行对应木；离为南，南方于干支对应丙丁、于五行对应火，故曰"甲乙丙丁"。艮为高，两阳爻居卦之上，故有庭屋之象；艮为我，震为归。《益》卦上互卦为艮，之卦《贲》卦上卦也为艮卦，故曰"俱归我庭"。

> 小狐渡水，污濡其尾。利得无几，与道合契。（《蒙之师》）

此卦所引之典为《周易·未济》卦，前文有述。本卦《蒙》☶上卦为艮卦，故曰"小狐"，曰"尾"。尚氏注此林"坤、坎皆为水，故污濡其尾……震为大途，故曰道。"[2]坤、震从何而来呢？原来《蒙》卦上互卦为坤，坤为财，为聚集，坤虚，故得利少，所以"利得无几"。震卦来自于之卦《师》☶的下互卦，震为道，坎为合，为信，故曰"与道合契"。此林林辞分别运用了本卦、之卦的互体之象。

旁通之象、互体之象的用法，早在《左传》中就有了记载，前文已有分析。可惜东汉以后学者没有很好地把握，以至于注疏《左传》时产生误解。旁通之象、互体之象在《易林》中被焦延寿用得出神入化，如果不用旁通之象，《易林》也很难给四千零九十六林配上与卦象妙合无垠的林辞；如果不用互体之象，《易林》林辞也不可能"几于《三百篇》并为四言矩矱"[3]。旁通之象、互体之象的重要性，

① 钱锺书：《管锥编》，中华书局1986年版，第573页。
② 尚秉和：《焦氏易林注》，中国大百科全书出版社2005年版，第63页。
③ 钱锺书：《管锥编》，中华书局1986年版，第535页。

刘勰在《文心雕龙·隐秀篇》中早已说过：

> 夫隐之为体，义生文外，秘响旁通，伏采潜发，譬爻象之变互体，川渎之韫珠玉也。故互体变爻，而化成四象；珠玉潜水，而澜表方圆。

在这里，刘勰完全是用《周易》中的"旁通之象""互体之象"来描述文学作品中的含蓄美。在刘勰心中，易卦的旁通之象、互体之象已经成了衡量文人作品是否具有含蓄之美的依据和标准。

焦延寿在《易林》中大量使用伏象、覆象、大象、旁通之象、互体之象等，从而大大开拓了《周易》的用象方法和途径，对后世易学产生了深远的影响，因其将旁通之象、互体之象用于林辞中，使得原本质朴无华的、作为占卜之辞的《易林》林辞，具有了一定程度的含蓄蕴藉的艺术特征。

焦延寿为何能开拓出如此纷繁复杂的用象方法呢？前人已经给出答案，仵墉说道："古圣人之作易，不外乎观象；后圣人之系易，亦由观象。《焦氏易林》之辞，仍不外乎观象而已。"①焦延寿《易林》之用象方法多变，用象范围广阔，但这都是因为焦延寿在取象、用象时始终以《周易》为本，运用易象一分为二、二分为四的法则，对易象进行开拓、衍生的结果，诚如当下学人所言："焦氏运用卦象，简直达到出神入化的境地。《说卦传》八卦之象仅112条，而焦延寿取象、立象、拟象，基本以《说卦传》为根本，进而又加以引申、派生出更为庞大的象数体系。"②

---

① 尚秉和：《焦氏易林注·序》，中国大百科全书出版社2005年版，第2页。
② （汉）焦延寿著，尚秉和注，常秉义点校：《焦氏易林注·导言》，光明日报出版社2005年版，第7页。

第三节　解易之作，有助于读解《周易》

　　《易林》本为占筮而生，并非注《易》之作，但因《易林》能传诸多在东汉已经不能解的先秦逸象，其用象范围比之《周易》本身大为拓展。且《易林》的易象皆本于《周易》经传，其用象方法也多为先秦取象之遗法，这一点在《左传》所载筮例中，已经得到一一印证。所以，"易林虽不明解易，然能注易者莫过于易林"①。从某种意义上说，《易林》实乃两千年易学史上继往开来、别开生面的一部注解《周易》之作。《易林》取象范围广博，用象方法多变，在很多地方都能够很好地注解《周易》经传文辞、用象乃至义理。

　　上文提到的覆象，在《易林》中有着广泛的使用。例如：

　　　南山大玃，盗我媚妾。怯不敢逐，退而独宿。（《坤之剥》）

　　该条林辞源自于《博物志》："蜀南山有大玃，妇人好者，辄盗以去。"之卦《剥》☶☰上卦为艮，艮为震的覆卦，震为逐、为进，覆震，故曰"不敢逐"、曰"退"。再如：

　　　山崩谷绝，大福尽竭。泾渭失纪，玉历既已。（《屯之蒙》）

---

　　① 尚秉和：《焦氏易林注·例言》，中国大百科全书出版社2005年版，第3页。

此林之卦《蒙》䷃二、三、四爻组成的下互卦为震卦，震卦为艮卦的覆卦，故为覆艮，或曰艮覆，故尚秉和注此林辞曰："二四艮覆，故曰山崩、曰谷绝。"[①]

《易林》中运用覆象的例子俯拾皆是、不胜枚举。而覆象往往是和正象（即没有任何变化之原初之象）连在一起使用的。例如，"重茵厚席，循皋采藿。虽蹎不惧，复反其宅"（《屯之豫》）。此林本卦《屯》卦䷂下卦为震卦，三、四、五爻组成的上互卦为艮卦，而艮卦为震的覆卦，故自下而上就有一个震卦，一个覆震卦，震为茵、为席，故曰"重茵厚席"。再如《屯之小过》："痴狂妄作，心诳善惑。迷行失路，不知南北。"此林之卦《小过》䷽上卦为震，下卦为艮，艮为覆震，故正覆震相背，震为狂、为妄，故曰"痴狂妄作"。

覆象的运用，可以从八经卦延伸至六十四重卦，例如，《屯》卦䷂的覆卦为《蒙》䷃；《比》卦䷇的覆卦为《师》卦䷆。覆卦，也叫"反卦""倒体"，覆卦的卦象则为"反对之象""倒体之象"。六十四卦的排列，古人早认识到"非覆即变"这一规律，"变"是指两卦阴、阳爻完全相反，如《乾》卦䷀与《坤》卦䷁、《既济》䷾卦与《未济》卦䷿。《易林》正、覆象并用的现象，有助于理解《周易》中的某些文辞、现象或规律。

《周易》六十四卦的排列，不是随心所欲、杂乱无章的，而是有着内在的规律。《乾》卦后面是《坤》卦，《坎》卦后面即《离》卦，《颐》卦承启《大过》，《小过》紧跟《中孚》，这是因为这八卦的覆卦还是他们本身，无法变出新的卦象出来。而其他诸卦的排列顺序，就运用了正覆卦。《比》卦䷇覆卦为《师》卦䷆，故《比》卦紧承《师》卦，而这《杂卦》中记载的是"《比》乐《师》忧"，《师》卦怎么跑到《比》卦的前面去了？懂得了《易林》正覆卦并用，对《杂卦》排列的顺序就能理解领会了。《比》《师》两卦为正覆卦，故两卦卦旨本应相反，"《比》为亲密比辅，故乐；《师》为兵众兴动，故忧"[②]，故而韩康伯注之曰：

---

① 尚秉和：《焦氏易林注》，中国大百科全书出版社2005年版，第41页。
② 黄寿祺、张善文：《周易译注》，上海古籍出版社2001年版，第659页。

"亲比则乐，动众则忧。"①《杂卦》又载《临》《观》二卦顺序道："《临》《观》之道，或与或求。"意思是互为覆卦的《临》《观》两卦卦序上前后相承，卦旨正好截然相反，所以朱熹在注中说道："以我临物曰'与'，物来观我曰'求'；或曰二卦互有'与''求'之义。"②

《周易》中其他覆卦连用、卦旨相反的例子比比皆是，"《震》，起也。《艮》，止也。《损》《益》盛衰之始也……《晋》，昼也。《明夷》，诛也……《否》《泰》反其类也……《革》，去故也。《鼎》，取新也"，而这背后真正的缘由，确如前人所言，"杂卦震起艮止、兑见巽伏、咸速恒久诸辞尤示人以象正如此、覆则如彼之义"③。

《易林》用覆象，还可以帮助我们更好地解易，有助于后人阅读并正确了解《周易》文辞。《周易·困》卦辞为："困：亨；贞大人吉，无咎；有言不信。"王弼注卦辞"有言不信"曰："处困而言，不见信之时；非行言之时而欲用言以免，必穷者也。"④王弼注是讲清楚了"有言不信"的义理，但卦辞中的"言"从何而来？为何又曰"不信"？就连精于用象、大谈卦变的虞翻，也只是含糊其辞曰："震为言，折入兑，故'有言不信，尚口乃穷'。"⑤其实，如果前人懂得《易林》的正覆象的用法，此卦卦辞"有言不信"便可迎刃而解。《困》卦☱上卦为兑卦，三、四、五爻组成的上互卦为巽卦，而巽卦的覆卦为兑卦，这样《困》卦☱中便有了两卦方向相反的兑卦，正所谓正覆兑相背，兑"为口舌、为毁折"（《说卦》），所以才会有"有言不信"。我们可以用《易林》的用象来很好地印证《周易》困卦的用象，并能有助于理解"有言不信"。

　　　　青蝇集蕃，君子信谗。害贤伤忠，患生妇人。（《豫之困》）

　　① （魏）王弼、韩康伯注，（唐）孔颖达疏：《周易正义》，北京大学出版社1999年版，第339页。

　　② （宋）朱熹：《周易本义》，上海古籍出版社1984年版，第74页。

　　③ （清）尚秉和：《焦氏易林注·例言》，中国大百科全书出版社2005年版，第8页。

　　④ （魏）王弼、韩康伯注，（唐）孔颖达疏：《周易正义》，北京大学出版社1999年版，第194页。

　　⑤ 转引自李道平撰，潘雨廷点校：《周易集解纂疏》，中华书局1994年版，第421页。

此林之卦《困》卦䷮三至上正覆兑相背，故曰"谗"。再如：

虎狼之乡，日争凶讼。叨尔为长，不能定从。（《离之未济》）

此林本卦《离》卦䷝三、四、五爻组成上互卦兑卦，二、三、四爻组成下互卦巽卦，巽卦覆卦为兑卦，正覆两兑卦方向相反，即正覆兑相背，故曰"争讼"。诚如尚秉和所言："凡正反兑相背者，不曰谗佞，即曰争讼。于是困之有言不信，讼之小有言得解。"①

又如，《周易·中孚》卦九二爻辞"鸣鹤在阴，其子和之"，虞翻注之曰："震巽同声者相应，故'其子和之'。"②《中孚》卦䷼二、三、四爻所成的下互卦为震卦，上卦为巽卦，故有虞翻所言震巽卦象，在《说卦》中震为"善鸣"，但巽根本没有鸣叫之类的意思，何来"震巽同声者相应"，可见虞翻之注过于牵强附会。其实，此条爻辞用的还是正覆象。《中孚》卦䷼下互卦为震，上互卦为艮，艮的覆卦为震，正、覆震卦方向相对，故而有爻辞"和之"之言。其实，《易林》中正覆震相对者，不曰此唱彼和，即曰此鸣彼应，如《复之颐》：

噂噂所言，莫如我垣。欢乐坚固，可以长安。

《毛传》释"噂"为"对语也"。此林之卦《颐》䷚下卦为震，上卦为艮，艮的覆卦还是震，震为言，正覆震相对，故曰"噂噂"。这就完全印证了《周易·中孚》九二爻辞"其子和之"是用正覆震象，虞翻不知《周易》用覆象，不解此爻之正覆震象，故注解有误，难怪尚秉和道："其余象覆即于覆象取义，象伏即于伏象取义者，亦皆本之易，而先儒皆不知，致易义多晦，故唯易林，能补二千年易

---

① 尚秉和：《焦氏易林注·例言》，中国大百科全书出版社2005年版，第4页。
② 转引自李道平撰，潘雨廷点校：《周易集解纂疏》，中华书局1994年版，第518页。

注之穷。"①

《易林》用覆象还能帮助世人更好地读解《易传》，如《系辞·下》："重门击柝，以待暴客，盖取诸豫"，意思是说相叠加的两层门外有人敲梆子巡夜值班，以防备暴徒的偷袭，这种制度大约是取自于《豫》卦的卦象。那么《豫》卦卦象何来"重门"之象呢？《九家易》对此解释道："下有艮象。从外示之，震复为艮。两艮对合，重门之象也。"②《豫》卦䷏二三四爻组成的下互卦为艮卦，上卦为震卦，震卦的覆卦亦为艮卦，故有"两艮对合，重门之象"。这地方运用《易林》之覆象，很好地解释清楚了《易传》中的文辞。

《易林》传先天之象，上文有述，而仅这一点就能帮助后人很好地读解《周易》。先天之象，指八卦的方位分别是乾南坤北、离东坎西、震东北艮西北、兑东南巽西南，又叫"先天八卦方位"或"伏羲八卦方位"。先天之象是与后天之象乾西北坤西南等相对应的，而后者八卦方位叫作"后天八卦方位"或"文王八卦方位"。

宋朝以后易学家一直认为先天八卦之象创始于邵雍，其实不然。当代易学知名专家、中国周易学会会长刘大钧教授在为徐志锐《宋明易学概论》一书所作的序中论道："焦、京之学，为易之别传。本人以为'图''书'之学。非宋人所造，应当属汉人谈阴阳灾异的别传系统。恐因受到易之正传的压制排斥，后被道家吸收在民间秘传，遂至宋代复出而大行天下。"③确如刘大钧先生所言，《易林》中便已经运用了先天之象，此不但能够证明《周易》《左传》中先天之象的传承不绝（因为"《易林》书太古，尚存古义，能得《周易》真解，为后儒所不知"）④，而且能帮助人们很好地读解《周易》。

例如，《周易·既济》九五爻辞："东邻杀牛，不如西邻之禴祭，实受其福。"虞翻解释此爻时，先将《既济》卦变为《泰》卦，然后再取《泰》卦的上互卦震

① 尚秉和：《焦氏易林注·例言》，中国大百科全书出版社2005年版，第4页。
② 转引自李道平撰，潘雨廷点校：《周易集解纂疏》，中华书局1994年版，第629页。
③ 徐志锐：《宋明易学概论》，辽宁古籍出版社1997年版，第2页。
④ 尚秉和：《焦氏易林注·例言》，中国大百科全书出版社2005年版，第9页。

和下互卦兑，解爻辞道："《泰》互震为'东'，互兑为'西'……故曰'东邻杀牛'……'不如西邻之禴祭'。"①虞翻解卦极其繁琐且难以服人，《既济》卦变为《泰》卦，原因何在，依据为何，虞氏未做任何说明。今人在解释"东邻""西邻"时也值得进一步商榷。如"东邻、西邻，假设之辞，犹言彼、此"②，《周易》之辞本于象生，不会无缘无故使用假设之辞。一如《易林》之辞本于《周易》之象，"夫易说易象，解《易》之根本也。观春秋人说易，无一字不本于象，其重可知"③。其实，用《易林》中先天之象就可以圆满地解释此爻。在《易林》先天之象中，离东坎西，在《周易·既济》卦中，下卦为离，上卦为坎，所以有了"东邻""西邻"之辞。而这也正是《周易》本质精神之一"易简"的体现，无须像虞翻那样运用烦琐的卦变爻变的方法后方能解易。

《易林》用象如以乾为日、坤为水、为鱼、为心志、为疾，以艮为牛、为龟、为国、为邑、为床，以兑为月、为华、为老妇，以巽为少姬等逸象，能够帮助世人很好地阐明《周易》文辞、义理，在此不再举例加以赘述。

其实，清朝的易学家们早就认识到了《易林》可以用来注解《周易》了，例如，胡煦在《周易函书约注》卷三中释《坎》卦上六象辞"象曰：不速之客来，敬之终吉，虽不当位，未大失也"，便运用到了《易林》林辞："《焦氏易林》引'不速客来，指为盗贼'。然此属《坎》爻，下又言失，或古《传》指盗也。"④惠士奇在《惠氏易说》中也六次引用《易林》林辞来注解《周易》，例如，卷二释《噬嗑》卦六二爻辞曰："'六二，噬肤灭鼻，无咎'……'噬肤灭鼻'犹《易林》所谓'铺糜毁齿，失其道理'者也。言糜粥不毁齿，犹肤肉不灭鼻，故曰'失其道理'，《易》之取象，岂若是哉？"⑤

《易林》不但能解易，有助于读解《周易》经传文辞，甚至还能很好地注解《左传》中所记载的占筮文辞，纠正杜预注文的舛误，"焦氏之易象易说，为东汉

---

① 转引自李道平撰，潘雨廷点校：《周易集解纂疏》，中华书局1994年版，第532页。
② 黄寿祺、张善文：《周易译注》，上海古籍出版社2001年版，第517页。
③ 尚秉和：《焦氏易诂·卷一》，中国大百科全书出版社2005年版，第1页。
④ （清）胡煦：《周易函书约注》，文渊阁四库全书本。
⑤ （清）惠士奇：《易说》，文渊阁四库全书本。

所无。于是由其说以解易……往往复明。复由其说以解《左传》，凡服虔、杜预所不解或误解者，象皆有着"①。当代著名的易学专家张善文先生曾说过："统观《焦氏易林》所载逸象，除正象、互象外，尤有对象、覆象、大象、半象，多至一百数十例，为东汉易家所不知，故东汉易说多误；用此逸象参解易辞，则旧所不解者均可豁然开通。"②

① 尚秉和：《焦氏易诂·卷一》，中国大百科全书出版社2005年版，第2页。
② 转引自尚秉和：《焦氏易诂·凡例》，中国大百科全书出版社2005年版，第1页。

第四节　易学史上承前启后之杰作

焦延寿学易于孟喜，且得孟喜之真传，故其徒京房才会"以为延寿《易》即孟氏学"。焦延寿在易学上又有诸多创新，如占筮方法，四言韵语之林辞，取象范围，用象方法等等。焦延寿又将易学传授予京房，且"房用之尤精"，从而形成了西汉易学史上乃至整个易学史上影响深远的孟、焦、京易学。焦延寿全部易学思想均体现在《易林》一书中，所以说《易林》实乃易学史上承前启后之杰作。

一、对后世颇多启发的占筮方法

《易林》承前启后的作用，首先体现在其所采用的占筮方法上。在《易林》以前，所用的占筮方法，一为龟占，即先在乌龟腹部的壳上凿出纹路，然后放在火上烤，再看纹路的走势来断吉凶；另一为筮占，即《周易》所载用蓍草来占吉凶，前文有述。龟占筮占，不但方法烦琐，而且材料难求，对龟壳和蓍草有着诸多限制，如龟壳的大小、蓍草的长短等，"比较起来，最初是用龟卜，后来用筮法，儒家用'機禅''象数''义理'去解释《易》，离《易》的本义愈远，所以《易》遂'不切于用'。在汉有《易林》，后来有签法，都因为《易》不能切用了，才应民间的需要而发生"[①]。如此说来，《易林》的出现，完全是时代发展的产物，民间占

[①] 余永梁：《易卦爻辞的时代及其作者》，《历史语言研究集刊》，江苏古籍出版社1999年版，第45页。

卜的使然。但是，必须明白，焦延寿的占卜方法不是凭空捏造、横空出世的，是对《周易》占卜方法的沿用和革新（前文有述），完全本于《周易》卦变理论，南宋朱震在《汉上易传》上卷中说过：

> 所谓之卦者，皆变而之他卦也。《周易》以变为占，七卦变而为六十三卦，六十四卦变而为四千九十六卦，而卜筮者尚之，此焦延寿之《易林》所以兴也。圣人因其刚柔相变，系之以辞焉以明往来、屈信、利害、吉凶之无常也，故君子居则观其象而玩其辞，动则观其变而玩其占，占与辞一也。①

焦延寿本于周易卦变理论创造的占筮方法，即"焦林值日法"，使用起来比《周易》占筮方法至少要简便一半，因为《周易》一次的占筮过程是十八变，方才求得本卦和变卦（之卦），而《易林》不用求得本卦，直接查找占筮当日的值日之卦即可，但变卦的求法一仍《周易》。焦延寿对占筮方法的革新，直接影响到了他的学生京房。京房在其基础上创造出了更为简便易行的占筮方法——"金钱代筮法"，见载于今依然流传于世的《火珠林》。项安世在《项氏家语》中记载了这种占筮方法：

> 以京氏《易》考之，今世所传《火珠林》者，即其法也。今占家以三钱掷之，两背一面为"拆"，此即两少一多，为少阴爻也；两面一背为"单"，此即两多一少，为少阳爻也；俱面者为"交"交者拆之，此即三多，为老阴爻也；俱背者为"重"，重者单之，此即三少，为老阳爻也。②

通俗地说，即以三枚铜钱，有字之"面"为阴，无字之"背"为阳，"这样，每掷一次得一爻，六次成一卦，即可依卦占断吉凶，实较旧法'四营''十八变'

---

① （宋）朱震：《汉上易传》，文渊阁四库全书本。
② 转引自皮锡瑞：《经学通论》，中华书局1954年版，第46页。

成卦简便得多。而且，其基本原理仍与旧法吻合不悖"①。焦延寿占筮方法即"焦林值日法"，前文已述，在孟、京易学体系中也起到了重要的传承作用，其实质与孟喜、京房之"六日七分法"一脉相承，项平庵有言：

> 焦氏卦法，自《乾》至《未济》并依《易》书本序，以一卦值一日，《乾》值甲子……此即京房六十卦气之法。但京主六日七分，此但主一日。京用《太玄》之序，此用《周易》之序耳。②

《太玄》乃西汉杨雄所著，是一部拟《周易》之作，拟《周易》六十四卦、三百八十六爻为八十一家（首）、七百二十九赞。《太玄》明显受到焦、京师徒分卦值日法的影响并多有借鉴，"突出表现在他将《太玄》八十一首分配到一年四季之中，将构成其体系的基本单位与方位相配，并通过对八十一首次序的安排显示一年四季中阴阳二气的消长"③。《太玄》第一家（首）为《中》，源于《周易·中孚》。京房的"六日七分法"以《周易·中孚》为起始，故项氏曰"京用《太玄》之序"。

《易林》的占筮方法，上承《周易》之卦变原理，下启京房之"金钱代筮法"，诚如林忠军所言：

> 《易林》的产生，是易学史上一件大事。焦氏通过对《周易》卦象和卦辞的重新整合，完成了《周易》筮法的改革。改革后的断辞大幅度增加，信息量增大，其方法（尤其对行筮结果的取舍）方便易行，克服了《周易》筮法中存在的问题……从易学史发展看，《易林》的产生为京房象数易学形成准备了条件……从这个意义上讲，焦氏及《易林》在易学发展史上占有不可忽视

---

① 张善文：《象数与义理》，辽宁教育出版社1993年版，第105页。
② （宋）胡一桂：《易学启蒙翼传·外篇》，文渊阁四库丛书本。
③ 张涛：《秦汉易学论纲》，刘大钧编著《大易集义》，上海古籍出版社2002年版，第307页。

的地位。"[1]

二、源于"三易"、影响深远的韵语林辞

《易林》在易学史上承前启后的作用还体现在焦延寿依据"三易"、本于易象所创作的影响深远的四千零九十六林且为四言韵语的林辞。顾炎武在音学五书之《易音》中说:

> 考《春秋传》所载筮词,无不有韵,说者以为《连山》《归藏》之文。然汉儒所传,不过《周易》,而《史记》载大横之兆,其繇亦然。意卜筮家别有其书,如焦赣《易林》之类。[2]

顾炎武在这里实际上指出了作为卜筮之辞的《易林》具有韵文,是上承与《周易》并称"三易"的《连山》《归藏》。《周礼·春官》:"太卜掌三《易》之法,一曰《连山》;二曰《归藏》;三曰《周易》。"相传《连山》《归藏》为夏、商之《易》,书今已亡佚,清马国翰辑有《连山》《归藏》的轶文。郭璞在给《尔雅》和《山海经》作注时多次援引《归藏》,且20世纪90年代出土了秦简《归藏》,故两书的真实性还是值得信任的。下面来看看取自马国翰《玉函山房辑佚书》中的《连山》的爻辞:

> 龙潜于神,复以存身,渊兮无吵,操兮无垠。象曰:"复以存神,可与致用也。"(《复·初七》)
>
> 龙化于蛇,或潜于窟,兹孽之牙。象曰:"阴滋牙,不可与长也。"(《姤·初八》)
>
> 一人知女,尚可以去。象曰:"女来归,孚不中也。"(《中孚·初

---

① 林忠军:《象数周易演义》,齐鲁书社1994年版,第74—75页。
② (明)顾炎武:《易音》,文渊阁四库全书本。

八》）①

古易《连山》和《周易》颇为相似，某一卦下有诸多爻，有卦辞、象辞、爻辞，连卦名都是一致的。《连山》爻辞也多为四言且多押韵，与《易林》两相参照，会发现《易林》与之多有相似之处。例如，《易林》林辞《丰之节》："阴变为阳，女化为男。治道大通，君臣相承。"《需之中孚》："龙化为虎，泰山之阳。众多从者，莫敢敉藏。"难怪马国翰也曾说道："淳风所引'姮娥奔月，枚筮有黄'，与张衡《灵宪》同，决为古之佚文，其他以韵为爻，与《易林》颇似。"②

香港学者邓立光在《象数易镜原》中将马国翰辑录的《归藏》轶文分为三类，其中与《易林》有关的轶文有：

（1）鼎有黄耳，利取鳢鲤。
（2）上有高台，下有雕池，以此事君，其贵若化。若以贾市，其富如何。
（3）有兔鸳鸯，有雁鹈鹕。
（4）有人将来，遗我货贝。以正则彻，以求则得，有喜将至。
（5）有人将来，遗我钱财，自夜望之。
（6）不利出征，惟利安处。彼为狸，我为鼠，勿用作事，恐伤其父。
（7）荣荣之华，橄橄鸣孤。③

用《易林》中的林辞来和以上引自《归藏》的轶文做一比较，就会发现易林的某些林辞与之绝相类似。无论是在遣词造句上，抑或语言风格上，都能看出《易林》受其影响的痕迹，仅以"有喜"一词即能看出，如《易林》林辞《蒙之复》："獐鹿雉兔，群聚东国。卢黄白脊，俱往追逐。九龂十得，君子有喜"；《同人之明夷》："太王执政，岁熟民富。国家丰有，王者有喜"；《剥之剥》："行触大

257

---

① （清）马国翰：《玉函山房辑佚书》，清光绪九年长沙嫏嬛馆刊本。
② （清）马国翰：《玉函山房辑佚书》，清光绪九年长沙嫏嬛馆刊本。
③ 邓立光：《象数易镜原》，巴蜀书社1993年版，第14—26页。

讳，与司命忤。执囚束缚，拘制于吏，幽人有喜"，等等。至此，我们明白了明朝杨慎的论断："（《归藏》）皆用韵语，奇古可诵，与《左传》所载诸繇辞相类，《焦氏易林》源出于此。"①

如果说，《连山》《归藏》《周易》之"三易"是《易林》林辞的源头，那么焦延寿徒弟京房易中的文辞、扬雄《太玄》中的赞词便是《易林》在西汉的流变了。《易林》林辞有：

> 风怒漂木，女或生疾。阳失其服，阴逆为贼。（《大过之无妄》）
> 雷行相逐，无有休息。站于平陆，为夷所覆。（《坤之泰》）
> 上政摇扰，虫螟并起。害我嘉谷，季岁无稷。（《解之既济》）
> 阴雾不清，浊政乱民。孟春季夏，水坏我居。（《家人之晋》）
> 山石朽弊，消崩坠落。上下离心，君受其祟。（《谦之姤》）

京房易之《别对灾异》则分别有下述文辞，与上文《易林》林辞一一对应：

> 狂风发何？人君政教无德，为下所逆。
> 连鸣而不决者何？人君行政事无常，民不恐惧也。
> 五谷无实何？君无仁德，臣怀叛庚……朝廷无贤，害气伤稽。不救，国大饥。
> 江河沸者，有声无实，此谓执政者怀奸不公，众邪并聚，则致此灾。
> 山者，三公之位，台辅之德也，乃兴云出雨，漫溉万物，助天成功。今崩去者，此谓大臣怀叛不忠也。

从以上两段引文中，可以清楚地看出《易林》林辞对京房易中文辞的影响，只是两者行文风格有所不同，而这是两者著作的实际效用所决定的。《易林》本乃

---

① 转引自（清）马国翰：《玉函山房辑佚书·经编·易类·归藏·序》，清光绪九年长沙娜嬛馆刊本。

百姓占筮之辞，焦延寿也是官居下位，和小民小吏们融为一体，不能直接干涉朝政，于是《易林》林辞注重文以足言、言近旨远；京房易不是为占筮而创造的，京房官居要职，位近天子，且心怀天下，惜奸佞当道，故用文辞直指时弊、痛斥奸小，于是京房易讲究实用实证、平实尖锐。

扬雄的《太玄》乃是西汉另一部衍易之作，本于《周易》，但也明显地受到《易林》的影响。试举《太玄》赞词如下：

车曲折，其冲捔，四马就括，高人吐血。（《羡·上九》）

此赞词可与《易林》之《咸之观》："九里十山，道却峻难。牛马不前，复返来远"对照来读，均言车破马疲，路途艰难。再如《太玄》赞词：

其勤其勤，抱车入渊，负舟上山。（《勤·上九》）

《易林》之《比之屯》："灼火泉源，钓鲤山巅。鱼不可得，火不肯燃"，与上述赞词有异曲同工之妙，难怪陈良运说："扬雄则将反常行为的对象改为'车'与'舟'，'测'曰：'其勤其勤，劳不得也。'有变相抄袭之嫌。"[1]再看《太玄》赞词：

俾蛛网，网遇蜂。利虽大，不得从（《遇·次六》）

像这样具有寓言性质的赞词，《易林》中比比皆是。如《未济之蛊》林辞："蜘蛛结网，以伺行旅。青蝇噱聚，以求膏腴。触我罗域，为网所得。"这两首诗遣词用喻上何其相似，只不过《易林》林辞描述蜘蛛结网捕获了心满意得的猎物青蝇，而《太玄》赞词讲述的是蜘蛛结网猎取了大猎物黄蜂，结果是适得其反，

---

[1] 陈良运：《焦氏易林诗学阐释》，百花洲文艺出版社2000年版，第442页。

不能从其所愿。另外，需要注意的是，《太玄》此条赞词用的是三言韵语，无须奇怪。《易林》中也偶有用三言韵语的林辞，如《同人之观》"播天舞，光地乳。神所守，乐无咎"；《噬嗑之震》"车虽驾，两轫绝。马奔出，双轮脱。行不至，道遇害"。最后看一条《太玄》赞词：

外大仡，其中失。君子在野，小人在室。（《廓·次七》）

这首赞词和《易林》的《家人之履》："君子失意，小人得志。乱扰并作，奸邪充塞。虽有百尧，颠不可救"在意思上如出一辙，只不过《家人之履》爱憎情感更加分明，词锋犀利且棱角毕现，"奸邪充塞"，主上昏聩，虽尧舜再生也无力挽救西汉王朝日薄西山的颓势。陈良运曾对扬雄《太玄》赞词和焦延寿《易林》林辞进行了一番颇有见地的分析：

杨雄是在真正的作占卜辞，不含他意，我甚至怀疑，他取焦延寿之辞，加以改造利用，磨掉其棱角锋芒，因此所有"赞词"皆呈温顺柔婉之态，非焦延寿之爱憎分明，用词果断爽快。[1]

《易林》林辞直溯上古《连山》《归藏》《周易》之"三易"，并多有创获，富于新变，于是向下启发了京房、扬雄乃至东晋郭璞等人，在易学史上可谓源远流长、影响巨大。正因如此，唐朝王俞才会在《易林》序中将扬雄的《太玄》与焦延寿的《易林》并列，并对二者给予极高的评价："后之好事知君行者，则子云之书为不朽矣。"[2]在《易林》诞生以后，以"易林"来命名的象数易学类书籍纷纷涌出，如京房之《周易守林》《周易集林》，费直之《易林》，许峻之《易新林》，管辂之《周易林》，伏晏之《周易集林》，郭璞之《周易洞林》等。除郭璞著作见存外，其他"易林"类著述今已亡佚，但依然可以看出焦延寿之《易林》对后世

① 陈良运：《焦氏易林诗学阐释》，百花洲文艺出版社2000年版，第442页。
② （唐）王俞：《周易变卦·序》，学津讨原本。

文人的巨大影响，其首创之功不可淹没，《易林》也确如当代学人所评价的，"它不仅集卦变之大成，且打破了《周易》体例，为每卦重新系辞，基本上全用四言韵语。这种新的方式开创了扬雄《太玄》、司马光《潜虚》一派，成为知识分子通过著述筮书表达其哲学思想的蓝本"[1]。

上文分析了《易林》占筮方法及其林辞在易学史上的价值和贡献，占筮方法和用于判断吉凶祸福的林辞，只是《易林》所呈现出的表面的东西，如果我们还像前世某些文献学家那样，仅视其为占卜之作，将其编入正史之《历数类》《五行类》《杂占类》《术数类》等，那就有失公允了。因为《易林》林辞多本于《周易》之辞，用象皆源于《周易》之象，可谓是一部地地道道的解经之作。"西汉释《易》之书，其完全无缺者，只有《焦氏易林》与扬子《太玄》。"[2]已故易学专家潘雨廷曾评价《易林》道："或谓焦氏此书无与于《易》，则非知言。盖凡所系之辞，莫不渊源于《易》，且以《诗》《书》《左传》及史迹以实其象，可谓善于文矣""可知焦氏实深通易象而著此，孰谓无与于《易》哉。或仅以卜筮视之，亦小视焦氏者也。"[3]

三、孟京易学体系中不可或缺的桥梁和纽带

《易林》及焦延寿在易学史上最大的价值，实为在盛极一时的西汉象数易学上所起到的承先启后的巨大作用。前文已经述及孟喜的易学，其开创孟氏易学，"得《易》家候阴阳灾变书"，后独辟蹊径，以阴阳灾变说易。但是，史书并没有记载孟喜如何以阴阳灾变来说易。唐朝僧一行曾指出："十二月卦出于《孟氏章句》，其说易本于气，而后以人事明之。"[4]孟喜创立卦气说，以《周易》六十四卦三百八十六爻辞配二十四节气，阐释一年气候之变迁，而真正使卦气说"以人事明之"的是《易林》之"焦林值日法"。《易林》发展了孟氏卦气说，"分六十四卦，更直

① 李昊：《焦氏易林研究》，巴蜀书社2012年版，第37页。
② 尚秉和：《焦氏易林注·例言》，中国大百科全书出版社2005年版，第1页。
③ 潘雨廷：《读易提要》，上海古籍出版社2003年版，第3—4页。
④ （宋）宋祁、欧阳修等：《新唐书·历志三》，中华书局1975年版，第4179页。

日用事，以风雨寒温为候，各有占验"。焦延寿将《易林》用于占验并获得了巨大成功，"以候司先知奸邪，盗贼不得发"，所治县内政通人和，后来竟至于"举最当迁"。

《易林》可以说是孟氏易学通俗读本，《易林》林辞明白晓畅，多用俗语、口语，且为四言韵语，朗朗上口，富有文采。且《易林》内容丰富，多用故事，便于附会人事之吉凶祸福，易于应付日趋复杂的、灾变丛生的西汉中后期之自然现象和动荡不安的、祸乱四起的社会现实，所以"它不仅为当时统治者所青睐，更为以占卜为业者所欢迎，很快地在社会上广泛流传开去，历数千年而不衰"①。可以说是《易林》将孟氏易学通俗化、世俗化，加以创新并取得巨大成功。有关焦延寿《易林》之易学与孟喜易学之间的关系，徐复观先生做过较为详尽的考察，认为"从两人《易》学的内容看，可以肯定焦延寿是曾从孟喜问《易》，而将孟说向前发展了一大步"②。

后焦延寿又将孟氏之卦气说、《易林》之易学传承给了京房，"房用之尤精"，并最终为此付出了生命，确如焦延寿所言："得我道以亡身者，必京生也。"考察京氏易学后，便会发现焦、京之间的确存在明显的传承关系，焦延寿之《易林》对京房易学的创立确实起到重要的传承作用。

焦、京易学一脉相承者阴阳灾异也。焦、京在灾异说方面为传承关系，前文多有论述，连四库馆臣都认为京房"受《易》于焦延寿，元帝时以言灾异得幸"③，现看焦、京在阴阳学说方面是否有传承关系。《易林》中说阴阳的林辞比比皆是，现录数林：

> 孤独特处，莫与为旅。身日劳苦，使布五谷，阴阳顺序。(《坤之姤》)
>
> 坐位失处，不能自居。调摄违和，阴阳颠倒。(《屯之泰》)
>
> 纤绩独处，寡处无夫。阴阳失志，为人仆使。(《需之小畜》)

① 连镇标：《焦延寿易学渊源考》，《周易研究》1996年第1期。

② 徐复观：《徐复观论经学史二种》，上海书店出版社2002年版，第78页。

③ （清）永瑢、纪昀主编：《四库全书总目提要·京氏易传》，海南出版社1999年版，第562页。

天地配享，六位光明。阴阳顺序，以成和平。（《讼之震》）

　　三德五才，和合四时。阴阳顺序，国无咎灾。（《师之解》）

　　在上述林辞，凡阴阳顺序，焦氏则认为会和合四时、五谷丰登、六位光明，乃至国家兴旺无灾，如阴阳失调、颠倒、失志，则要么失位，要么丧偶，要么为人奴役，总之肯定没有好结果。《坤之乾》："谷风布气，万物出生。萌庶长养，花叶茂盛。"《诗·毛传》注曰："谷风，东风也，阴阳和则谷风至。"[①]尚秉和注此林道："干纳甲故曰东风，又阴变阳故万物出生而茂盛，坤为万物、为萌庶也。"[②]毛注、尚注均说明了《易林》所持阴阳和合则万事吉祥、阴阳失序则灾咎丛生的思想。再看京房之阴阳思想如何，下文所引源自京房《别对灾异》：

　　阴倍阳则地坼，臣叛君则义废，此人君不亲，上下不厚，致此灾也。不救，则骨肉相残，父子分离，氐羌叛去。

　　久旱何？曰人君无施泽惠利于下人，则致旱也。不救，即蝗虫害谷。其救也，宥谪罚，行宽大，惠兆民，劳功吏，赐鳏寡，廪不足。人君亢阳暴虐，兴师动众，下人悲怨，阳气盛，阴气沉，故旱。万物枯死，数有火灾，此金失其性。

　　水中火出何？所谓阴气溢，亡阳施也，女妃无阳，则敌气溢至，水中火出。不救，有天殃，阴害阳。其救也，正妃妾，率后宫，施命令，诘四方，嫁贞女，赐鳏寡，此灾即消。

　　在阴阳不调则灾异、变故必出现这一点上，京房与其师焦延寿如出一辙，只是京房更进一步，以阴阳为出发点，以灾变为归宿，大谈灾异，阴阳失序则会地震、久旱甚至出现水中火出这样的天殃，其矛头直指最高统治者，"人君不亲"，

---

　　① （汉）毛亨传，郑玄笺，（唐）孔颖达正义：《毛诗正义》，中华书局十三经注疏本1979年影印版，第303页。

　　② 尚秉和：《焦氏易林注》，中国大百科全书出版社2005年版，第21页。

"人君亢阳暴虐，兴师动众"，其最终目的还是为了黎民苍生，"宥谪罚，行宽大，惠兆民，劳功吏，赐鳏寡，廪不足"。正因如此，朱伯崑曾评论京房的阴阳学说，曰："京房的阴阳二气说，还有一方面的内容，即通过对《周易》的解释，讲灾异或灾变。此又京房易学一大特征，也是汉易的特征之一。"[1]

京房易还注重五行，"分六十四卦为八宫，又以五行统之，卦爻纳干支，干支分五行，又以五行生克定六亲，此外尚有飞伏、世应之说，系统宏大而严密，其占断除用卦象外，最重五行旺相休囚及生克"[2]。京氏易大谈五行生克，并将五行和卦的六爻相配，再和十二时辰相配，至为繁琐，此不赘述，仅举一例，《京氏易转》有言：

鼎木能巽火，故〔为〕鼎之象，中虚见纳，受辛于内也。

《鼎》卦☰下卦为巽，巽卦在后天八卦方位中属于东南方向，五行属木；上卦为离，离在后天八卦方位中属于南方，五行属火。下卦为木，上卦为火，木生火，能烹饪食物，故京房曰"鼎木能巽火，故〔为〕鼎之象"。其实，在易说中言五行，焦延寿早已为之，《易林》林辞中就有诸多林辞涉及五行，如：

背北相憎，心意不同，如火与金。（《乾之归妹》）

五胜相残，火得水息。精光消灭，绝不长续。（《恒之损》）

异国殊俗，情不相得。金木为仇，百战擅杀。（《旅之升》）

交川合浦，远湿难处。水土不同，思吾皇祖。（《随之节》）

第一首本卦《乾》卦☰上下卦均为乾，乾为金，之卦《归妹》☱三、四、五爻为上互卦离卦，离为火，故"如火与金"。第二首之卦《损》☶下卦为兑，上卦

———

① 朱伯崑：《易学哲学史》（上册），北京大学出版社1986年版，第141页。

② 刘银昌：《盖事虽〈易〉，其辞则诗—〈焦氏易林〉文学研究》，陕西师范大学2006年博士学位论文。

第五章 『能注《易》者，莫过于《易林》』

264

为艮，"兑又为水，艮又为火，故火得水而息灭也"①。第三首本卦《旅》卦☶上互卦兑卦，之卦《升》卦☷二、三、四爻为下互卦兑卦，兑为金；《旅》卦下互卦巽卦，《升》卦下卦也为巽，五行属木，故曰"金木为仇"。最后一首，之卦《节》卦☵上卦为坎，坎五行属水，下互卦为震，震属土，故有"水土不同"之林辞。至此，可以看出焦、京师徒在易学中运用五行生克理论，也是渊源有自，只不过焦延寿将五行暗含在卦象中，再由卦象延伸出林辞来，京房直接用五行来解释卦象，一含蓄蕴藉，一平白直露而已。

此外，台湾著名易学专家高怀明提及今存"焦林值日法"小字注中有"王相不断"之言，"王相"即"旺相"，也即上文提及的京氏易之"旺相休囚"，具体为：春令木旺火相土死金囚水休，夏令火旺土相金死水囚木休……旺相是五行生克的产物，"焦林值日法"之小字注，如高教授所言："如果不是后人附加，便证明了焦延寿占验时，也以五行为用；而我们看焦氏弟子京房易中大用五行、干支的情形，忖测焦氏易用五行，应是不足奇怪的事。"②结合上文焦、京易中用五行的文辞，可以说这是完全不足奇怪的事。

最后看一看焦、京易学在纳甲上有无相通之处。易学中之纳甲一说，即将天干甲乙丙丁等十数纳入乾坤坎离等八卦中去，以相比附，因天干以"甲"始，故曰"纳甲"。纳甲的始作俑者实为京房，《京氏易传》卷下记载：

> 分天地《乾》《坤》之象，益之以甲乙、壬癸；《震》《巽》之象，配庚、辛；《坎》《离》之象，配戊、己；《艮》《兑》之象，配丙、丁。八卦分阴阳，六位配五行，光明四通，变易立节。③

宋儒朱震在其《周易卦图说》对京房之八卦纳甲法中进行了通俗的注解：

---

① 尚秉和：《焦氏易林注》，中国大百科全书出版社2005年版，第573页。
② 高怀明：《两汉易学史》，广西师范大学出版社2007年版，第95页。
③ （汉）京房：《京氏易传》，文渊阁四库全书本。

纳甲何也？曰：举"甲"以该十日也。干纳甲、壬，坤纳乙、癸，震、巽纳庚、辛，坎、离纳戊、己，艮、兑纳丙、丁，皆自下生。

京房不但创立了纳甲法，还将其运用到解卦中，前文所引《京氏易传》之语，"鼎木能巽火，故〔为〕鼎之象，中虚见纳，受辛于内也"，《鼎》卦䷱上卦为离，离卦之象是上下阳爻为实，中间一阴爻为虚，虚空则可容纳食物；下卦巽按纳甲法配辛，辛"还表示辛辣之味，指葱蒜韭菜等辛味食品"，而"韭菜是古代祭神的常用祭品"[1]，故曰"中虚见纳，受辛于内也"。

京房不仅创造纳甲法，用之解卦，更是将其运用到占筮的实践中去了，其所创"金钱代筮法"，乃至《火珠林》，朱熹在《朱子语类》六十六卷中评之道："今人以三钱当揲蓍，此是以纳甲附六爻。纳甲乃汉焦赣、京房之学。"又说道："《火珠林》尤是汉人遗法。"由此可见，京房在其易学中是用纳甲法的，那么焦延寿及其《易林》情况如何呢？试看《易林》林辞：

> 甲戊己庚，随时转行。不失常节，达性任情，各乐其类。(《噬嗑之坤》)
>
> 鬼泣哭社，悲伤无后。甲子昧爽，殷有绝祀。(《大过之坤》)
>
> 神之在丑，逆破为咎。不利西南，商人止后。(《恒之临》)
>
> 筑室水上，危于一齿。丑寅不徙，辰巳有咎。(《大壮之离》)
>
> 六甲无子，以丧其戌。五丁不亲，庚失曾孙，癸走出门。(《家人之大壮》)

上举林辞言及干支之处，均为卦爻纳甲说，另涉及爻辰说，因其具体的配纳步骤过于繁琐，在此不作展开论述，《易林》中像这样的纳甲的林辞比比皆是，另如《蛊之涣》："紫芝朱草，生长和气。公尸侑食，福禄来下。"尚秉和注之曰：

① 詹鄞鑫：《八卦与占筮破解——探索一种数术文化》，中州古籍出版社 1991 年版，第170 页。

"巽为芝、为草，九宫之色，七赤九紫，震纳庚，五行数九，故曰紫芝。"[①]因为此林之卦《涣》卦☵下互卦为震，故曰"震纳庚"。此条林辞不但采用了纳甲法，还运用了五行，正能见出焦、京易学之渊源关系。

由此可见，焦延寿易学著作《易林》亦讲纳甲法，京氏纳甲法实乃受之于焦延寿，故如朱子所言"纳甲乃汉焦赣、京房之学"。再结合前文所分析的焦、京师徒运用阴阳、灾异、五行之法，可以看出焦、京之间在易学上显明的传承关系，只是京房后出转精，青出于蓝，在孟喜、焦延寿象数易学的基础上，锐意进取，勇于创新，创造出了庞大而又复杂的象数易学体系，在理论和实践两方面将孟喜、焦延寿之易学发展到登峰造极的地步。"京房在象数易学上地位显赫，创立了繁琐的象数易学体系，包括'八宫说''世应说''飞伏说''纳甲说''纳支说''五行说''六亲说'等，所以后人有言，'象数易虽首创于孟、焦，可是论建树，以及发扬光大，普遍推行于世，可以说京房最具功劳。'"[②]

京房易学体系的建立，为西汉象数易学之创始者孟喜易学注入了新鲜的血液，同时也宣告孟京易学体系的最终成型。而孟京易学对后世易学、哲学乃至整个思想文化的演变都产生的深远的影响，"可以这样说，在易学这块领地里，如果没有焦延寿这种承前启后的作用，就很难滋生出京氏学来，孟氏学亦就难以为继，更谈不上称雄有汉一代了"[③]。

---

① 尚秉和：《焦氏易林注》，中国大百科全书出版社2005年版，第330页。
② 高怀明：《两汉易学史》，广西师范大学出版社2007年版，第97页。
③ 连镇标：《焦延寿易学渊源考》，《周易研究》1996年第1期。

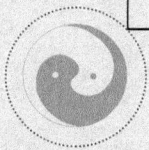

结　语

通过本书的研究，可以得出以下结论：

一、通过《易林》可以管窥两汉经学与文学的关系

《周易》《左传》可以说是两汉经学优秀的代表，而《易林》也称得上两汉文学卓著的典范。《周易》《左传》与《易林》的关系，可谓是两汉经学与文学之关系的缩影。通过分析《周易》《左传》与《易林》的关系，必将能管窥出两汉经学与文学的种种关系，具体如：在两汉文学的缓慢地发展演变过程中，经学曾经对文学产生了怎样的深远影响？《易林》一书中便有深受经学影响的明显证据，如林辞中有对经学典籍的大量援引，《易》《书》《诗》《礼》，《春秋》三传，俱在其中。经学是如何深刻地左右着作家的创作观念和审美情趣？两汉文人大多主张以经书作为文学创作的最高典范，创作的目的在于匡救时弊，有补于道。文学的观念，在很大程度上就是对经学的拓展和具体化，焦延寿的创作观念，通过上文的分析，可以看出也不外乎此。经学是如何给予作家作品思想倾向上的指导？如焦延寿的创作思想及《易林》主题所在，便不可避免地受到了《周易》《左传》的影响。事实上，两汉文学很少能超越经学的藩篱。两汉文学在经学的夹缝中艰难地萌芽生成，又困苦地试图摆脱经学的束缚而寻求发展，并最终在后世使得这一经学附庸，蔚为大国。

二、《易林》的易学贡献不容忽视

《易林》乃"《易》之别传"[1]，解易、注易之作，能传先秦易学之逸象，有助于对《周易》的正确解读，且焦延寿在易学史之地位不可磨灭，在西汉孟焦京象数易学一派中所起重要之传承作用，不应被忽略。但是，我们遗憾地发现，在当代著名的易学专家的易学著作中，《易林》及焦延寿还是被遗忘了，如朱伯崑

---

[1] （清）皮锡瑞：《经学通论》，中华书局1954年版，第18页。

《易学哲学史》之《汉代的象数之学》对其略而不述，张善文《象数与义理》中《汉代象数学的深沉内蕴》仅一笔带过之，廖名春等人之《周易研究史》有专节述及杨雄，但对《易林》仅寥寥数语，吕绍刚《周易阐微》之《〈易〉象数学评说》则干脆只字未提，令人顿生憾意，希望在今后出版的易学史类著作中能够给予《易林》以客观、公允的评价和恰当、适合的位置。如果退而求其次，《易林》在易学之象数学史上，无论如何都应该占据相对重要的位置，都值得大书一笔，而不应被忽视乃至漠视，前人早已有言在先，"今日之易说，东汉人之易说也。西汉所遗，皆零词断句，不能会其通。独《焦氏易林》，尚为完书。乃历代学者，皆以占辞视之。余独以为焦氏林词多至四千余，其必有物焉以主其词。不然，以一卦为六十四词，虽善者不能也。乃日夜覃精而求其故，求之既久，然后知其本于易象"[①]。

三、《易林》的史学价值尚待开拓

《易林》广泛援引先秦经史著作，于《左传》尤为显明。《易林》中所援引的《左传》人物，和《左传》这一经学、史学巨著本身一样具有史鉴和劝惩功能。《易林》林辞众多，在反映西汉中后期社会现实方面，均达到了一定的深度和广度，具有相当高的史料价值以及文献价值，有助于后人对这段历史的正确认识和把握。但是，沈玉成、刘宁之《春秋左传学史稿》对《易林》一言不发；著名史学家钱穆、吕思勉、翦伯赞之三部《秦汉史》对其四千零九十六林林辞也未作任何征引；金春峰之《汉代思想史》、葛兆光之《中国思想史》等著名的思想史著作对《易林》也不曾关注，令人遗憾！已故中国社科院文学研究所研究员栾勋说过："《易林》一书，作者用心良苦，他的胸中想必垒块多多，想说而不能说而又不得不说，于是借迷离恍惚之象数，作针砭时弊之繇辞；其心凄怆，亦可叹也！所作繇辞数量甚夥，我推测可作为文学作品看的只占少量，而多数的价值在它的文

---

① 尚秉和：《焦氏易诂》，中国大百科全书出版社2005年版，第2页。

献性。有此两端，不能不引起后人的注意。"①这段话就明确指明了《易林》"针砭时弊"的史学价值和文献价值，希望《易林》的史学价值、文献价值真如栾勋先生所言，能引起学界关注，能引起后人注意。

四、《易林》的文学地位还需确认

通过上文的论述，可以发现《易林》确有文学价值，且已经得到古今视野开阔、没有偏见的学者的一致认可。但是，时至今日，还是有众多文学史编著者对《易林》不屑于投入关注的目光，具体著作不再胪列。对此，陈良运、张新科、刘银昌等人已经做出呼吁，明确指出《易林》在中国文学史上应具有相应的地位。

的确如此，《易林》四千多首林辞，能当成诗歌来欣赏和研究的，不下数百首，在汉代诗歌史上可谓一枝独秀，尽管它披着占筮著作的外衣，但其内核依然具有诗的特质，具有诗的意象、意境，具有诗的诸多表现技巧和艺术手法，也取得了较高的艺术成就。今天，当我们重新审视中国文学的发展历程时，《易林》在中国文学史上，起码在四言诗史上，理应占据一席之地，应当给予足够重视。

---

① 转引自陈良运：《焦氏易林诗学阐释·序言》，百花洲文艺出版社2000年版，第13页。

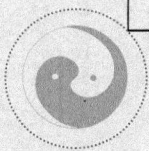

附 录

参考文献

一、著作类

焦延寿著，邓球柏译注：《白话焦氏易林》，岳麓书社1996年版。

C

姚际恒著，顾实重考：《重考古今伪书考》，上海大东书局1928年版。

童书业：《春秋史》，山东大学出版社1987年版。

左丘明传，杜预集解：《春秋左传集解》，上海人民出版社1977年版。

童书业：《春秋左传研究》，上海人民出版社1980年版。

沈玉成、刘宁：《春秋左传学史稿》，江苏古籍出版社1992年版。

左丘明撰，杜预注，孔颖达等正义：《春秋左传正义》，北京大学出版社1999
年版。

杨伯峻：《春秋左传注》，中华书局1981年版。

D

杜甫著，仇兆鳌注：《杜诗详注》，中华书局1979年版。

潘雨廷：《读易提要》，上海古籍出版社2003年版。

郑晓：《端简郑公文集》，万历二十八年刻本。

吴恭亨撰，喻岳衡点校：《对联话》，岳麓书社1984年版。

G

于慎行：《谷山笔麈》，中华书局1984年版。

顾颉刚：《古史辨》，上海古籍出版社1982年版。

钟惺、谭元春：《古诗归》，续修四库全书本。

参考文献

钱锺书：《管锥编》，中华书局1986年版。

连镇标：《郭璞研究》，上海三联书店2002年版。

H

许结：《汉代文学思想史》，人民文学出版社2010年版。

顾颉刚：《汉代学术史略》，东方出版社1996年版。

朱震：《汉上易传》，文渊阁四库全书本。

郑文：《汉诗选笺》，上海古籍出版社1986年版。

班固撰，颜师古注：《汉书》，中华书局1962年版。

萧涤非：《汉魏六朝乐府文学史》，人民文学出版社1984年版。

张载：《横渠易说》，文渊阁四库全书本。

范晔撰，李贤注：《后汉书》，中华书局1965年版。

J

陈良运：《焦氏易林诗学阐释》，百花洲文艺出版社2000年版。

徐芹庭：《焦氏易林新注》，中国书店2010年版。

李昊：《焦氏易林研究》，巴蜀书社2012年版。

尚秉和：《焦氏易林注》，光明日报出版社2005年版。

尚秉和：《焦氏易诂》，光明日报出版社2005年版。

王葆玹：《今古文经学新论》，中国社会科学出版社1997年版。

朱自清：《经典常谈》，上海古籍出版社1999年版。

皮锡瑞著，周予同注释：《经学历史》，中华书局1959年版。

朱彝尊：《经义考》，光绪丁酉浙江书局刊本。

京房撰，陆绩注：《京氏易传》，文渊阁四库全书本。

李汝珍：《镜花缘》，上海古籍出版社2005年版。

晁公武撰，孙猛校证：《郡斋读书志校证》，上海古籍出版社1990年版。

附
录

L

薛季宣：《浪语集》，文渊阁四库全书本。

柯林武德：《历史的观念》，何北武、张文杰译，商务印书馆1997年版。

刘松来：《两汉经学与中国文学》，百花洲文艺出版社2001年版。

M

毛亨传，郑玄笺，孔颖达正义：《毛诗正义》，中华书局影印十三经注疏本。

Q

顾颉刚：《秦汉的方士与儒生》，上海古籍出版社1978年版。

钱穆：《秦汉史》，生活·读书·新知三联书店2005年版。

翦伯赞：《秦汉史》，北京大学出版社1983年版。

张涛：《秦汉易学思想研究》，中华书局2005年版。

严可均辑，任雪芳审订：《全汉文》，商务印书馆1999年版。

黄寿祺著，黄高宪校注：《群经要略》，华东师范大学出版社2000年版。

S

黄庭坚著，任渊、史容、史季温注：《山谷诗集注》，上海古籍出版社2003年版。

杨慎：《升庵全集》，万有文库本。

李山：《诗经的文化精神》，东方出版社1997年版。

汪祚民：《诗经文学阐释史（先秦—隋唐）》，人民出版社2005年版。

司马迁撰，裴骃集解，司马贞索隐，张守节正义：《史记》，中华书局1959年版。

汪荣祖：《史学九章》，生活·读书·新知三联书店2006年版。

许慎：《说文解字》，江苏古籍出版社2001年版。

朱熹：《四书集注》，岳麓书社1988年版。

永瑢等编纂：《四库全书总目提要》，中华书局1965年版。

余嘉锡：《四库提要辨证》，中华书局1980年版。

钱锺书：《宋诗选注》，人民文学出版社1979年版。

W

张新科：《文化视野中的汉代文学》，中国社会科学出版社2006年版。

马端临：《文献通考》，中华书局1986年版。

萧统编，李善注：《文选》，中华书局1977年版。

闻一多：《闻一多全集》，湖北人民出版社1993年版。

X

王杰：《先秦儒家政治思想论稿》，人民出版社2010年版。

晁福林：《先秦社会形态研究》，北京师范大学出版社2003年版。

梁启超：《先秦政治思想史》，东方出版社1996年版。

邓立光：《象数易镜原》，巴蜀书社1993年版。

林忠军：《象数易学发展史》，齐鲁书社1994年版。

欧阳修、宋祁撰：《新唐书》，中华书局1975年版。

徐复观：《徐复观论经学史二种》，上海书店出版社2002年版。

Y

吴翊寅：《易汉学考》，续修四库全书本。

南怀瑾：《易经杂说》，复旦大学出版社1997年版。

丁晏：《易林释文》，咸丰五年刻本。

芮执俭：《易林注译》，敦煌文艺出版社2001年版。

陈仁锡：《易林总评》，广汉魏丛书本。

惠士奇：《易说》，文渊阁四库全书本。

丁易东：《易象义》，文渊阁四库全书本。

黄寿祺著，张善文点校：《易学群书平议》，北京师范大学出版社1988年版。

詹石窗：《易学与道教思想关系研究》，厦门大学出版社2001年版。

朱伯崑：《易学哲学史》，北京大学出版社1986年版。

王世贞：《艺苑卮言》，凤凰出版社2009年版。

季广茂：《隐喻视野中的诗性传统》，高等教育出版社1998年版。

马国翰辑：《玉函山房辑佚书》，清光绪九年长沙琅嬛馆本。

Z

陈业新：《灾害与两汉社会研究》，上海人民出版社2004年版。

陈振孙：《直斋书录解题》，上海古籍出版社1987年版。

黄仁宇：《中国大历史》，生活·读书·新知三联书店1997年版。

杨荣国：《中国古代思想史》，人民出版社1973年版。

陈启云：《中国古代思想文化的历史论析》，北京大学出版社2001年版。

梁启超撰，汤志钧导读：《中国历史研究法》，上海古籍出版社1998年版。

金耀基：《中国民本思想史》，台湾商务印书馆股份有限公司1993年版。

张岱年、方克立主编：《中国文化概论》，北京师范大学出版社2004年版。

柳诒徵：《中国文化史》，上海古籍出版社2001年版。

刘大杰：《中国文学发展史（第1册）》，上海人民出版社1973年版。

葛兆光：《中国思想史》，复旦大学出版社2001年版。

郑振铎：《中国俗文学史》，作家出版社1954年版。

任继愈：《中国哲学发展史（秦汉）》，人民出版社1985年版。

冯友兰：《中国哲学简史》，涂又光译，北京大学出版社1996年版。

任继愈：《中国哲学史（简编）》，人民出版社1973年版。

杨幼炯：《中国政治思想史》，上海书店出版社1984年版。

赵敏俐：《周汉诗歌综论》，学苑出版社2002年版。

朱熹：《周易本义》，上海古籍出版社1987年版。

胡一桂：《周易本义启蒙翼传》，北京图书馆出版社2004年版。

高亨：《周易大传今注》，齐鲁书社1979年版。

胡朴安：《周易古史观》，上海古籍出版社2005年版。

胡煦：《周易函书约注》，文渊阁四库全书本。

李道平撰，潘雨廷点校：《周易集解纂疏》，中华书局1994年版。

王弼：《周易略例》，中华书局十三经注疏本1979年版。

金景芳、吕绍刚：《周易全解》，吉林大学出版社1989年版。

尚秉和：《周易尚氏学》，中华书局1980年版。

周振甫：《周易译注》，中华书局1991年版。

黄寿祺、张善文：《周易译注》，上海古籍出版社2001年版。

高亨：《周易杂论》，齐鲁书社1979年版。

李光地编纂，刘大钧整理：《周易折中》，巴蜀书社2006年版。

王弼、韩康伯注，孔颖达疏：《周易正义》，北京大学出版社1999年版。

周予同：《周予同经学史论著选集》，上海人民出版社1983年版。

郭丹：《左传国策研究》，人民文学出版社2004年版。

郭丹：《左传漫谈》，台湾顶渊文化事业有限公司1997年版。

二、论文类

C

李洲良：《春秋笔法的内涵外延与本质特征》，《文学评论》2006年第1期。

G

刘银昌：《盖事虽〈易〉，其辞则〈诗〉—〈焦氏易林〉文学研究》，陕西师范大学2006年博士学位论文。

田胜利：《沟通卜筮与文学的桥梁——〈焦氏易林〉中的动物意象浅议》，《学术交流》2012年第7期。

J

方尔加：《〈焦氏易林〉之管见》，《周易研究》2004年第2期。

马新钦：《〈焦氏易林〉作者版本考》，福建师范大学2005年博士学位论文。

连镇标：《焦延寿易学渊源考》，《周易研究》1996年第1期。

林忠军：《焦延寿易学杂说》，《山东大学学报（哲学社会科学版）》1993年第
4期。

K

张小平：《孔子、司马迁史学思想的传承及启示》，《安徽史学》1997年第
2期。

L

刘德辉：《论对联的文体性质》，《湖南社会科学》2005年第2期。

张玖青：《论〈易林〉的〈诗〉说——兼论〈易林〉的作者》，《文学评论》
2010年第2期。

M

孙卓彩：《墨子战争观论略》，《学术论坛》2004年第2期。

Y

赵逵夫：《有关"牵牛织女"传说的一首诗与〈易林〉的作者问题》，《古籍整
理研究学刊》2010年第4期。

陈良运：《"云林集会，征讨西戎"——〈焦氏易林〉中的西汉边塞诗》，《文
史知识》1999年第12期。